Die Holzwerkstatt

Alan und Gill Bridgewater

Die
Holzwerkstatt

**Die richtigen Werkzeuge kaufen,
optimal nutzen, pflegen**

Bechtermünz

Inhalt

A Quantum Book

Titel der Originalausgabe
Mastering Hand Tool Techniques

Copyright © 1997 by Quarto Inc.

Deutsche Erstausgabe

Copyright © 1997 by Quarto Inc.
Copyright © 2001 der deutschen Übersetzung
by Weltbild Verlag GmbH, Augsburg
Layout und Gestaltung: Toni Toma,
Moira Clinch, Glyn Bridgewater
Kreativdirektor: Peter Bridgewater
Demonstration der Arbeitsvorgänge:
Neil Marshall
Bildrecherche: Miriam Hyman
Lektorat: Pippa Rubinstein
Redaktion: Sally MacEachern, William Sampson,
Dorothy Frame
Fotografie: Ian Howes
Koordination und Bearbeitung
der deutschen Ausgabe:
Neumann & Nürnberger, Leipzig
Übersetzung: Abbey & Friedrich GbR, Leipzig
Gesamtherstellung: Leefung-Asco Printers Ltd.

Printed in China

ISBN 3-8289-2383-6

Einführung

olz ist ein einmalig schönes Material – der Stoff, aus dem Träume gemacht sind. Von allen Geschenken der Natur sind die Bäume das Wunderbarste. Die Luft, die wir atmen, unser Zuhause, unsere Möbel – vieles um uns herum wird erst möglich durch Bäume.

Manchmal, wenn ich in meiner Werkstatt allein bin, gleiten meine Hände über ein Stück Holz – eine meiner Schnitzereien oder vielleicht eine Oberfläche, die ich gerade geglättet habe oder auch über eines dieser Stücke Pflaumenbaumholz, das ich für etwas aufgehoben habe, von dem ich noch nicht weiß, was es einmal sein wird. Es ist ein unbeschreibliches Gefühl, die Farbe des Holzes, seinen Geruch und seine Struktur in sich aufzunehmen. Jede Holzarbeit ist einmalig, jedes einzelne Brett enthält so viele Versprechen, bei jedem Projekt lernt man wieder etwas dazu. Manchmal nehme ich auch den einen oder anderen meiner Hobel zur Hand und bestaune sein Gewicht und seine Form – die beeindruckende Weise, in der Stahl, Messing und Holz zusammenpassen, zusammengefügt sind und das Werkzeug gleiten lassen. Wenn ich die Schärfe der Hobelklinge an meinem Daumen teste und dann einen Holzspan abhebe, ist das pures Vergnügen.

OBEN: Holzbearbeitung im Mittelalter mit Brettsäge und Sägebock.

Mit diesem Buch möchte ich die Freude an der Holzbearbeitung mit Ihnen teilen. Auf den folgenden Seiten geht es um die Befriedigung, die die praktische Erfahrung verschafft, um die verschiedenen Werkzeuge und deren Funktionsweise. Holzbearbeitung ist das Zusammentreffen von Holz und Werkzeugen. Wenn Sie erst einmal das Wesen des Holzes, die Anatomie der Werkzeuge, ihre Wartung, Einstellung und Handhabung verstanden haben, kommt der Rest von ganz allein.

Ist Holz nur irgendein Material, das in eine Form gezwungen werden kann? Geht es bei der Holzbearbeitung nur darum, die Arbeit so schnell und so effizient wie möglich zu Ende zu bringen? Sind Werkzeuge einfach nur leblose Gegenstände aus Holz und Stahl, die wir benutzen um Holz in eine Form zu bringen? Sind die Techniken einfach nur die Summe einer Vielzahl von Fakten und Zahlen? Die Antwort darauf ist „Nein!". Natürlich können Sie ein Stück Holz in eine Form bringen, natürlich können Sie Werkzeuge benutzen, missbrauchen und dann wegwerfen und natürlich können Sie alles schnell und ungestüm tun, aber wo bleibt dabei das Vergnügen und was haben Sie letztendlich davon?

Holzbearbeitung ist eine Kunst, deren Feinheiten und Techniken man nur beherrschen und wirklich verstehen wird, wenn man sich genügend Zeit nimmt herauszufinden, wie Werkzeuge und Holz zusammenwirken. Das richtige Hobeln beispielsweise kann man nur erlernen, indem man sich einen Hobel aussucht und damit so lange experimentiert, bis man alles weiß, was es über seine Form und Funktion zu wissen gibt. Dann nehmen Sie ein Stück Holz und versuchen es zu glätten. Sie werden schnell herausfinden, warum ein Stück raues, knotiges Holzes unbrauchbar ist oder warum ein bestimmter Hobel besser als ein anderer hobelt.

Dieses Buch wird Ihnen klar machen, dass traditionelle Holzbearbeitungstechniken mit den Werkzeugen stehen und fallen. Gill und ich werden den Anfänger in der nach unserer Ansicht logischsten Reihenfolge an das Handwerk heranführen. Wir beginnen mit der Arbeitsumgebung – der Werkbank, dem Licht und der Aufbewahrung der Werkzeuge. Darauf folgt ein Ratgeberteil, der dem Wesen des Holzes gewidmet ist, und dann folgen all die logischen Schritte, die sie wie einen Lehrling tiefer und tiefer in die Materie einführen. Wir werden die Techniken des Anreißens kennen lernen, dann das Sägen, Hobeln und so weiter und uns dem Werkstoff Holz immer mehr nähern. Dazu gibt es überall Übungen mit detaillierten Anleitungen, die Sie mit ganz spezifischen Techniken und Fertigkeiten des Handwerks bekannt machen. Denn nachdem Sie einmal die grundlegenden Dinge über das Holz und die Werkzeuge gelernt haben, können Sie die verschiedenen Techniken ausprobieren.

Eine aufregende Reise in die wundervolle Welt des Sägens, Schnitzens, Drechselns und der Tischlerei, eine intensive Beschäftigung mit den Traditionen der Holzbearbeitung, ein Ratgeber zur Anschaffung, Wartung und Verwendung von Werkzeugen. Dieses Buch ist all das und noch ein bisschen mehr!

OBEN: Schlichthobel aus Holz – das perfekte Werkzeug für den Einsteiger, vielseitig und einfach zu handhaben.

Die Werkstatt

Holzbearbeitung ist eine wundervoll lohnende und therapeutische Betätigung, das setzt jedoch eine sichere, gut ausgestattete und organisierte Werkstatt voraus, in der man alle Werkzeuge schnell zur Hand hat. Möglicherweise müssen Sie ja mit der Garage oder einem kleinen Schuppen als Werkstatt vorlieb nehmen. Das ist im Prinzip kein Problem, solange es Platz für alles gibt und alles an seinem Platz ist. Denken Sie daran, dass Sie und die Werkzeuge die gleichen Grundbedürfnisse haben – einen Arbeitsplatz, der trocken, gut ausgeleuchtet, frei von Staub, sauber und komfortabel ist.

DIE WERKBANK UND DER SCHRAUBSTOCK

OBEN: Klassische Werkbank mit Vorder- und Hinterzange für die Holzbearbeitung.

Die Werkbank ist der wichtigste Teil der Werkstatt. Dort wird gemessen, geglättet, verbunden und es werden all die anderen Arbeiten ausgeführt. Und natürlich hat jeder Holzbearbeiter seine eigenen Vorstellungen von einer perfekten Werkbank. Manchen gefällt eine kleine, übersichtliche Werkbank mit einer vertieften Werkzeugablage, andere bevorzugen eine große Bank mit ebener Oberfläche – es gibt mindestens ebenso viele Vorstellungen von einer perfekten Werkbank wie es Holzbearbeiter gibt.

Jedoch stimmen alle in wesentlichen Punkten überein: Eine Werkbank muss einen soliden Rahmen haben und sollte keinesfalls wackeln oder kippeln. Die Arbeitsplatte muss stabil und in der richtigen Höhe sein – sie darf nicht schwingen, man muss sich nicht bücken oder strecken müssen und es sollte genug Platz sein für den Schraubstock, die Bankhaken, Anschläge und alle anderen Ausrüstungsteile, die zu einer perfekten Werkbank gehören.

Auch wenn wir hier nicht allen Vorstellungen hundertprozentig gerecht werden können, gilt doch im Allgemeinen, dass die Beine Mindestabmessungen von etwa 90×90 mm und all die anderen Zargen und Stege von etwa 70×70 mm haben sollten.

Montage des Schraubstockes

Entscheiden Sie sich für den größten und qualitativ besten Schraubstock, den Sie sich leisten können – möglichst für einen, der größer ist, als Sie im Moment für nötig halten. Und vergessen Sie nicht, dass die erforderlichen Holzbacken die Gesamtbreite der Öffnung verringern. Sie müssen sich außerdem entscheiden, ob der Holzbelag der inneren Klemmbacke über die Vorderkante der Werkbank und die Vorderseite des Schraubstockes herausragen soll oder nicht. Die meisten Holzbearbeiter bevorzugen die Belegung beider Backen des Schraubstockes mit Hartholz, und zwar so, dass alle Oberkanten bündig mit der Arbeitsfläche abschließen. Manche jedoch versehen den Schraubstock mit einem Stirnbrett, das über die gesamte Länge der Werkbank reicht. Ein solches Brett eignet sich besonders zum Anbringen zusätzlicher Anschläge, Zwingen und Bankhaken. Sollten Sie sich für diese Variante entscheiden, müssen Sie sich jedoch darüber im Klaren sein, dass die erforderliche Breite des Brettes (30 bis 40 mm) die

mögliche maximale Öffnung des Schraubstockes verringert.

Zur Befestigung des Schraubstockes an der Werkbank benötigt man im Allgemeinen Hartholzklötzer, die zwischen die Unterseite der Bank und den Schraubstock geschoben werden. Der Schraubstock ist mit Maschinenschrauben und Muttern oder zumindest mit kräftigen Holzschrauben zu befestigen. Maschinenschrauben sollte man am Besten von oben durch die Arbeitsplatte führen und die Köpfe versenken. Viele Holzbearbeiter verschließen die Löcher mit Holzdübeln, die eingeklebt und abgehobelt werden, bis sie mit der Arbeitsplatte bündig sind. Andere ziehen es jedoch vor, die Aussparungen offen zu lassen, damit die Schrauben leicht zugänglich sind, sollte der Schraubstock einmal ersetzt oder an eine andere Stelle versetzt werden müssen.

• Verwenden Sie nur qualitativ hochwertiges Hartholz für die Schraubstockbacken.

• Alle Schrauben müssen ausreichend tief in der Arbeitsplatte versenkt sein.

• Befolgen Sie die Anweisungen des Herstellers für die Befestigung und Verwendung des Schraubstockes.

OBEN: Ein leichter, preisgünstiger Schraubstock

• Lassen Sie sich beim Heben und Befestigen des Schraubstockes helfen.

TIPP

Ein Schraubstock ist eine erhebliche Investition, aber möglicherweise wird er zwanzig oder dreißig Jahre lang täglich genutzt. Deshalb macht es sich bezahlt, den Besten anzuschaffen, den Sie sich leisten können. Die meisten Holzbearbeiter würden Ihnen die gleichen Ratschläge geben: Kaufen Sie einen größeren Schraubstock als Sie im Moment glauben zu benötigen und versuchen Sie im Zweifelsfalle lieber, einen größeren Gebrauchten zu erstehen, als einen kleineren neuen Schraubstock.

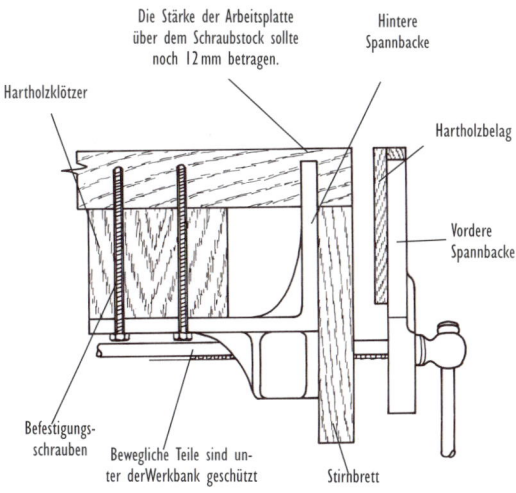

OBEN: Großer mit Maschinenschrauben befestigter Schraubstock

Die Stärke der Arbeitsplatte über dem Schraubstock sollte noch 12 mm betragen.

Hartholzklötzer

Hintere Spannbacke

Hartholzbelag

Vordere Spannbacke

Befestigungsschrauben

Bewegliche Teile sind unter der Werkbank geschützt

Stirnbrett

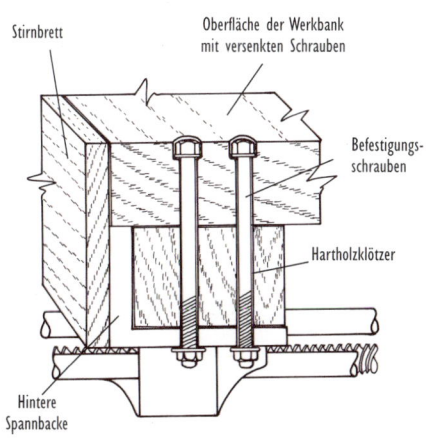

OBEN: Großer mit versenkten Maschinenschrauben befestigter Schraubstock

Stirnbrett

Oberfläche der Werkbank mit versenkten Schrauben

Befestigungsschrauben

Hartholzklötzer

Hintere Spannbacke

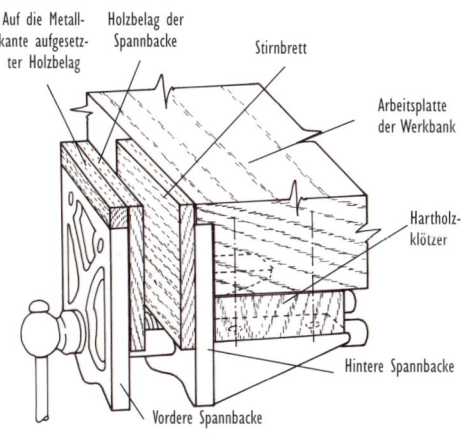

OBEN: Kleiner mit Schrauben befestigter Schraubstock

Auf die Metallkante aufgesetzter Holzbelag

Holzbelag der Spannbacke

Stirnbrett

Arbeitsplatte der Werkbank

Hartholzklötzer

Hintere Spannbacke

Vordere Spannbacke

BELEUCHTUNG

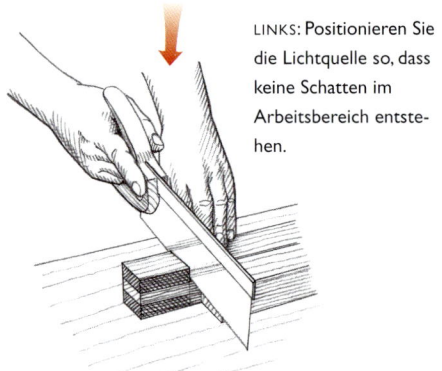

LINKS: Positionieren Sie die Lichtquelle so, dass keine Schatten im Arbeitsbereich entstehen.

Alle Arbeitsbereiche sollten so angeordnet sein, dass sie entweder durch natürliches Licht, das durch Fenster oder teilweise verglaste Türen fällt und/oder durch künstliches Licht von Decken-, Wand- oder Tischleuchten optimal beleuchtet werden. Es sollen keine Schatten entstehen und man soll nicht geblendet werden. Die meisten Holzbearbeiter in der häuslichen Werkstatt arbeiten am liebsten vor einem Fenster, mit einer Deckenleuchte direkt über der Werkbank und einer zusätzlichen Leuchte mit flexiblem Arm, die je nach Erfordernis eingesetzt wird.

Gute Werkstattbeleuchtung heißt Flexibilität, denn bestimmte Arbeiten erfordern eine entsprechende Beleuchtung. Bei der Arbeit an der Drehbank braucht man beispielsweise ein Deckenlicht, das den gesamten Arbeitsbereich ausleuchtet und eine zusätzliche gerichtete Leuchtquelle, normalerweise von der Seite, die genau auf die zu bearbeitende Stelle scheint. Beim Drechseln oder Bohren von Löchern kann es manchmal hilfreich sein, eine zusätzliche Lichtquelle zu installieren, die direkt in das Holz hinein leuchtet. Am wichtigsten ist jedoch, dass man die Beleuchtung abhängig von der jeweiligen Tätigkeit und abhängig davon, ob man Links- oder Rechtshänder ist, variieren kann. Wenn die Werkstatt groß genug ist, können Sie natürlich auch an verschiedenen Stellen der Werkbank arbeiten, so dass das Werkstück immer optimal ausgeleuchtet ist. Die meisten Holzbearbeiter haben jedoch nur eine Bank mit einem Schraubstock zur Verfügung und sind deshalb in ihren Bewegungsmöglichkeiten eingeschränkt.

Zum Thema Neonbeleuchtung ist zu sagen,

dass dieses Licht zwar effizient und wirtschaftlich ist, viele Holzbearbeiter sich jedoch durch das Flackern gestört fühlen und/oder davon Kopfschmerzen bekommen. Wenn Sie zu diesen gehören, sollten Sie bei konventioneller Beleuchtung bleiben oder nicht flackernde Alternativen untersuchen. Auf jeden Fall sind alle Leuchtmittel immer durch ein Drahtnetz oder einen Käfig zu sichern.

Bewegliche Leuchten

Man sollte nach Möglichkeit immer eine oder mehrere Tischleuten zur Verfügung zu haben, entweder mit flexiblem Arm und/oder solche, die man mit einer Klammer befestigen kann. Leuchten mit flexiblem Arm sind besonders nützlich, denn sie können so eingestellt werden, dass das Licht genau auf die zu bearbeitende Stelle fällt. Auch hier müssen Sie den Leuchtkörper vor herumfliegenden Holzstücken und Ähnlichem schützen und darauf achten, dass der flexible Arm nicht in den Bereich von scharfen Werkzeugen gerät.

Das Werkstück ausleuchten

Für viele Holzbearbeitungstechniken ist Licht von entscheidender Bedeutung. Zum Schärfen einer Säge beispielsweise muss das Licht so fallen, dass es von der Schräge der Zähne abprallt. Beim Anreißen mit Bleistift und Winkel sollte sich die Lichtquelle auf der gleichen Seite wie die bleistiftführende Hand befinden. Zum Ausstemmen eines Zapfenloches muss das Licht auf die Vorderseite der Schneide fallen, dorthin, wo das Holz ausgestemmt wird. Wenn Sie sich ihre erste Werkstatt einrichten, sollten Sie zu Anfang nur ein Minimum an feststehenden Lichtquellen installieren und die Ausleuchtung dann optimieren, wenn Sie sich über ihre Bedürfnisse besser im Klaren sind.

TIPP

Installieren Sie nicht gleich Arbeitsplatten und Wandleuchten entlang aller verfügbaren Wände, nur weil das auf dem Papier so schön ordentlich aussieht. Es ist viel günstiger mit einer Werkbank vor dem Fenster zu beginnen und im Laufe der Zeit je nach Bedarf zusätzliche kleinere Arbeitsflächen und die jeweils erforderliche Beleuchtung zu installieren.

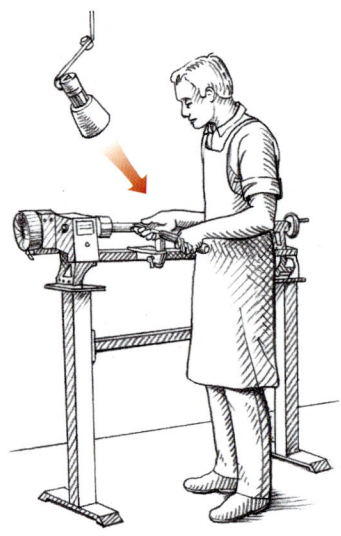

OBEN: Die Lichtquelle ist so anzuordnen, dass die zu bearbeitende Fläche beleuchtet wird.

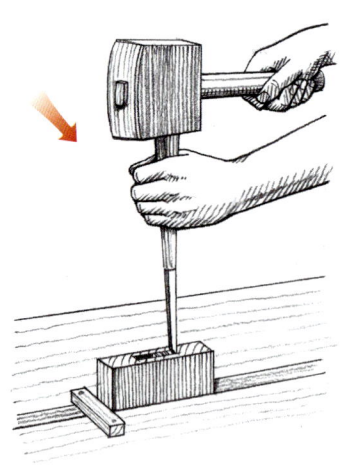

OBEN: Dort, wo Klinge und Holz aufeinander treffen, dürfen keine Schatten fallen.

AUFBEWAHRUNG

Werkzeuge lieben genau wie Menschen eine trockene, warme und angenehme Umgebung. Sie mögen weder Feuchtigkeit, noch Staub und auch keine gedankenlose Behandlung. Zwar bestimmen Größe, Form und Anordnung Ihrer Werkstatt, sowie die Form und Anzahl der Werkzeuge die Art der Aufbewahrung, jedoch sind die grundlegenden Erfordernisse immer dieselben. Werkzeuge sind trocken aufzubewahren. Sie sollten idealerweise mit Abstand zueinander gelagert werden, so dass Klingen und Schneiden nicht miteinander in Kontakt kommen. Sie sind so aufzubewahren, dass sie immer schnell zur Hand sind. Das ist in Kisten oder Truhen mit Unterteilungen und ausziehbaren Ablagen, in Wandschränken und Regalen, an Haken und Ständern oder in Schubladen und Werkzeugrolltaschen möglich. Jede Variante hat ihre Vor- und Nachteile.

Aufbewahrung von Hobeln

Gleich, ob Ihre Hobel in Regalen, Schränken oder Kisten aufbewahrt werden, es ist unbedingt darauf zu achten, die Klingen gegen Stöße oder Kratzer zu schützen. Deshalb sollten Hobel immer auf die Seite gelegt werden, wenn man sie gerade nicht benutzt. Denken Sie stets daran, wenn Sie zum Telefon gerufen werden oder sich eine Tasse Kaffee genehmigen! Wenn man den Hobel längere Zeit nicht benutzt, legt man ihn ebenfalls auf die Seite. Manche Tischler sind jedoch der Meinung, dass es am besten ist, das Hobeleisen herauszunehmen und den Hobel flach auf die Sohle zu stellen.

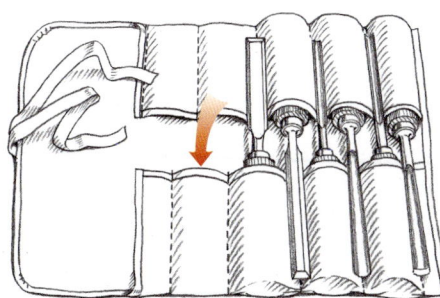

OBEN: Die Werkzeuge sind so einzustecken, dass die Schneiden sichtbar sind.

Werkzeugrolltasche

Stechbeitel bewahrt man am günstigsten in einer Rolltasche auf. Davon gibt es verschiedene Arten, am besten sind jedoch solche mit Einstecktaschen, in denen die Werkzeuge nicht durcheinander fallen, die Schneiden jedoch sichtbar sind, so dass der Holzbearbeiter gleich sehen kann, welche Werkzeuge er zur Verfügung hat. Es ist nicht sehr sinnvoll, seine Stechbeitel so gut einzupacken, dass man jedes Mal erst ewig braucht, bis man das richtige Werkzeug zur Hand hat.

Werkzeugkiste

Nachdem sich ein Holzbearbeiter genügend Fähigkeiten und Fertigkeiten angeeignet hatte, baute er sich gewöhnlich als Erstes zwei Werkzeugkisten – eine große mit ausziehbaren Schüben und Fächern für seine wichtigsten Werkzeuge und eine kleine, tragbare zum Mitnehmen. Die meisten dieser traditionellen Werkzeugkisten haben einen tiefen Deckel für Winkel und andere Messgeräte, ausziehbare Ablagen für kleine Werkzeuge wie Schmiegen und Winkelmesser, Schubladen mit Unterteilungen für Stechbeitel, sowie Halterungen für Sägen.

Der Bau einer Werkzeugkiste ist in zweierlei Hinsicht eine gute Idee. Der Holzbearbeiter nimmt sich Zeit für den Entwurf und den Bau eines Gegenstandes, der eine Herausforderung an seine handwerklichen Fähigkeiten darstellt und er sichert damit, dass seine Werkzeuge optimal geschützt und aufbewahrt werden. Abhängig davon, ob er besonders viele Hobel, Stechbeitel, Drehwerkzeuge oder andere Werkzeuge besitzt, kann er Größe und Form der Werkzeugkiste genau seinen Bedürfnissen anpassen.

OBEN: Eine Werkzeugkiste ist die beste Lösung zur sicheren und trockenen Aufbewahrung von Werkzeugen.

Arbeiten mit Holz

Das Vergnügen und das Abenteuer bei der Holzbearbeitung besteht vor allem darin, dass keine zwei Bretter, auch nicht Bretter von ein und demselben Baum, genau gleich sind. Ein Stück Holz mag viel Geld gekostet haben, es mag gut aussehen und riechen und der Berater im Holzlager mag es als beste Qualität beschrieben haben, trotzdem ist es niemals ganz auszuschließen, dass Sie beim Aufsägen einen Fehler entdecken, der es völlig unbrauchbar macht. Um dieses Risiko zu minimieren, sollte man lernen, was Faserverlauf, Struktur und Zeichnung des Holzes über die Holzqualität aussagen können und man sollte auf Symptome achten, die darauf hinweisen, dass das Holz möglicherweise mit Fehlern behaftet ist.

FASERVERLAUF UND STRUKTUR

Obwohl die Begriffe „Faserverlauf" oder „Faserrichtung" genau genommen mit dem Längenwachstum des Baumes zu tun haben, werden sie heutzutage im Allgemeinen verwendet, wenn man über den Verlauf der Holzfasern, den wir an gehobeltem Holz erkennen können, spricht. Eine Bohle kann entweder als dichtfaserig oder grobfaserig beschrieben werden. Die amerikanische Linde beispielsweise hat gerade, glatte und dichte Fasern, während Eichen häufig grobe und gewellte Fasern aufweisen. Es gibt viele Fasereigenschaften, die ganz bestimmten Baumarten eigen sind – gerade Fasern, spiralförmige Fasern, lockenförmige Fasern – doch die Eignung des Holzes für die Bearbeitung hängt in erster Linie davon ab, ob das Holz dichte Fasern, grobe Fasern oder Quer- bzw. Diagonalfasern aufweist.

Dichte Fasern sind das Ergebnis eines langsamen und gleichmäßigen Wachstums eines Baumes. Ein Querschnitt durch den Baumstamm zeigt in diesem Fall dünne und sehr eng beinander liegende Jahresringe. Holz mit groben Fasern stammt in der Regel von schnellwachsenden Bäumen. Der Querschnitt zeigt Jahresringe mit größeren Zwischenräumen und irregulären Abständen. So ein Holz ist meist schwierig zu bearbeiten. Querliegende und diagonale Fasern entstehen, wenn die Holzfasern generell verzogen und schlecht ausgerichtet sind. Das macht die Bearbeitung in der Regel schwer, obwohl Stücke aus solchem Holz letztendlich besonders spektakulär aussehen können.

Zeichnung oder Maserung

Der Begriff „Zeichnung" oder „Maserung" umfasst alle die Eigenschaften, die ein Stück Holz optisch von einem anderen unterscheiden. Die verschiedenen Farben und Muster, die wir in den gesägten Brettern erkennen können, die Knoten, Zeichen von Holzzerstörung, die Faserbilder, die durch verschiedene Sägetechniken unterschiedlich zur Geltung gebracht werden, bezeichnet man als Maserung. Charakter und Qualität der Maserung hängen größtenteils von den natürlichen Eigenschaften der Baumart und von der Methode des Aufsägens ab. Besonders schön gemasertes Holz erhält man häufig, wenn man Astgabeln oder Abnormalitäten wie Maserknollen oder Knoten im Scharfschnittverfahren zersägt.

Struktur der Fasern

Der Begriff „Struktur" der Fasern bezieht sich in erster Linie auf die Größe der Zellen im Holz, die wiederum die Bearbeitungseigenschaften und die Oberfläche beeinflussen. Fein strukturiertes Holz fühlt sich glatt an und erscheint dem Auge glänzend, während sich grob strukturiertes Holz rau anfasst und stumpf erscheint.

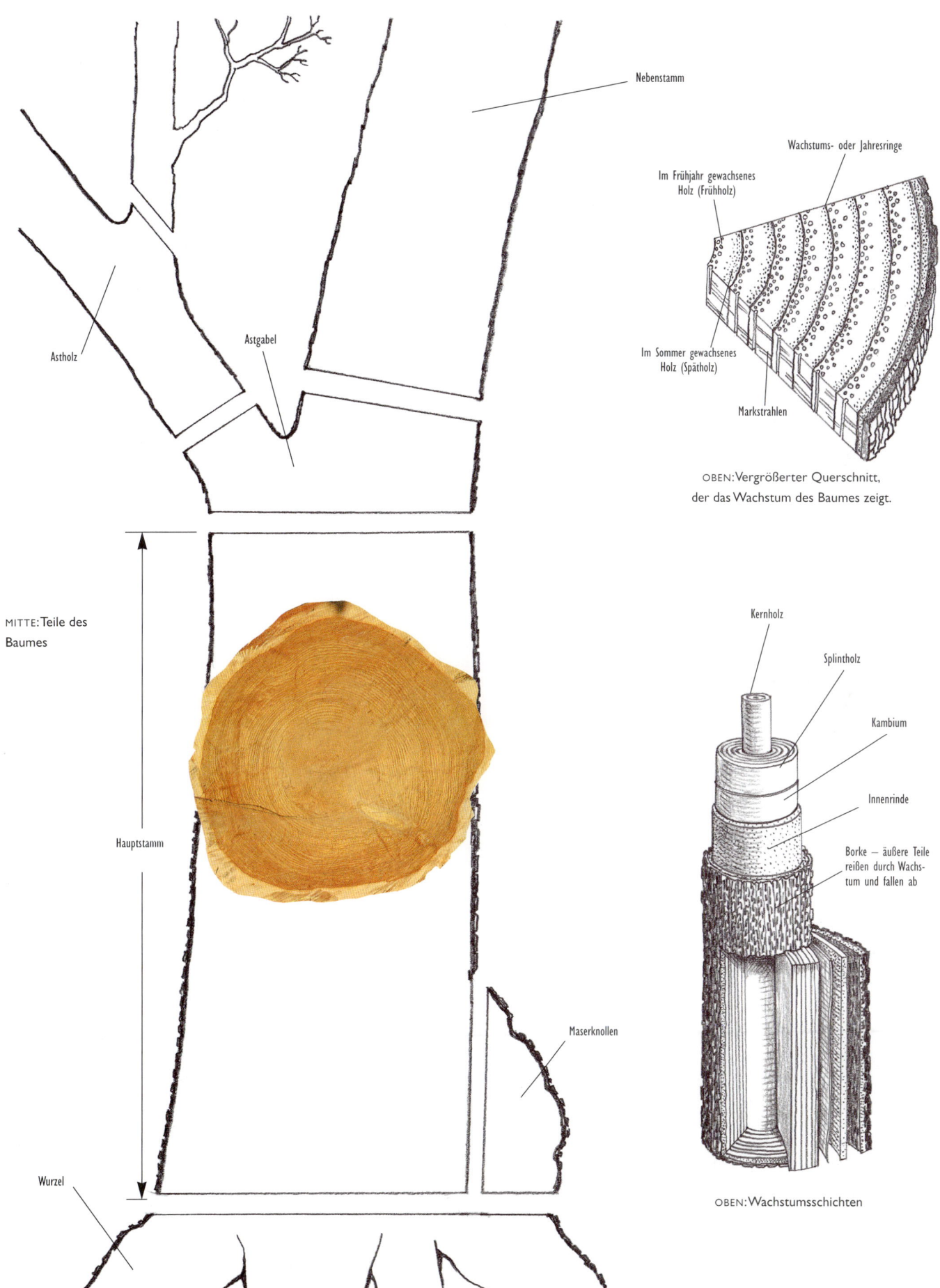

Nebenstamm

Wachstums- oder Jahresringe

Im Frühjahr gewachsenes
Holz (Frühholz)

Im Sommer gewachsenes
Holz (Spätholz)

Markstrahlen

OBEN: Vergrößerter Querschnitt,
der das Wachstum des Baumes zeigt.

Astholz

Astgabel

MITTE: Teile des
Baumes

Hauptstamm

Maserknollen

Wurzel

Kernholz

Splintholz

Kambium

Innenrinde

Borke — äußere Teile
reißen durch Wachs-
tum und fallen ab

OBEN: Wachstumsschichten

IM SÄGEWERK

Die Größe, Form und Maserung des Holzes, das der Holzbearbeiter in seiner Werkstatt vorfindet, hängt vor allem davon ab, wie ein Baum zersägt wird. Es gibt viele traditionelle Methoden zum Zersägen von Baumstämmen. Der Stamm kann einfach längs aufgesägt werden, was einen Stapel Bretter ergibt, oder er kann zuerst in Viertel zerteilt werden. Manchmal werden dicke Baumstämme erst geviertelt und dann wird jedes Viertel auf unterschiedliche Weise zersägt. Die Zeichnung unten zeigt vier Methoden des Aufsägens eines geviertelten Baumstammes.

Radialschnitt oder Quartierschnitt

Beim Radialschnitt oder Quartierschnitt sägt man etwa parallel zu den Markstrahlen mit dem Ergebnis, dass die Jahresringe auf jedem Brett als parallel verlaufende Streifen in Erscheinung treten. Der Radialschnitt ergibt die besten Bretter hinsichtlich allgemeiner Maßhaltigkeit, allerdings entsteht dabei viel Abfall. Diese Methode wird deshalb nur angewandt, wenn ausgewähltes Holz für qualitativ hochwertige Arbeiten verlangt wird.

Riftschnitt oder gewöhnlicher Spiegelschnitt

Diese Methode ist ein Kompromiss zwischen dem abfallintensiven Radialschnitt und dem effizienten Bohlenschnitt. Man erhält durchgemasertes Holz, doch ist das Verfahren relativ kompliziert und teuer und die Abmessungen der produzierten Bretter sind zwangsläufig geringer.

Bohlenschnitt

Bei diesem Schnitt erhält man dicke Bohlen bei einem Minimum an Abfall. Er wird in erster Linie angewandt, um eine Mischung ausgewählter Bretter und einfachen Bauholzes zu erzeugen.

Scharfschnitt (auch Rund- oder Einfachschnitt)

Obwohl hier ein Viertelstamm gezeigt wird, der in dieser Art zersägt wurde, werden gewöhnlich ganze Stämme so aufgeschnitten. Man erhält Bretter einer Stärke von 78 mm oder geringer, wobei die Bretter aus der Mitte so breit wie der Stammdurchmesser sind. Diese Methode ist sicherlich die einfachste und wirtschaftlichste Methode des Zersägens von Baumstämmen und erzeugt Bretter niederer Güte. Zwar können mit dieser Methode die breitesten Bretter produziert werden, manche davon sind jedoch instabil – abhängig von ihrer Position im Stapel. Die Eignung der so geschnittenen Bretter für bestimmte Arbeiten und die Maserung kann also sehr unterschiedlich sein. Wird ein ganzer Baumstamm nach dieser Methode zersägt, sind die Bretter oben und unten die schmalsten mit sehr schlichter Maserung und die folgenden Bretter zeigen dann immer stärkere Maserung bis hin zur Mitte.

RECHTS: Vier verschiedene Methoden des Aufsägens eines Baumstammes.

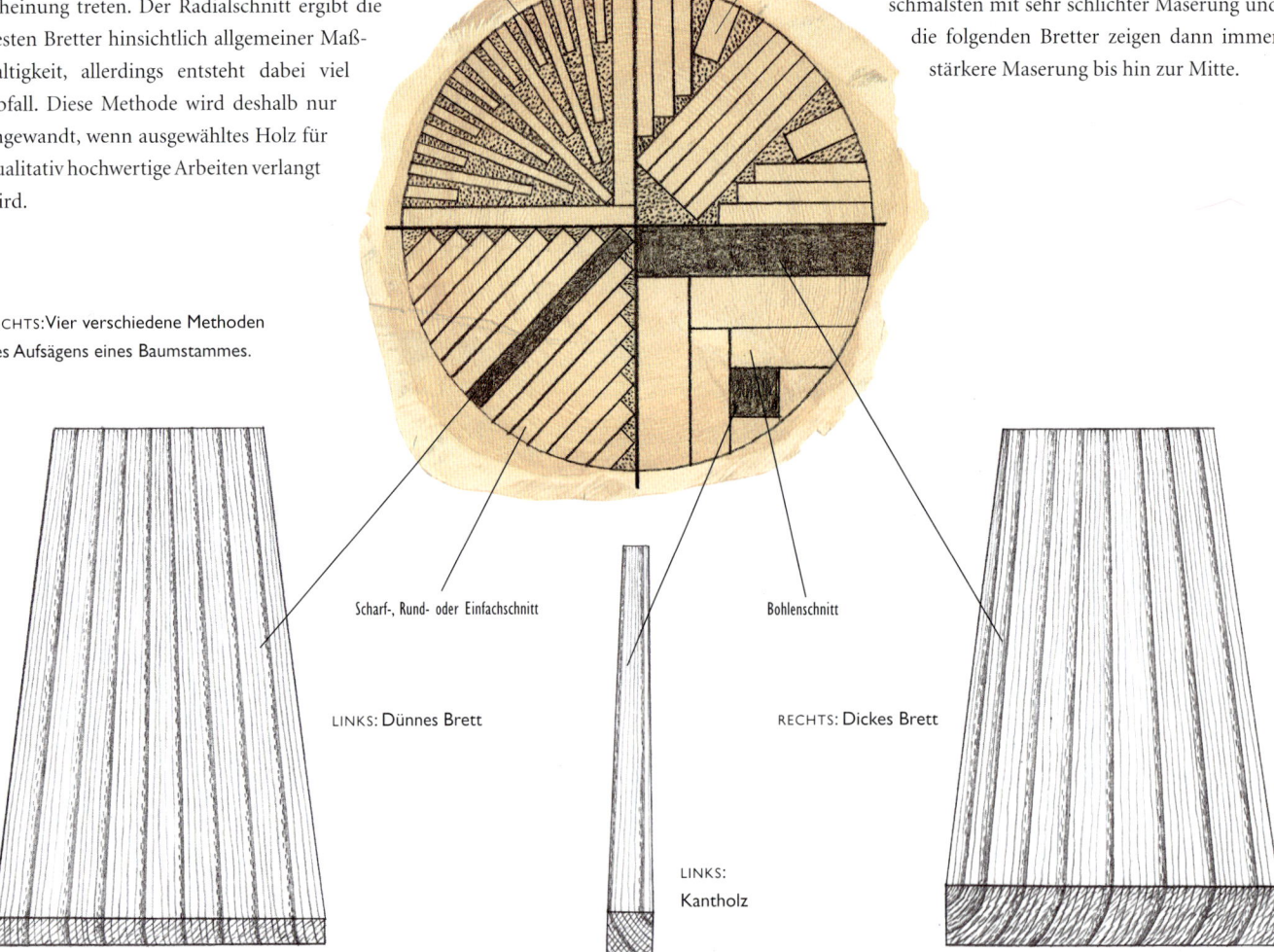

Radialschnitt oder Quartierschnitt

Riftschnitt oder gewöhnlicher Spiegelschnitt

Scharf-, Rund- oder Einfachschnitt

Bohlenschnitt

LINKS: Dünnes Brett

LINKS: Kantholz

RECHTS: Dickes Brett

HOLZFEHLER

In diesem Buch werden Holzfehler entweder als natürliche Fehler im Hinblick auf den Wuchs des Baumes, wie zum Beispiel Baumkrankheiten und Holzfäule, sowie künstliche Fehler, die durch die Behandlung des Holzes im Sägewerk und/oder durch unsachgemäße Lagerung entstanden sein können, bezeichnet.

Holzzersetzung

Obwohl Verrottungserscheinungen wie Fäulnis oder Schimmel manchmal dazu führen, dass das Holz eine ungewöhnliche Verfärbung oder Maserung erhält, sind sie doch meistens ein Zeichen dafür, dass das Holz unbrauchbar ist. Deshalb sollte man Holz mit Anzeichen von Zersetzung möglichst meiden.

Insekten

Der Befall durch Insekten kann die Festigkeit eines Holzstückes entscheidend verringern. Kleine Löcher sind möglicherweise ein Anzeichen dafür, dass der Holzschädling zwar da war, das Holzstück inzwischen aber verlassen hat. Holz mit Löchern, die von Insektenbefall herrühren, sollte man jedoch lieber nicht verarbeiten.

Ringrisse

Absplitterungen oder Risse, die in der Mitte des Baumes um den Markstrang herum auftreten, werden Ringrisse genannt. Zwar sind es keine Anzeichen für Verrottung, trotzdem stellen sie eine erhebliche Beeinträchtigung der Holzqualität dar.

Schwindrisse

Schwindrisse entstehen meist im Ergebnis einer forcierten Trocknung, dann, wenn sich das Holz zu stark zusammenzieht. Holz mit Schwindrissen sollte möglichst gemieden werden, auch wenn es nur aus dem Grund geschieht, dass das Endstück mit den Schwindrissen abgesägt werden muss, also Abfall ist.

Kernrisse

Kernrisse sind ein ziemlich sicheres Anzeichen dafür, dass der Baum bereits alt war und sein Kern zu schrumpfen begann. Das Ende mit den Kernrissen muss abgeschnitten werden, aber wer weiß, wie tief diese Risse reichen?

Rundrisse

Rundrisse im Kern des Holzes beeinträchtigen den Wert des Holzes sehr stark, da man davon ausgehen kann, dass der Baum bereits sehr alt war und/oder einer enormen Belastung durch Hitze, Wind oder Überschwemmung ausgesetzt war. Holz mit diesem Merkmal sollte besser nicht verwendet werden.

Durchriss

Ein Riss, der sich von einer Seite bis auf die andere Seite eines Brettes zieht, kann durch Schwinden infolge von Belastung oder Alter entstanden sein und macht das Holz in der Regel unbrauchbar.

Oberflächenrisse

Solche Risse entstehen, wenn Holzzellen zerrissen werden. Das geschieht oft durch nicht ordnungsgemäße Lagerung oder durch zu schnelle Trocknung.

Lose Knoten

Lose oder kranke Knoten lassen vermuten, dass sich ein Teil des Holzes bereits im fortgeschrittenen Verfallsstadium befindet und sie werden mit ziemlicher Wahrscheinlichkeit früher oder später herausfallen.

Fehlkante

Eine weiche Kante eines Brettes, auf der sich noch die Rinde befindet, ist im Allgemeinen unbrauchbar. Denken Sie beim Kauf von Brettern mit Fehlkanten daran, dass diese abgesägt werden müssen und die Bretter dann natürlich schmaler werden.

TIPP

Wie im Massivholz können auch in Furnieren viele der oben beschriebenen Fehler auftreten, einschließlich Risse, Löcher und Verrottung. Am besten schauen Sie sich die verfügbaren Furniere genau an und entscheiden dann, ob Sie die Fehler bei der Verarbeitung aussparen können.

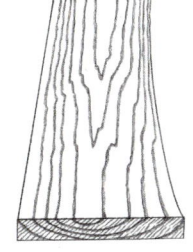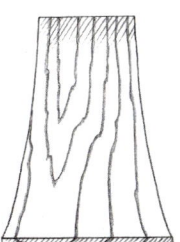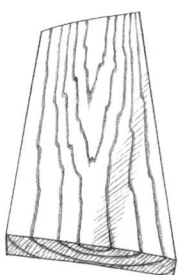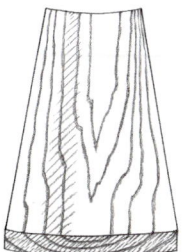

OBEN: Verformung von Brettern von links nach rechts: Einseitige Krümmung, Längskrümmung, Verdrehung, Querkrümmung

EIGENSCHAFTEN DES HOLZES

Holzbearbeitung ist Arbeit mit einem natürlichen Material. Man sollte sich immer darüber im Klaren sein, dass Holzbearbeitung eine Partnerschaft, ein Zusammenwirken von Werkzeugen, Techniken und Holz ist. Es hat keinen Zweck, Holz mit einem stumpfen Werkzeug bearbeiten zu wollen, gegen die Faserrichtung zu hobeln, einen Stechbeitel in ein Hirnholzstück zu schlagen oder anderweitig das Holz in irgendeine Form zwingen zu wollen. Der Erfolg jeder Arbeit und jeder Methode liegt immer im Verständnis der natürlichen Holzeigenschaften – seiner Härte, der Festigkeit, Elastizität, Haltbarkeit usw.

LINKS: Grobfasriges Honduras-Mahagoni, lässt sich nicht gut biegen.

Härte

Hartholz stammt meist von Laubbäumen und Weichholz in der Regel von Nadelbäumen. Trotz der Bezeichnung ist Hartholz jedoch nicht unbedingt härter oder schwerer zu bearbeiten als Weichholz. Wenn man ein Holz als hart bezeichnet, meint man gewöhnlich, dass das Holz sich an der Stirnseite oder Oberfläche nicht ohne weiteres eindrücken oder beschädigen lässt. Wenn Sie beispielsweise eine Tischplatte mit harter Oberfläche benötigen, müssen Sie ein Holz mit ausreichend Widerstand gegen Einwirkungen auf seine Oberfläche auswählen. Das kann auch ein Weichholz mit harter Oberfläche sein.

LINKS: Hirnholz eines Kiefernstammes mit deutlich sichtbaren Jahresringen – sehr stabiles Holz.

OBEN: Im Quartierschnitt gewonnenes Eichenbrett mit charakteristischer Markstrahlzeichnung – solide und dekorativ.

Festigkeit

Festes Holz ist Holz, das sich schwer spalten lässt, Holz, das im Verhältnis zu seiner Länge eine hohe Biegefestigkeit aufweist. Englische Langbogen wurden immer aus Eibe hergestellt, die Schäfte von Golfschlägern aus dem Holz des Hickorybaums und Axtstiele aus Esche – alles feste Holzarten, welche sehr widerstandsfähig gegen mechanische Zerstörung und Splitterung sind.

OBEN: Manche Holzarten werden aufgrund ihrer Biegeeigenschaften für bestimmte Arbeiten ausgewählt.

Biegeelastizität

Biegeelastizität und Festigkeit sind in vielerlei Hinsicht ähnliche Eigenschaften. Manche Holzarten vertragen problemlos eine langsame und langanhaltende Biegung, halten jedoch der so genannten Scherkraft nicht stand. Deshalb ist es bei der Auswahl des Holzes wichtig zu wissen, ob es für Gegenstände wie Leitern, die starker Biegekraft ausgesetzt sind, verwendet werden soll oder ob es ein schweres Gewicht abstützen soll, wie zum Beispiel einen Balken in einem Haus.

OBEN: Holz mit gerader Maserung lässt sich entlang des Faserverlaufs relativ einfach spalten.

Spaltbarkeit

Die Spaltbarkeit eines Holzstückes ist eine sehr wichtige Eigenschaft. Wenn man ein Verbindungsstück aussägt oder einen Gegenstand entwirft, der teilweise aus kurzfasrigem Holz besteht, muss man wissen, wie stark der Zusammenhalt zwischen den Holzfasern ist. Beispielsweise lässt sich ein geradfasriges Weichholz wie die Kiefer der Länge nach einfach spalten, während das mit einem Stück Ahorn kaum möglich ist.

Haltbarkeit

Haltbarkeit sind all die Eigenschaften eines Holzstückes, die seine Lebensdauer unter verschiedenen Umständen beeinflussen. Das Holz der Ulme beispielsweise hält sich auch in einer feuchten Umgebung; Gebäudestützen aus Lärchenholz haben Jahrhunderte überlebt und Zederschindeln scheinen niemals zu verrotten. Bestimmten Holzarten gefällt es offensichtlich geradezu, nass und wieder trocken zu werden oder in der Sonne zu stehen. Andere Holzarten wiederum sind in der Erde Hunderte Jahre haltbar, ihre Lebenszeit verkürzt sich jedoch drastisch, wenn sie Wind und Wetter ausgesetzt sind.

OBEN: Buchsbaumholz hat ausgesprochen dichte, gleichmäßige und kurze Fasern – es eignet sich sehr gut für komplexe Formen.

Widerstand

Die allgemeine Stabilität eines Holzstückes unter Belastung wird als Widerstand bezeichnet. Widerstand ist die Verknüpfung vieler anderer Eigenschaften wie Härte, Festigkeit, Biegefestigkeit und Haltbarkeit. Die Frage, die Sie sich jedes Mal bei der Auswahl von Holz stellen sollten, ist die nach seiner Eignung für den beabsichtigten Verwendungszweck. Die Antwort auf diese Frage erhalten Sie, wenn Sie sich anschauen, welche Art Holz früher verwendet wurde.

OBERFLÄCHENBEHANDLUNG

Fragen Sie hundert Holzbearbeiter, was sie unter dem Begriff einer guten Oberflächenbehandlung verstehen und Sie werden wahrscheinlich hundert verschiedene Definitionen zu hören bekommen. Wenn Sie dann noch die Käufer befragen, kommen wahrscheinlich noch mehr zusammen. Bestimmt werden in manchen Definitionen Begriffe wie Glätte, Glanz und Schellackpolitur vorkommen. Sollten Sie dann versuchen in der Geschichte die Antwort zu finden, wird das wahrscheinlich auch nicht sehr erfolgreich sein, denn Mode und Vorlieben haben sich nicht nur einmal geändert. Schauen Sie sich zum Beispiel frühe amerikanische Windsorstühle an, dann sehen Sie, dass die Handwerker sich damals mit Stühlen zufrieden gegeben haben, die alles andere als symmetrisch waren und deren Oberflächen die Spuren der Werkzeuge noch deutlich zeigten. Wenn Sie dann andererseits Möbel aus dem späten 19. Jahrhundert betrachten, wird Ihnen auffallen, dass die Tischler sich bemüht haben, mechanisch glatte Oberflächen zu erzeugen bzw. die Oberfläche gewöhnlichen Weichholzes so zu bearbeiten, dass es exotischem Hartholz täuschend ähnlich sah. Manche Experten sind der Ansicht, dass die Entwicklung der Holzoberflächen den Übergang von manuellen Techniken zu mechanisierter Bearbeitung reflektiert, wobei die Oberflächen immer glatter und perfekter werden. Dagegen spricht jedoch die gegenwärtige seltsame Situation: Obwohl es inzwischen möglich ist, mit Hilfe von Maschinen absolut perfekte Oberflächen herzustellen, geht die Tendenz wieder zu Oberflächen, die sägerau, mit Stechbeitelspuren versehen, mit der Drahtbürste behandelt oder anderweitig grob strukturiert sind. Während Stechbeitelspuren früher bedeuteten „provinziell und auf dem Land hergestellt", stehen sie heute für „einmalig, handgefertigt und besonders". Das heißt jedoch nicht, dass Sie jetzt unbedingt auf jedem Stück Stechbeitelspuren hinterlassen müssen. Sie sollten sich immer am Prinzip „Die Form folgt der Funktion" orientieren. Wenn eine Oberfläche beispielsweise glatt sein muss – beispielsweise aus hygienischen Gründen oder aus Gründen der bequemen Handhabung dann sollten Sie sie glätten. Genauso gut können

Oberflächen jedoch auch gewellt, rau, matt oder gar rostgefleckt sein – dass hängt ganz von dem jeweiligen Stück ab. Die folgende kurze Liste stellt Ihnen einige mögliche Oberflächenbehandlungen zur Orientierung vor.

OBEN: **Sägeraues Kiefernholz**

Sägerau

Sägerau ist Holz, so wie es vom Holzlager kommt, dass heißt zersägt, jedoch noch nicht gehobelt. Viele Holzbearbeiter belassen die Spuren der Säge, um damit zu suggerieren, dass der Gegenstand entweder immer draußen gestanden hat oder zumindest, dass er für den Gebrauch unter freiem Himmel gedacht ist. Manche Holzarten, wie zum Beispiel Eiche, vermitteln aber auch ein Gefühl größerer Stabilität und Robustheit, wenn sie sägerau belassen werden.

Gehobelt

Beim Hobeln schneidet das Hobelmesser durch die Holzfasern mit dem Ergebnis, dass das Licht stärker von der Oberfläche des Holzes reflektiert und der Faserverlauf besser sichtbar wird.

Je mehr Zeit man mit Hobeln verbringt, desto glatter wird das Holz und die Oberfläche demzufolge umso strahlender. Wenn Sie anschließend das Holz noch mit einem Ziehklingenhobel bearbeiten, erhöht sich die Tiefe und der Glanz der Oberfläche um ein Weiteres.

Bürsten

Durch das Abbürsten mit einer Drahtbürste wird die Oberfläche des Holzes aufgeraut. In Richtung der Fasern eingesetzt, zerschneiden und zerstören die Stahlborsten den weichen Teil der Fasern, so dass das Holz aussieht, als ob es längere Zeit den Elementen ausgesetzt gewesen

wäre. Nehmen sie ein Stück Holz mit starken Fasern, wie zum Beispiel Eiche oder Pechkiefer, bearbeiten Sie es mit der Drahtbürste und es wird im Handumdrehen wie ein Stück Treibholz oder Holz aus der Wüste aussehen.

OBEN: **Eichenholz, mit Stechbeitelspuren**

Stechbeitelspuren

Ein scharfer Stechbeitel erzeugt eine sehr charakteristische Oberfläche. Wenn Sie sich eine Schnitzfigur von der Nordwestküste Amerikas, die von einem Ureinwohner hergestellt wurde oder auch eine Truhe aus der frühen Kolonialzeit lange und genau betrachten, werden Ihnen die Spuren der Werkzeuge ganze Geschichten erzählen. Die Stechbeitelspuren zeigen Ihnen nicht nur, wie die verschiedenen Vertiefungen und Löcher entstanden sind, ihr Muster und ihr Rhythmus geben der Oberfläche eine einmalig schöne und dynamische Struktur.

OBEN: **Gewachste Oberfläche**

Wachsen

Die weichen und feinen Oberflächen mit tiefem Glanz, die wir an antiken Möbelstücken bewundern, sind oft das Ergebnis von hundert oder mehr Jahren regelmäßigen Wachsens und Polierens. Dazu wird auf die Oberfläche natürlicher Bienenwachs aufgetragen und dann mit einer weichen Bürste oder einem Lappen verrieben.

Messen und Anreißen

A lle Holzarbeiten beginnen mit dem Messen. Von Anfang an werden Sie verschiedene Mess- und Anreißtechniken anwenden – bei der Vorbereitung des Materials und zur Festlegung der Abmessungen, sowie zum Anreißen von Schnittlinien und zur Kontrolle der Geradlinigkeit von Oberflächen und Kanten.

Nachdem das Holz eingetroffen ist, beginnt die kritische Phase der Übertragung der Abmessungen von den Arbeitszeichnungen auf das Holz. Schon das alte Sprichwort „Zweimal messen, einmal schneiden" reflektiert die fundamentale Erkenntnis, dass Genauigkeit die Grundlage guter Arbeit ist.

LINEAL UND GLIEDERMASSSTAB

Messinggelenke

Messingscharniere

Messingkappen

Metrische und englische Maßeinteilung

LINKS: Traditioneller englischer Zollstock aus Buchsbaumholz und Messing.

D er traditionelle Zollstock oder Gliedermaßstab gilt seit langem als Universalwerkzeug zum Vermessen von Holz. Die gebräuchlichste Version in England ist der vierteilige Meterstab, in Deutschland haben die meisten Gliedermaßstäbe eine Länge von 2 m.

LINKS: Der traditionelle Gliedermaßstab aus Buchsbaumholz ist immer noch ein ausgezeichnetes Werkzeug. Stellen Sie den Maßstab auf die Kante, um genau anreißen zu können.

Eine traditionelle Methode der Verwendung eines Maßstabs zur Teilung eines Brettes in gleiche Teile ist im Folgenden beschrieben: Angenommen, Sie möchten ein Brett in sieben gleiche Teile unterteilen. Legen Sie den Maßstab schräg über das Brett, so dass die Nullmarke und die 7 cm-Marke (bei einem Brett, das schmaler als 7 cm ist, bzw. bei einem breiteren Brett eine durch 7 teilbare Zahl) jeweils an den Kanten des Brettes anliegen. Ziehen Sie eine Linie über das Brett und markieren Sie die Zentimeterintervalle (bzw. die 2 cm-In

tervalle usw.). Dann nehmen Sie ein langes Lineal oder ein Streichmaß und ziehen parallele Linien über die Länge des Brettes durch die angezeichneten Punkte. Bei einem 30 cm breiten Brett, dass Sie in 8 gleiche Teile teilen möchten, ist beispielsweise die Nullmarke und die 32 cm Marke anzulegen und die 4 cm Intervalle sind zu markieren usw.

LINKS: Achten Sie darauf, dass die Nullmarke und die jeweilige Endmarke genau an den Kanten des Brettes anliegen.

LINEALE AUS METALL

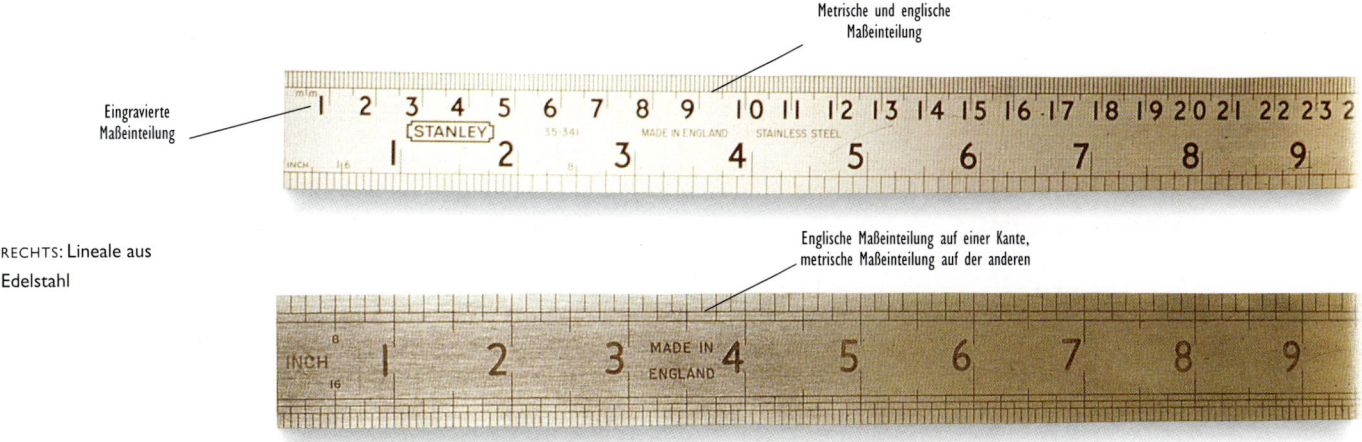

Eingravierte
Maßeinteilung

Metrische und englische
Maßeinteilung

RECHTS: Lineale aus
Edelstahl

Englische Maßeinteilung auf einer Kante,
metrische Maßeinteilung auf der anderen

MESSSTAB

Eine der einfachsten und ältesten Methoden der Übertragung eines Maßes von der Arbeitszeichnung auf das Holz oder von einem Stück Holz auf ein anderes ist die Verwendung eines Messstabes. Wenn Sie eine Kopie eines Gegenstandes, wie zum Beispiel einer Stuhlsprosse, anfertigen möchten, halten Sie einfach einen Holzstab an die Sprosse, markieren die Länge mit einer Kerbe und reißen dann alle anderen Längen direkt mit Hilfe des Stabes an. Wenn Sie am Ende der Arbeiten den Holzstab entsprechend beschriften und ihn irgendwo an einer Schlaufe an der Wand aufhängen, können Sie beim nächsten Mal die Abmessungen gleich wieder von diesem Stab übertragen und benötigen keinen Zollstock und keine Originalsprosse. Eine übersichtliche Sammlung solcher Stäbe kann eine ganze Menge Zeit und Anstrengung sparen. In vielerlei Hinsicht ist diese Methode sogar genauer als die Arbeit mit unterschiedlichen Linealen oder Zollstöcken, die leicht voneinander abweichen können.

MASSBAND

Eines der meist verwendeten Messgeräte ist das flexible Maßband oder Zentimetermaß. Zum Messen wird das Ende des Maßbandes an einer Kante des Werkstückes eingehängt und das Bandmaß in gerader Linie ausgezogen. Ein flexibles Maßband eignet sich besonders zur Vermessung von Rundungen – beispielsweise von gedrehten Schüsseln oder kurvigen Profilen, denn man kann das flexible Maßband um das zu vermessende Objekt winden.

UNTEN: Feststellbares Maßband.
Das Maßband ist ein unverzichtbares Werkzeug.

Mit dem Daumen zu
betätigender Feststeller

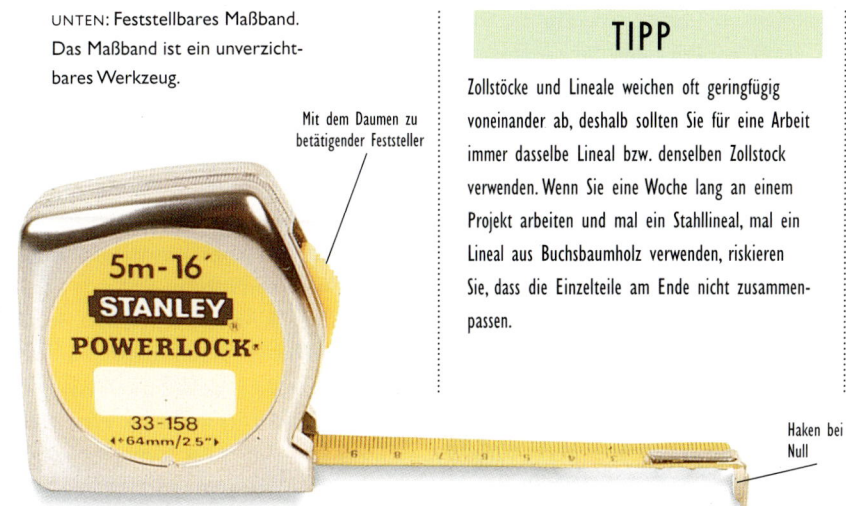

Haken bei
Null

TIPP

Zollstöcke und Lineale weichen oft geringfügig voneinander ab, deshalb sollten Sie für eine Arbeit immer dasselbe Lineal bzw. denselben Zollstock verwenden. Wenn Sie eine Woche lang an einem Projekt arbeiten und mal ein Stahllineal, mal ein Lineal aus Buchsbaumholz verwenden, riskieren Sie, dass die Einzelteile am Ende nicht zusammenpassen.

ANREISSMESSER

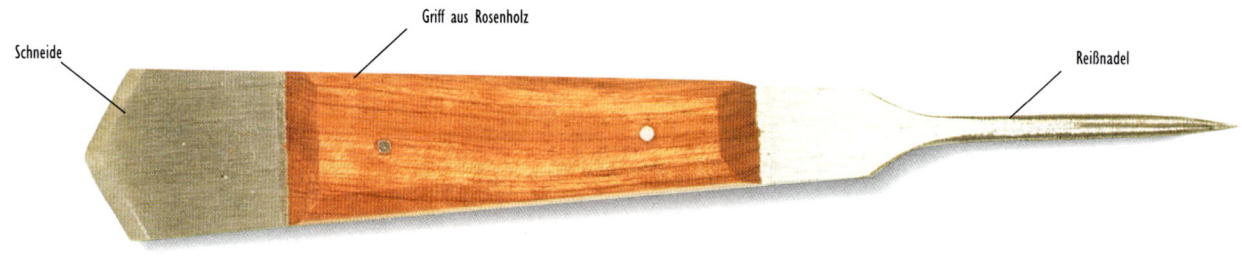

Schneide

Griff aus Rosenholz

Reißnadel

OBEN: Die klassische Kombination aus
Anreißmesser und Reißnadel

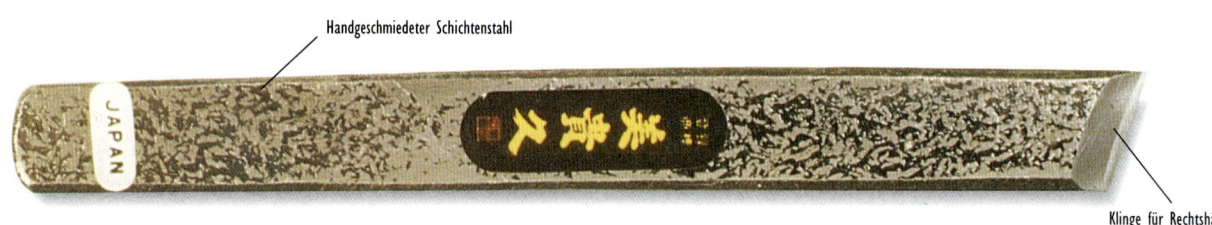

Handgeschmiedeter Schichtenstahl

Klinge für Rechtshänder

OBEN: Das japanische Anreißmesser

Die Schnittlinie, dass heißt die Linie, entlang derer man die Säge oder den Stechbeitel führt, sollte mit einem Messer angerissen werden. Vorher kann man sie natürlich mit einem harten Bleistift anzeichnen, dann sollte man die Linie jedoch mit dem Messer verstärken. Dadurch wird nicht nur die Schnittlinie deutlicher markiert, sondern die durchtrennten Holzfasern stellen bereits einen Ansatzpunkt für die Säge oder den Stechbeitel dar, womit man eine gute Voraussetzung für eine saubere Schnittkante schafft.

LINKS: Achten Sie darauf, dass die flache Seite der Klinge fest am Winkel oder Lineal anliegt.

LINKS: Mit den Fingern der linken Hand wird das Messer dicht am Lineal oder Winkel entlanggezogen.

Anreißmesser gibt es in allen Formen und Größen. Sie sollten jedoch möglichst ein Messer mit nur einseitig abgeschrägter Klinge verwenden, sodass die flache Seite genau am Lineal oder Winkel entlanggeführt werden kann.

Viele Holzbearbeiter auf der ganzen Welt haben inzwischen eine Vorliebe für japanische Reißmesser entwickelt. Diese Messer, die es in Ausführungen für Linkshänder, Rechtshänder oder für beidseitige Verwendung gibt, sind scharf wie Rasierklingen und haben eine hohlgeschliffene Klinge. Zum Anreißen setzen Sie die Metallkante des Anschlagwinkels oder des Lineals auf die angezeichnete Linie, drücken die flache Seite des Reißmessers fest gegen die Kante und ziehen das Messer zu sich heran ohne dabei abzusetzen.

Falls Sie jedoch mehr der europäischen Tradition verhaftet sind und gern ein Werkzeug mit zwei Funktionen benutzen, können Sie sich auch ein mit einer Reißnadel kombiniertes Anreißmesser zulegen. Mit einer beidseitig angeschliffenen Klinge auf der einen und einer sich verjüngenden Spitze auf der anderen Seite ist dieses Werkzeug für viele Anreiß- und Markierungsarbeiten geeignet.

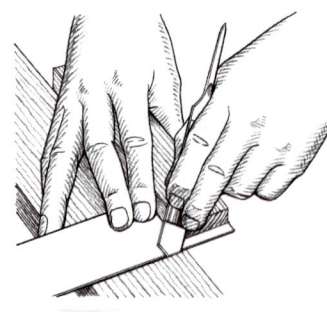

OBEN: Die traditionelle Kombination aus Anreißmesser und Reißnadel ist immer noch ein unverzichtbares Werkzeug, das sich sowohl für Links- als auch für Rechtshänder eignet.

1 Legen Sie den Winkel auf das Werkstück, so dass die Metallkante auf der markierten Linie liegt, dann setzen Sie das Messer so an, dass die flache Seite fest an der Metallkante des Winkels anliegt und ziehen es zu sich heran ohne dabei abzusetzen.

2 Drücken Sie das Werkstück an den Anschlag der Sägelade und setzen Sie das Sägeblatt auf den Riss.

TIPP

Beim Kauf einer Anreißnadel sollten Sie auf Qualität achten und ein Werkzeug mit einem Heft aus Buchsbaumholz und einer Messingzwinge kaufen. In der Messingzwinge sollte ein Stahlstift stecken, der dafür sorgt, dass die Nadel sich nicht dreht bzw. aus dem Heft ziehen lässt.

ANREISSNADELN UND AHLEN

Anreißnadeln und Ahlen sind spitze Werkzeuge zum Ritzen von Linien oder Vorstechen von Löchern. Die Grundform der Ahle hat eine etwa 120 mm lange nadelförmige Metallspitze und ein kugelförmiges Heft, das mit der Handfläche umfasst wird, wobei der Zeigefinger auf der Metallspitze liegt. Dann wird das Werkzeug entweder zum Ziehen einer Linie verwendet oder am Ort gedreht, um ein Loch zu bohren. Es gibt von diesem Werkzeug auch eine meißelförmige Variante, die zum Stechen von Löchern in stark gemasertem Hartholz verwendet wird.

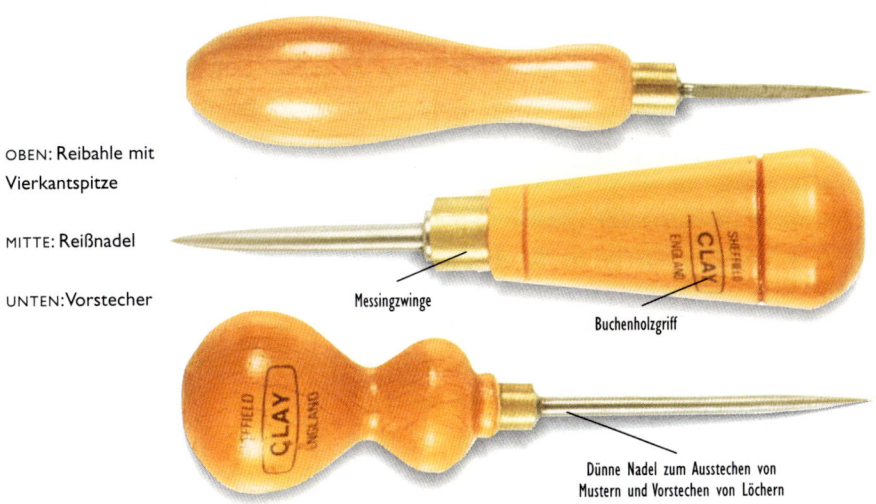

OBEN: Reibahle mit Vierkantspitze

MITTE: Reißnadel

UNTEN: Vorstecher

Messingzwinge

Buchenholzgriff

Dünne Nadel zum Ausstechen von Mustern und Vorstechen von Löchern

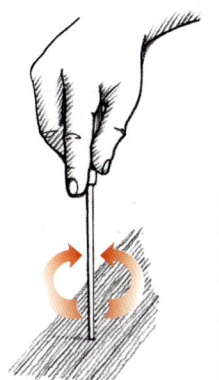

LINKS: Eine Ahle mit kugelförmigem Heft ist das perfekte Werkzeug zum Vorstechen von Löchern für Nägel und Schrauben in Weichholz.

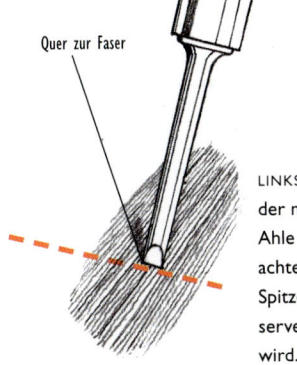

Quer zur Faser

LINKS: Beim Einsatz der meißelförmigen Ahle ist darauf zu achten, dass die Spitze quer zum Faserverlauf angesetzt wird.

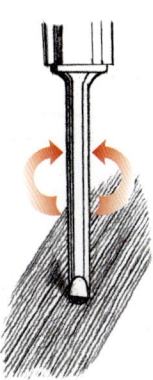

LINKS: Das Werkzeug ist zuerst quer zur Faserrichtung einzustechen und dann zu drehen.

WINKEL

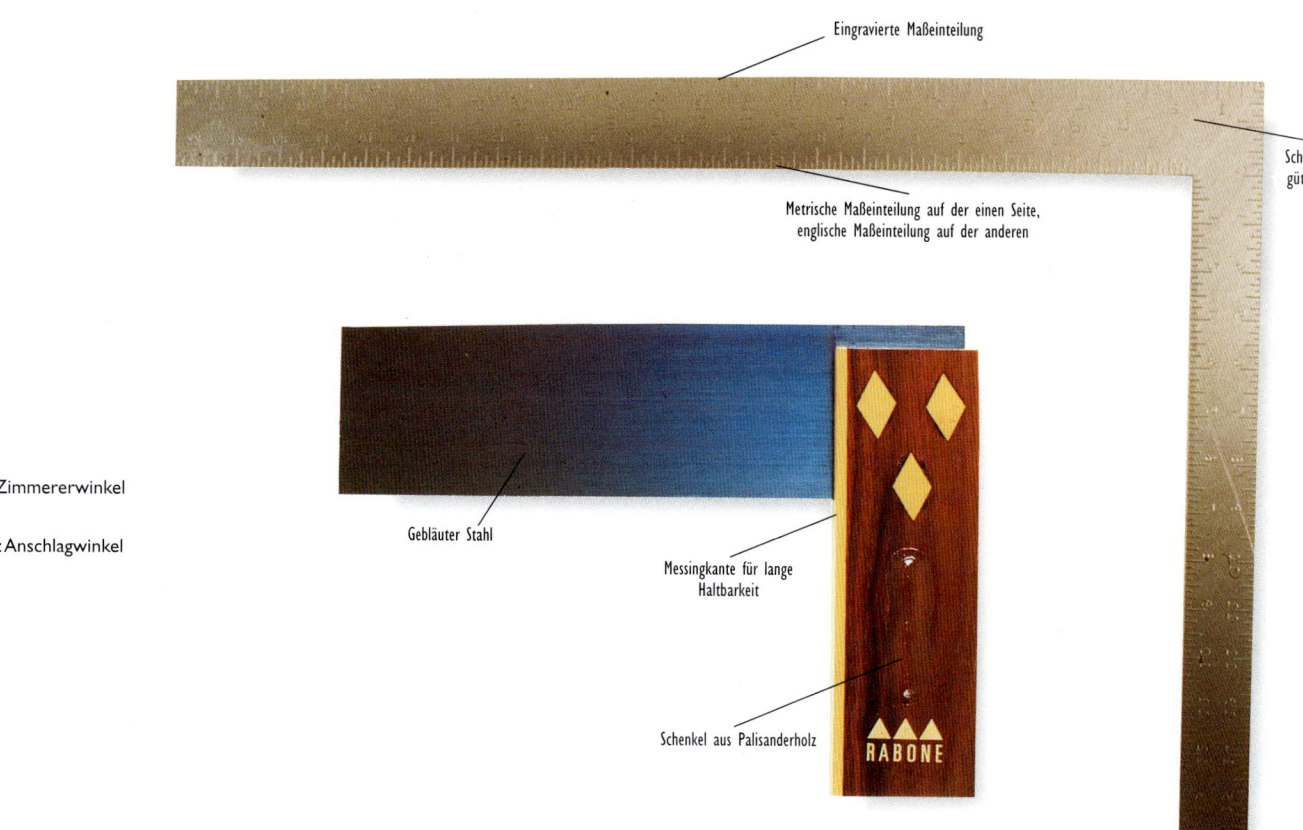

Eingravierte Maßeinteilung

Schwerer ver güteter Stahl

Metrische Maßeinteilung auf der einen Seite, englische Maßeinteilung auf der anderen

OBEN: Zimmererwinkel

UNTEN: Anschlagwinkel

Gebläuter Stahl

Messingkante für lange Haltbarkeit

Schenkel aus Palisanderholz

RABONE

Zimmererwinkel

Der Winkel ist ein Werkzeug, das der Holzbearbeiter sehr oft benötigt um zu überprüfen, ob sich Linien, Kanten und Oberflächen im richtigen Winkel zueinander befinden. Der einfachste Winkel, auch als Zimmererwinkel bekannt, ist einfach ein L-förmiges Stahlstück, auf dem verschiedene Maßeinteilungen eingraviert sind. Der Zimmererwinkel eignet sich besonders für große Projekte – Tischplatten, Schrankrahmen, Türen usw. Der Winkel wird aus einem Stück Stahl hergestellt und ist solide, präzise und einfach zu handhaben. Außerdem garantiert allein seine Größe (der kurze Schenkel ist 400 mm lang und der lange 600 mm) bereits eine hohe Genauigkeit. Wenn Sie erst am Anfang Ihrer Laufbahn als Holzbearbeiter stehen und noch bei der Anschaffung der Werkzeuge sind und falls Sie vorhaben, größere Dinge zu bauen, denken Sie daran, dass ein Winkel mit längeren Schenkeln besseren Kontakt zum Werkstück hat und die Genauigkeit demzufolge größer ist.

Anschlagwinkel

Der bekannte Anschlagwinkel mit Stahlzunge, Anschlag aus Palisanderholz, den schönen Messingintarsien und Nieten wurde in erster Linie für die Arbeit an der Werkbank entworfen. Wenn Sie Linien anreißen möchten, die im rechten Winkel zu Kanten und Oberflächen verlaufen, dann ist das genau das richtige Werkzeug. Zuerst ist die Bezugskante und Bezugsoberfläche zu glätten und zu markieren. Dann drücken Sie den Anschlag des Winkels fest gegen die Bezugsebene und reißen die Linie entlang der Stahlkante an. Hochwertige Winkel haben eine L-förmige Stahlzunge, die in den Holzschenkel eingelassen ist. Bei einfacheren Modellen ist die Metallzunge auf dem Holzschenkel befestigt. Wenn ein solcher Winkel zu Boden fällt, kann es natürlich schnell passieren, dass sich die Zunge lockert oder verbiegt.

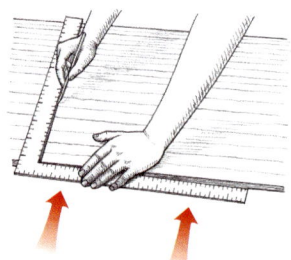

OBEN: Drücken Sie den langen Schenkel fest gegen die Seite des Holzstückes.

OBEN: Halten Sie den Winkel so, dass der Anschlag fest am Werkstück anliegt.

KOMBINATIONSWINKEL

Zentrierwinkel

Winkelmesser

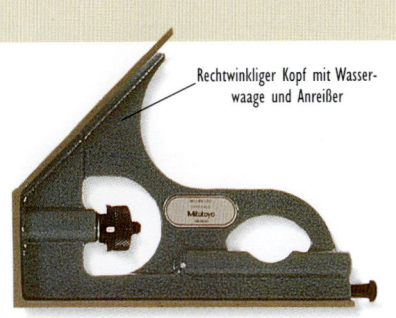

Rechtwinkliger Kopf mit Wasserwaage und Anreißer

Lineal aus Edelstahl, 30 cm

OBEN: Der rechtwinklige Kopf wird zum Anreißen von rechten Winkeln und Gehrungen benutzt.

Der vollständig aus Metall gefertigte Kombinationswinkel mit dem Lineal und den drei verschiedenen Messköpfen ist ein multifunktionelles Werkzeug für alle Arten von Anreiß- und Entwurfsarbeiten. Der Zentrierwinkel ermöglicht die Bestimmung des Mittelpunktes runder Holzteile, z.B. von Holzdübeln und Drehteilen. Der Winkelmesser kann zur Markierung von Winkeln von 0° bis 180° verwendet werden, der rechtwinklige Kopf zum An-

reißen von rechten Winkeln und Gehrungen. Kombiniert mit dem Lineal findet er auch als Tiefenlehre Verwendung, sowie zur Kontrolle der Ausrichtung von Zapfenlöchern und Randleisten. Wählen Sie den jeweiligen Kopf für den beabsichtigten Einsatz, lösen Sie die Rändelmutter, schieben Sie den Kopf auf die gewünschte Stelle des Lineals, ziehen Sie die Mutter an, fertig.

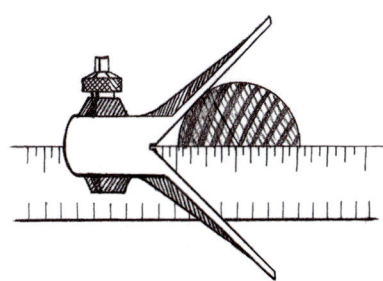

OBEN: Mit dem Zentrierwinkel kann man den Mittelpunkt und die Durchmesserlinie von runden Holzteilen anreißen.

SCHMIEGE

Die Schmiege ist ein weiteres Werkzeug zum Markieren und Anreißen von Winkeln. Die Schmiege hat entweder eine drehbar an einem Holzgriff befestigte oder verschiebbare Stahlzunge mit einem Schlitz in der Mitte. Um einen Winkel anzuzeichnen, lockern Sie die Feststellschraube oder den Feststellhebel, stellen Sie die Zunge mit Hilfe eines Winkelmessers auf den gewünschten Winkel und ziehen Sie die Feststellschraube wieder an. Dann kann der Winkel auf das Werkstück übertragen werden. Jede Einstellung markiert natürlich zwei komplementäre Winkel, die zusammen 180° ergeben. Um einen Winkel an einem Werkstück zu überprüfen oder von einer Zeichnung abzunehmen, lösen Sie die Feststellschraube, drücken den hölzernen Anschlag und die Zunge fest auf das Werkstück – in den Winkel hinein bzw. auf den Winkel – und ziehen die Schraube wieder an. Dann können Sie den Winkel mit Hilfe eines Winkelmessers überprüfen.

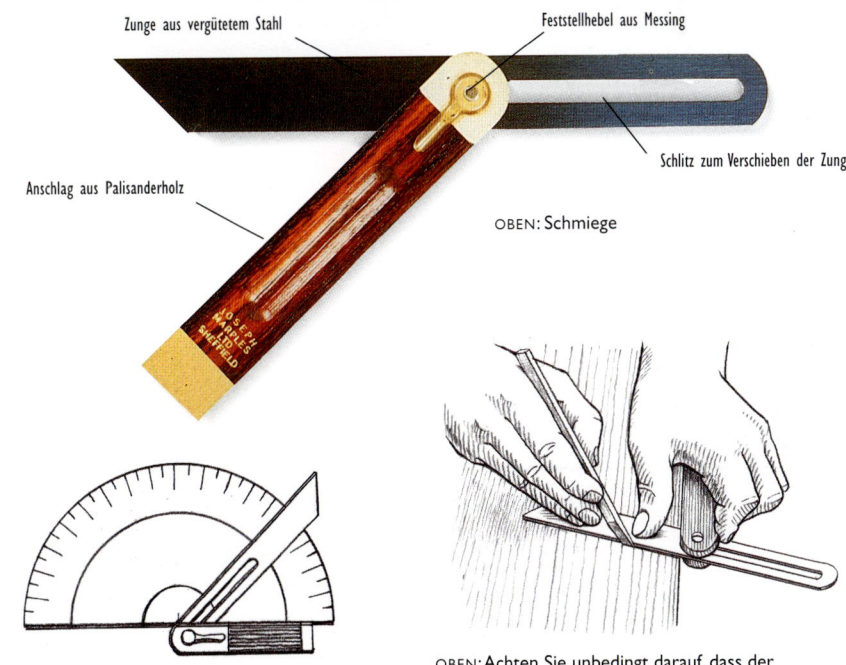

Zunge aus vergütetem Stahl

Feststellhebel aus Messing

Anschlag aus Palisanderholz

Schlitz zum Verschieben der Zunge

OBEN: Schmiege

OBEN: Verwenden Sie einen Winkelmesser, um die verstellbare Zunge auf den gewünschten Winkel zu stellen.

OBEN: Achten Sie unbedingt darauf, dass der hölzerne Anschlag der Schmiege fest an der Kante des Werkstückes liegt.

STREICHMASSE

Feststellschraube aus Messing

Einstellschiene für die
bewegliche Anreißnadel

Anreißnadeln

Palisanderkopf

RECHTS: Zapfenstreichmaß

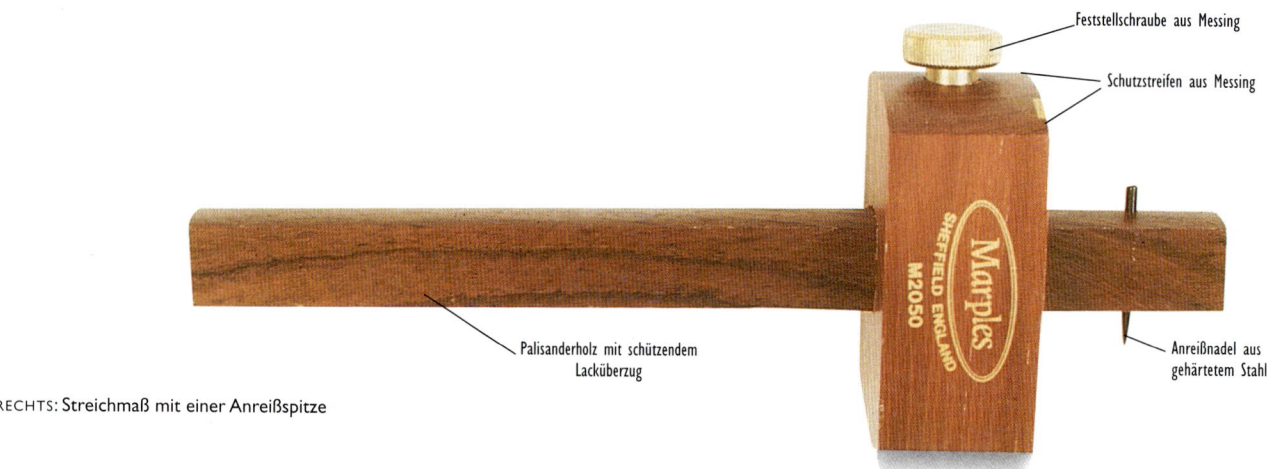

Feststellschraube aus Messing

Schutzstreifen aus Messing

Palisanderholz mit schützendem
Lacküberzug

Anreißnadel aus
gehärtetem Stahl

RECHTS: Streichmaß mit einer Anreißspitze

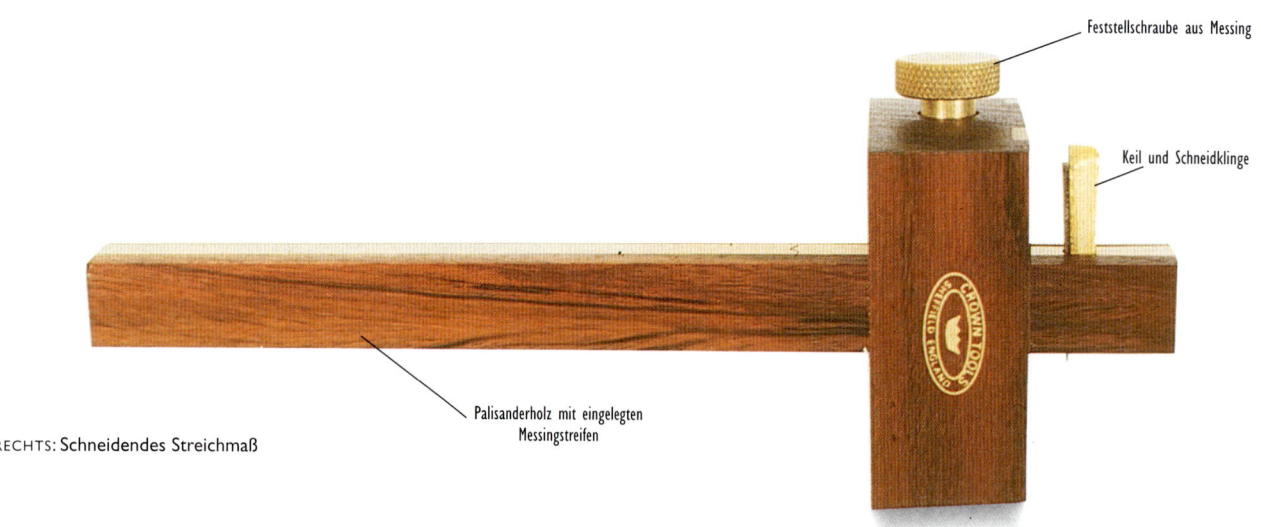

Feststellschraube aus Messing

Keil und Schneidklinge

Palisanderholz mit eingelegten
Messingstreifen

RECHTS: Schneidendes Streichmaß

Anlegen des Streichmaßes

Es gibt zwei grundsätzliche Möglichkeiten ein Streichmaß anzulegen. Sie können den Abstand direkt mit Hilfe eines Lineals einstellen oder noch besser, den Abstand auf einem Stück Abfallholz anzeichnen und dann das Streichmaß entsprechend anlegen. Angenommen, Sie verwenden letztere Technik und möchten eine parallele Linie zur Kante eines Werkstückes im Abstand von 20 mm ziehen. Markieren Sie den Abstand zuerst mit Hilfe von Lineal und Bleistift. Dann lösen Sie die Feststellschraube, stechen die Nadel in den markierten Punkt, schieben den Kopf fest gegen die Holzkante und ziehen die Feststellschraube wieder an. Mit dem so eingestellten Streichmaß sollten Sie zuerst eine Linie auf einem Stück Abfallholz anreißen und die Einstellung kontrollieren.

Einstellung und Verwendung eines Zapfenstreichmaßes

Das Zapfenstreichmaß hat zwei Anreißspitzen – eine feststehende und eine bewegliche. Der Abstand zwischen beiden Spitzen ist auf die Breite Ihres Stechbeitels einzustellen. Stellen Sie den Kopf so ein, dass sich die Anreißspitzen jeweils im gleichen Abstand von der Mittellinie des Zapfens befinden, dann drücken Sie den Anschlag fest gegen die Kante des Holzes und ziehen das Streichmaß mit einer gleichmäßigen Bewegung zu sich hin. Die Anreißspitzen eines Streichmaßes sollten immer gezogen und niemals geschoben werden.

Verwendung des schneidenden Streichmaßes

Um einen 20 mm breiten Streifen einer 3 mm dicken Holzplatte oder eines Furniers abzuschneiden, sollten Sie zuerst die Klinge schärfen, diese einsetzen und den Anschlag so einstellen, dass er sich 20 mm von der Klinge entfernt befindet. Dann legen Sie das Furnier bündig auf eine gerade Brettkante, drücken den Kopf des Streichmaßes fest gegen diese Kante und ziehen es zu sich hin – ganz genau so, wie ein anderes Streichmaß. Wiederholen Sie den Vorgang, bis der gewünschte Streifen abgeschnitten ist.

OBEN: Stechen Sie die Nadel in den markierten Punkt, schieben Sie den Kopf bis an die Kante des Brettes und stellen Sie die Schraube fest.

OBEN: Die zwei Anreißspitzen sind direkt mit Hilfe des Stechbeitels einzustellen.

OBEN: Fahren Sie mit der Klinge wiederholt über das Furnier, bis es komplett durchgeschnitten ist.

STECHZIRKEL

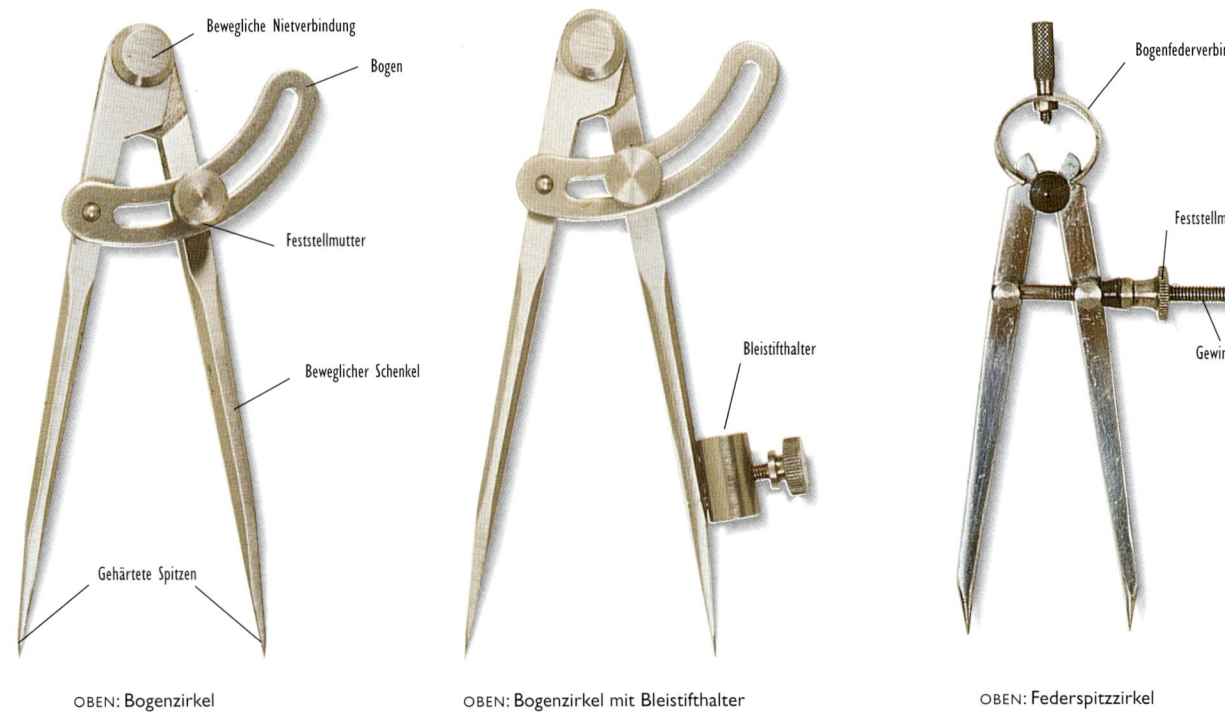

Bewegliche Nietverbindung

Bogen

Feststellmutter

Beweglicher Schenkel

Gehärtete Spitzen

OBEN: Bogenzirkel

Bleistifthalter

OBEN: Bogenzirkel mit Bleistifthalter

Bogenfederverbindung

Feststellmutter

Gewindestab

OBEN: Federspitzzirkel

Anreißen eines Sechsecks

Stechzirkel werden in erster Linie zum Abnehmen von Maßen von einem Lineal, zur Übertragung von Maßen und zum Anreißen von Kreisen und Bogen verwendet. Falls Sie die Anschaffung eines Stechzirkels erwägen, kaufen Sie ein Modell mit Gewindespindel und Feststellschraube.

1 Stellen Sie die Schenkel des Stechzirkels auf das gewünschte Radiusmaß ein.

2 Stechen Sie den Zirkel in das Werkstück und reißen Sie einen Kreis an.

3 Stechen Sie den Zirkel in die angerissene Kreislinie und markieren Sie jeweils die Radiusabstände entlang der Kreislinie.

4 Mit Hilfe eines Lineals können Sie jetzt die Schnittpunkte zu einem Sechseck verbinden.

GREIFZIRKEL/TASTZIRKEL

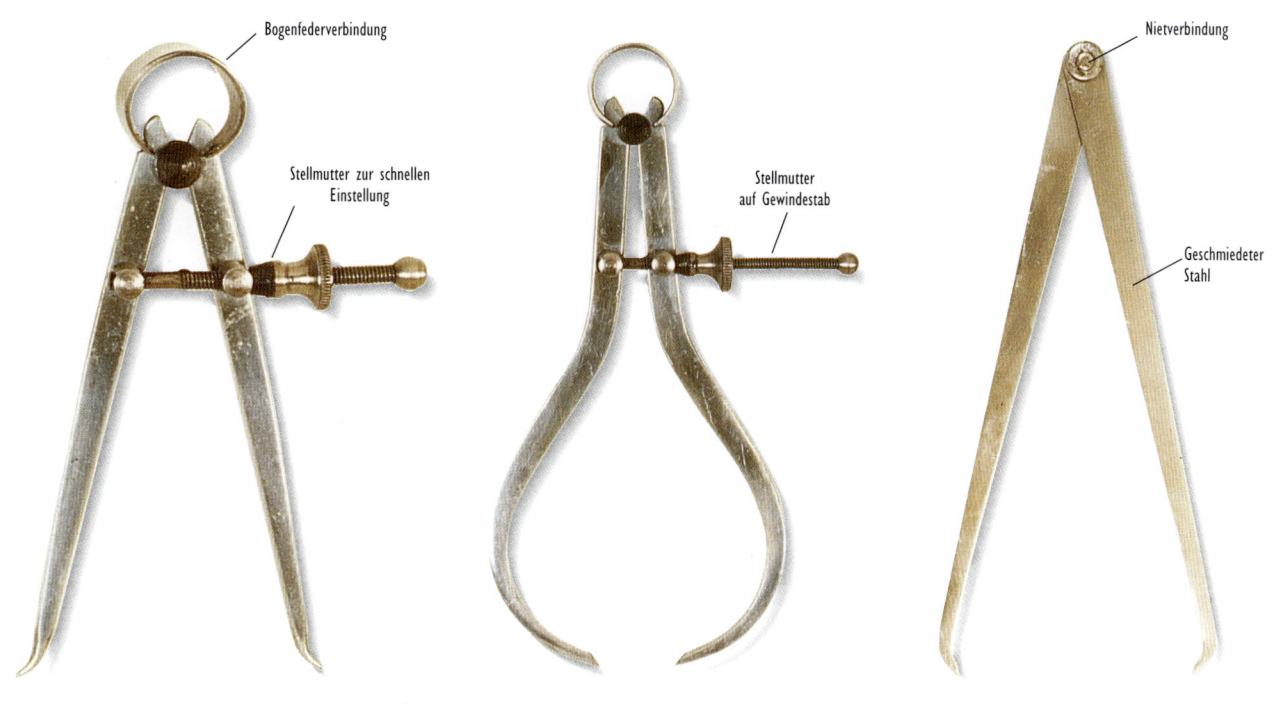

Bogenfederverbindung

Stellmutter zur schnellen Einstellung

Nietverbindung

Stellmutter auf Gewindestab

Geschmiedeter Stahl

OBEN: Innentaster

OBEN: Außentaster

OBEN: Außentaster mit beweglicher Nietverbindung

Zum zuverlässigen Anreißen und Messen sind Präzisionsgreifzirkel erforderlich. Davon gibt es drei Haupttypen. Außentaster zur Bestimmung des Durchmessers von festen Objekten, Innentaster zur Bestimmung des Innendurchmessers von Bohrungen und „doppelseitige" Greifzirkel, die von Drechslern verwendet werden, um die Wandstärke von Schalen zu bestimmen und Messungen von einem Werkstück auf ein anderes zu übertragen.

LINKS: Zur Messung eines Außendurchmessers sind die Schenkel des Greifzirkels um das Werkstück herumzuführen, dann sind die Arme langsam zu öffnen, bis der Zirkel gerade darüber hinweggleitet.

TIPP

Falls Sie einen Stangenzirkel nur einmalig benötigen, können Sie sich ein Modell auch selbst bauen. Sie brauchen dafür ein Stück Holz mit einem Nagel, der durch ein Ende dieses Holzstücks geschlagen wird, Löcher, die im Abstand von 10 mm durch das Holz gebohrt werden und einen Bleistift oder großen Nagel, der durch diese Bohrungen passt.

LINKS: Zur Bestimmung eines Innendurchmessers sind die beiden Schenkel in die betreffende Bohrung zu stecken und die Stellmutter ist soweit aufzuschrauben, bis die kleinen Füße fest an den Innenrändern anliegen, dann ist der Zirkel herauszuziehen.

STANGENZIRKEL

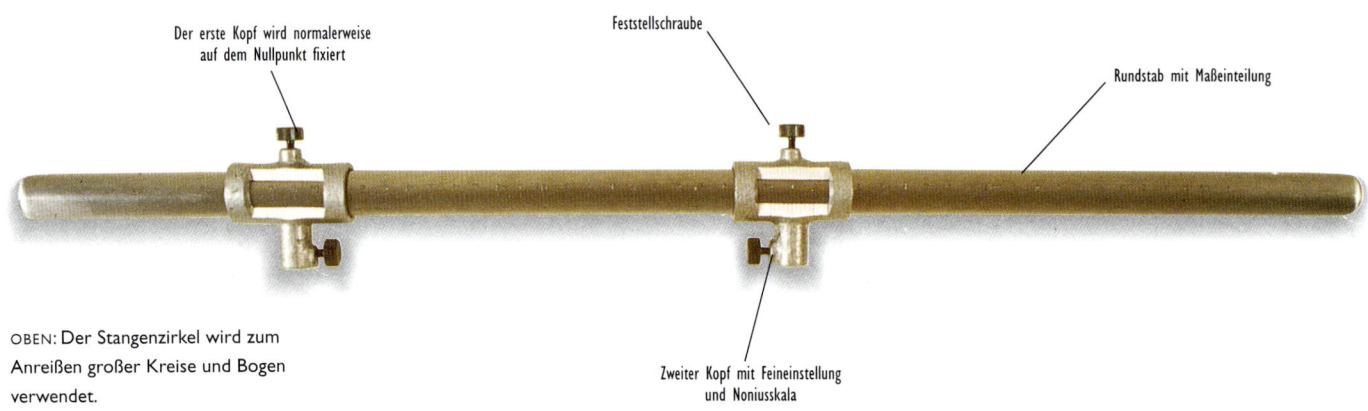

Der erste Kopf wird normalerweise
auf dem Nullpunkt fixiert

Feststellschraube

Rundstab mit Maßeinteilung

Zweiter Kopf mit Feineinstellung
und Noniusskala

OBEN: Der Stangenzirkel wird zum
Anreißen großer Kreise und Bogen
verwendet.

Der Stangenzirkel ist ein traditionelles Werkzeug zum Anzeichnen großer Kreise und Bogen und zum Entwurf verschiedener Motive, die auf der Kreisform basieren. Stangenzirkel sind ebenfalls beim Anreißen gleichseitiger Dreiecke, Sechsecke, von sechszackigen Sternen, gotischem Maßwerk und vielen anderen geometrischen Formen hilfreich. Die Handhabung des Stangenzirkels ist wunderbar einfach, alles was Sie dazu benötigen ist der Stangenzirkel, ein Lineal und einen Bleistift.

Sechszackiger Stern

Ein einfach anzureißendes Motiv, beispielsweise für eine quadratische Tischplatte, ist ein sechszackiger Stern. Ziehen Sie als erstes Diagonalen von jeweils einer Ecke des Tisches zur anderen, um den Mittelpunkt zu bestimmen. Dann stellen Sie den Stangenzirkel auf den gewünschten Radius ein und reißen einen Kreis an. Als Nächstes stechen Sie eine Nadel in die Kreislinie und schlagen mit der anderen einen Bogen, wobei Sie die Schnittpunkte mit der Kreislinie markieren, dann stechen Sie in den nächsten Schnittpunkt ein, schlagen wieder einen Bogen usw. Zum Schluss nehmen Sie ein Lineal und einen Bleistift (falls die Tischplatte furniert werden soll ein Messer) und verbinden jeden zweiten Schnittpunkt, sodass Sie einen sechszackigen Stern erhalten.

Anreißen eines Sechsecks

Angenommen, Sie möchten ein Sechseck anreißen, das in einen Kreis von 600 mm Durchmesser passt, vielleicht für eine Tischplatte. Stellen Sie dafür den Stangenzirkel auf einen Radius von 300 mm ein und reißen Sie den Kreis an. Mit derselben Radiuseinstellung stechen Sie den Stangenzirkel nun auf einem Punkt der Kreislinie ein und wandern um den Kreis herum, wobei Sie jeweils die Schnittpunkte mit der Kreislinie markieren. Zum Schluss verbinden Sie die benachbarten Schnittpunkte jeweils durch eine gerade Linie.

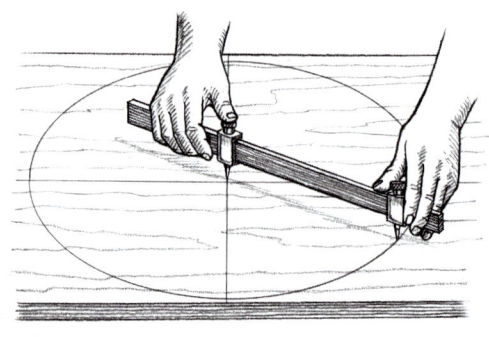

OBEN: Zum Anreißen eines Kreises ist eine Spitze des Stangenzirkels in den gewählten Mittelpunkt zu stechen und die andere um den Mittelpunkt herumzuführen.

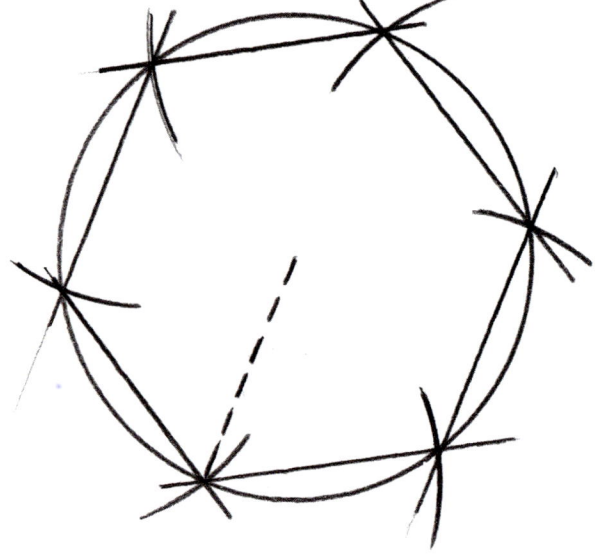

LINKS: Für ein Sechseck sind benachbarte Schnittpunkte durch gerade Linie zu verbinden.

LEHREN UND SCHABLONEN

Lehren und Schablonen dienen entweder zum Halten und richtigen Positionieren eines Werkstückes während der Bearbeitung oder können ständig wiederkehrende Arbeiten vereinfachen und beschleunigen.

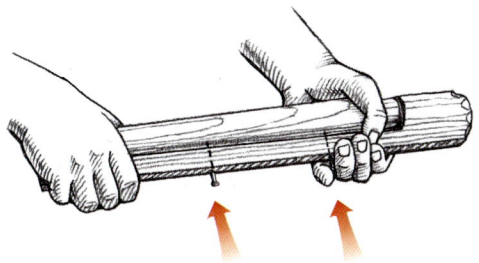

OBEN: Stuhlbeinschablone. Legen Sie das Stuhlbein in die Schablone. Drücken Sie beide zusammen, so dass die Nagelspitzen die Position der Sprossen markieren.

Stuhlbeinschablone

Die Stuhlbeinschablone, so wie sie früher von den Drehern in England verwendet wurde, ist einfach ein L-förmiger Stab mit einem Fuß auf einer Seite und zwei Nägeln, die durch den langen Teil geschlagen wurden. Der Dreher, der etwa alle vier oder fünf Minuten ein Stuhlbein produzierte, nahm ein Bein, legte es in die Schablone und drückte Schablone und Bein zusammen, so dass die Nagelspitzen die genaue Position der Stuhlsprossen markierten. Wenn Sie also mehrere gleiche Werkstücke vermessen müssen – zum Beispiel Zaunpfosten, Teile für einen Schrank, gedrechselte Spindeln oder Spielzeugteile, kann eine solche Schablone Ihnen viel Zeit ersparen.

Kreuzschablone

Die Kreuzschablone besteht aus zwei Holzstücken, die kreuzförmig übereinander gelegt und verschraubt werden und wird ähnlich wie ein Streichmaß zum Ziehen von Linien parallel zur Kante eines Werkstückes verwendet. Dazu wird die Schablone fest gegen die Kante des Brettes gedrückt, der Bleistift in eine dazu vorgesehene Bohrung oder Kerbe gesteckt und dann wird die ganze Konstruktion entlang der

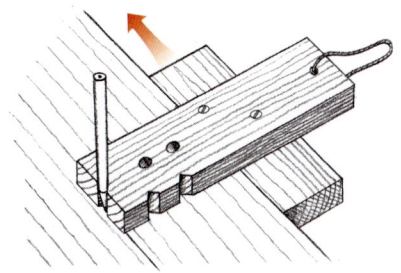

OBEN: Kreuzschablone: Achten Sie darauf, dass die Schablone immer dicht am Werkstück entlang geführt wird, so dass der Bleistift eine zur Kante parallele Linie markiert.

Brettkante gezogen. Eine Schablone dieser Art ist ein nützliches und einfach herzustellendes Werkzeug für solche Arbeiten wie das Anzeichnen der Breite einer Fasung, eines Falzes oder der Position einer Einlegearbeit.

Gehrungslade

Der 45°-Gehrungsschnitt ist wahrscheinlich einer der häufigsten Schnitte, den Sie ausführen werden und deshalb gehört eine Gehrungslade zur Grundausstattung. Eine Gehrungslade ist ein U-förmiges Holzstück mit einem oder mehreren Schlitzen, die im Winkel von 45° durch die Schablone verlaufen. Das Werkstück wird einfach in die Lade gelegt und mit einer Säge, die durch die Führungsschlitze der Gehrlade verläuft, wird der Gehrungsschnitt ausgeführt. Diese Schablone ist einfach zu handhaben und das perfekte Hilfsmittel zum Sägen von Bilderrahmen, Gehrungsverbindungen, Gehrungen von Rundstäben und vielen anderen Arbeiten.

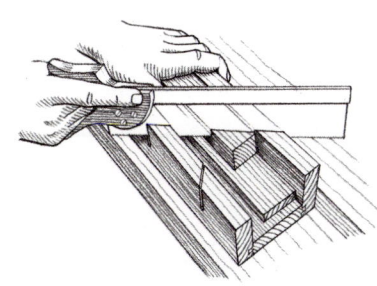

OBEN: Gehrungslade. Ein Stück Abfallholz unter dem Werkstück schützt die Lade vor Beschädigung.

Bohrlade

Die Bohrlade zur Positionierung und zum Halten eines Werkstückes beim Bohren eines Loches. Die Schablone befestigt man mit einer Schraubzwinge am Bohrtisch. Das Werkstück wird gegen den Anschlag geschoben und festgespannt oder festgehalten und dann wird das Loch gebohrt. Das Gute an dieser Schablone ist, dass man sie in kürzester Zeit aus Abfallholz anfertigen kann. Wenn Sie möchten, dass das Loch in einem Winkel durch das Brett verläuft, der größer oder kleiner als 90° ist, zum Beispiel für die schrägen Beine eines Windsorstuhls, brauchen Sie nur einen Keil im gewünschten Winkel zu schneiden und diesen zwischen Schablone und Werkbank zu fixieren.

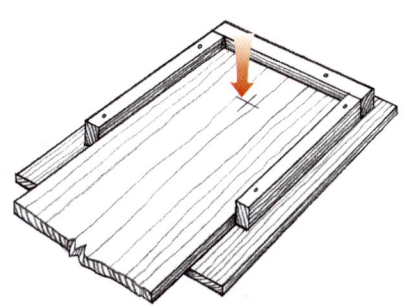

OBEN: Bohrlade zum Bohren von Löcher in mehrere identische Bretter.

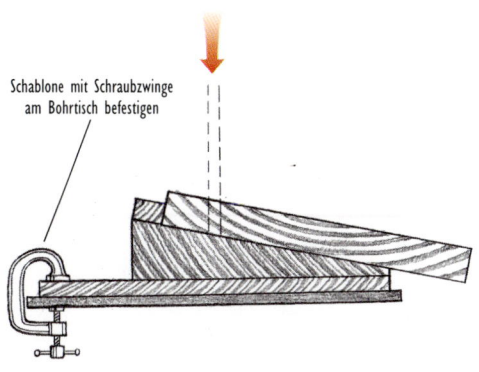

Schablone mit Schraubzwinge am Bohrtisch befestigen

OBEN: Bohrlade zum Bohren schräg verlaufender Löcher. So können Sie eine Reihe von Löcher mit dem gleichen Winkel bohren.

Einspannen

Spanntechniken werden auf fast jeder Stufe der Holzbearbeitung benötigt. Lassen Sie sich dabei nicht von den vielen verschiedenen Bezeichnungen verwirren: Schraubstöcke, Spannschrauben, -kloben oder -knechte, Schraubspindeln, Zwingen, Rohrklemmen, Feilkluppen – all das sind Hilfsmittel, um Holz auf verschiedene Art festzuhalten. Je mehr Spannwerkzeuge Sie besitzen, um so besser können Sie ein Werkstück kontrollieren und um so mehr Möglichkeiten der Bearbeitung haben Sie.

DER SCHRAUBSTOCK

Sägen im Schraubstock

Beim Sägen im Schraubstock, können Sie Schwingungen minimieren, indem Sie das Holzstück so tief wie möglich einspannen. Das geht oft nur dann, wenn man das Werkstück lediglich auf einer Seite des Schraubstocks einspannt, was negative Auswirkungen auf den Schraubstockmechanismus haben kann. Deshalb sollte man die Spannung ausgleichen und auf der anderen Seite ein Stück Abfallholz der gleichen Dicke zwischen die Spannbacken des Schraubstockes legen. Manche Holzbearbeiter haben sich extra für diesen Zweck eine kleine Sammlung von Abfallstücken angelegt.

Hobeln von Hirnholz im Schraubstock

Der Schraubstock eignet sich ausgezeichnet zum Festhalten kurzer Hirnholzstücke, besonders wenn man diese mit einem Hirnholzhobel bearbeiten möchte. Dabei ist jedoch darauf zu achten, das der Hobel am Ende des Brettes keine Holzfasern abreißt. Um das zu verhindern, spannt man am besten ein Stück Abfallholz neben das zu bearbeitende Brett, so dass beide Hirnholzflächen auf gleicher Höhe sind. So gleitet der Hobel zuerst über das Werkstück und dann über das Abfallstück und nur dort kommt es eventuell zum Abreißen von Fasern.

Ausstemmen von Zapfenlöchern im Schraubstock

Beim Ausstemmen eines tiefen Zapfenloches mit Holzhammer und Stechbeitel leistet der Schraubstock beim Festhalten gute Dienste. Oft gerät jedoch das Holzstück durch die Kraft der Schläge in eine Schräglage und Sie riskieren, das Werkstück zu beschädigen und Zeit sowie Energie zu vergeuden. Damit das gar nicht erst passiert, spannen Sie ein oder mehrere Abfallstücke zwischen das zu bearbeitende Holzstück und die Schraubstockbacken, die dafür sorgen, dass das Holzstück unter der Einwirkung der Hammerschläge nicht nach unten wegrutschen kann.

OBEN: Das links eingespannte Abfallstück schützt den Schraubstockmechanismus vor Schäden.

OBEN: So können Beschädigungen nur am Abfallholz auftreten, nicht jedoch am Werkstück selbst.

OBEN: Das Stück Abfallholz unter dem Werkstück nimmt die meiste Kraft der Hammerschläge auf.

Ausstemmen einer Nut im Schraubstock

Zum Ausstemmen einer Nut, die gegen die Faser verläuft, kann es günstig sein, das Werkstück in eine im Schraubstock befestigte Banklade zu legen. Spannen Sie die Banklade in den Schraubstock und sägen Sie die angerissenen Ränder der Nut vor, womit Sie Tiefe und Breite festlegen. Dann drücken Sie das Werkstück fest gegen den Anschlag, halten den Stechbeitel parallel zum Boden der Nut und beginnen mit dem Ausstemmen. Arbeiten Sie von beiden Seiten in Richtung Mitte um Beschädigungen an den Kanten vorzubeugen.

Arbeit mit dem Zugmesser im Schraubstock

Bei der Verwendung eines Zugmessers zum Bearbeiten eines Stuhlbeins oder eines anderen Werkstückes besteht das Problem meistens darin, das Werkstück im richtigen Winkel festzuhalten. Dafür gibt es eine sehr einfache Lösung. Alles, was Sie dazu benötigen, ist eine Holzleiste, die Sie quer zur Werkbank befestigen. Dann setzen Sie das Werkstück zwischen die Klemmbacken des Schraubstockes und spannen es so ein, dass es sich im richtigen Winkel befindet und von der Leiste gestützt wird. Nachdem Sie die eine Seite bearbeitet haben, drehen Sie das Werkstück herum und wiederholen den Prozess.

Bohren eines Werkstückes im Schraubstock

Bei der Verwendung von Bohrwinden ist es oft problematisch, das Werkstück so zu befestigen, dass Sie das volle Gewicht Ihres Körpers auf die Bohrwinde legen können. Dieses Problem können Sie lösen, indem Sie das Werkstück durch eine dicke Beilage verstärken. Beides spannen Sie dann so ein, dass das zu bohrende Loch etwas über der Höhe Ihrer Taille liegt. Diese Anordnung hat mehrere Vorteile: Das Holz wird gut gestützt, die Beilage verhindert das Ausreißen von Fasern an der Austrittsseite des Bohrers, Sie können in dieser Position den größten Druck ausüben und haben optimale Kontrolle über die Bohrwinde.

OBEN: Der Anschlag der Banklade verhindert Beschädigungen des Werkstücks an der hinteren Kante.

OBEN: Führen Sie mit dem Zugmesser immer mehrere kleine Züge hintereinander aus.

OBEN: Maximalen Halt erzielt man, wenn die Beilage bis zum Boden reicht.

BANKHAKEN UND ANSCHLÄGE

Bankhaken und Anschläge sind meistens Holz- oder Metallkörper, die über die Oberfläche der Werkbank hinausstehen und gegen die das Werkstück gedrückt oder gehalten wird. Obwohl es davon viele unterschiedliche Typen gibt, sind sie alle in mehr oder weniger der gleichen Art und Weise zu handhaben. Das Werkstück, in der Regel eine Leiste oder ein Brett, wird flach auf die Werkbank gelegt und dann fest gegen den Anschlag gedrückt.

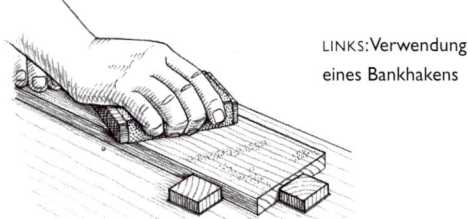

LINKS: Verwendung eines Bankhakens

Schraubstock mit ausziehbarem Bankhaken

Nur bestimmte Sorten von Schraubstöcken haben ausziehbare Bankhaken. Zum Einspannen eines Werkstückes ist der Schraubstock zuerst zu öffnen und der Bankhaken nach oben zu ziehen. Das Werkstück wird flach auf die Werkbank gelegt, auf der einen Seite gegen einen Anschlag auf der Werkbank gedrückt und dann wird der Schraubstock geschlossen, so dass das Werkstück zwischen den beiden Anschlägen festsitzt. Ein Schraubstock mit ausziehbarem Bankhaken eignet sich ausgezeichnet zum Einspannen von Holz, das mit dem Hobel bearbeitet werden soll sowie für andere Tischlerarbeiten.

Keil und Anschlag

Das Keil-und-Anschlag-System ist eine einfache Anordnung zum Einspannen eines Werkstückes. Alles, was Sie dazu benötigen, sind quadratische Löcher in der Arbeitsplatte, einige passende hölzerne Bankhaken und eine reiche Auswahl an Keilen unterschiedlicher Größe. Schieben Sie das Werkstück einfach gegen zwei Bankhaken, setzen Sie zwei weitere Bankhaken so nah wie möglich an die andere Seite des Werkstückes und dann schlagen Sie zwei Keile in den Zwischenraum zwischen Bankhaken und Werkstück. Dieses System kann in kürzester Zeit fast jedem Werkstück angepasst werden.

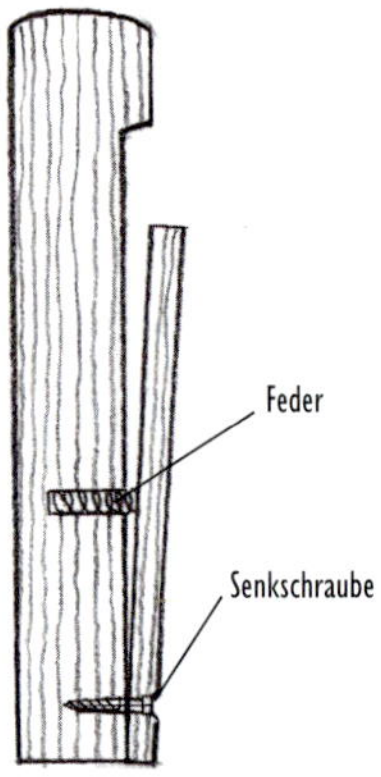

Quadratischer Kopf

Feder

Senkschraube

OBEN: Schnell zu lösender Bankhaken aus Holz

Feder

RECHTS: Bankhaken aus Metall

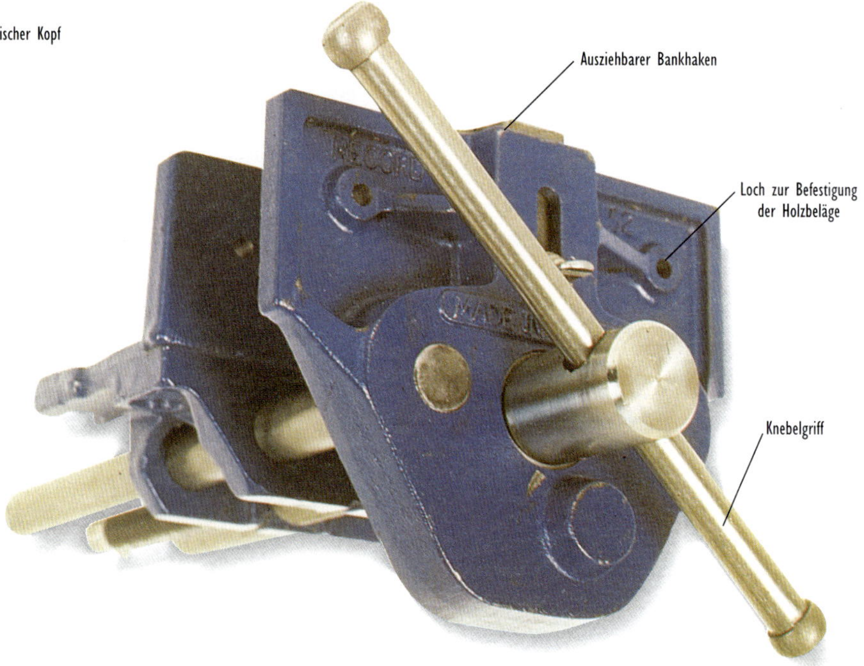

Runder Bolzenkörper

Ausziehbarer Bankhaken

Loch zur Befestigung der Holzbeläge

Knebelgriff

OBEN: Einfacher Schraubstock mit ausziehbarem Bankhaken

Keil und Leiste

Kleinere und flache Holzstücke können schnell und einfach mit einem alten System aus Anschlagleiste und Keil eingespannt werden. Als erstes wird eine Holzleiste auf die Arbeitsplatte geschraubt, dann das Werkstück fest an diese Leiste gedrückt. Dann wird eine zweite Leiste etwa 20 bis 30 mm entfernt von der anderen Werkstückkante auf die Arbeitsplatte geschraubt. Als Nächstes nehmen Sie zwei Keile, setzen diese mit den Spitzen gegeneinander zwischen Werkstück und Anschlagleiste und schlagen sie fest, bis das Werkstück sicher eingespannt ist. Dieses System hat gleich mehrere Vorteile: die Anschlagleisten können innerhalb von Minuten angebracht werden, die Arbeitsbank wird nur minimal beschädigt, die Keile können schnell hergestellt und wieder verwendet werden, die Anordnung kann Werkstücken beliebiger Größe angepasst werden und noch dazu kann man alles aus Abfallmaterial herstellen.

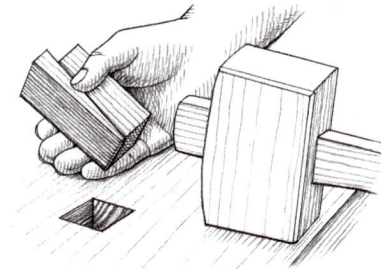

OBEN: **Selbst gefertigter Bankhaken aus zwei Keilen**

1 Bohren Sie die Löcher für die erste Anschlagleiste und schrauben Sie diese auf die Arbeitsplatte.

2 Bohren Sie die Löcher für die zweite Anschlagleiste und befestigen Sie diese so, dass das Werkstück lose zwischen die Anschlagleisten passt.

3 Schieben Sie das Werkstück zwischen die Anschlagleisten und dann die Keile in den Zwischenraum

4 Schlagen Sie die Keile gegeneinander, bis das Werkstück fest eingespannt ist.

DIE PARALLELSCHRAUBZWINGE

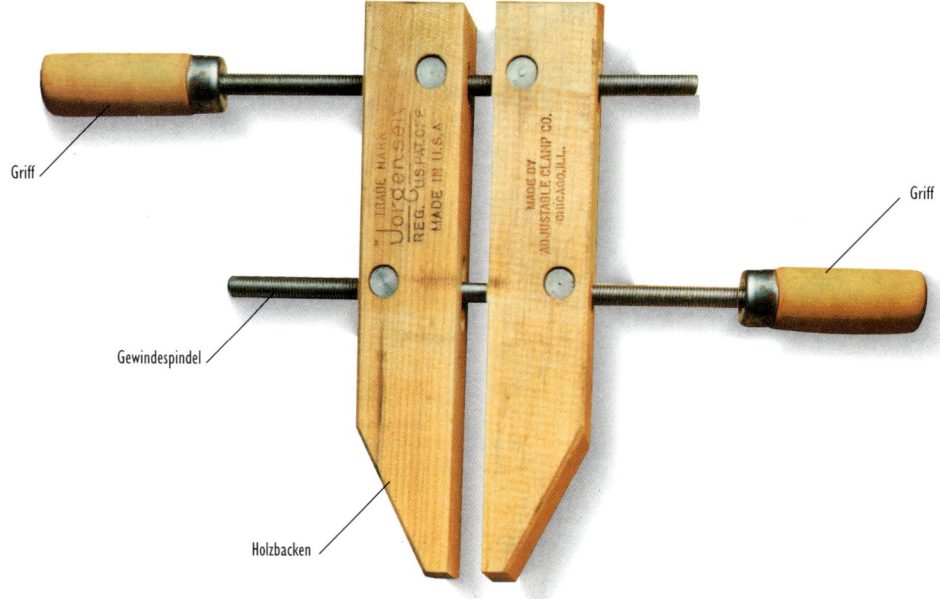

Griff

Griff

Gewindespindel

Holzbacken

OBEN: Eine moderne Parallelschraubzwinge mit Backen aus hartem Ahornholz und tiefer Ausladung.

D ie klassische hölzerne Parallelschraubzwinge ist das perfekte Werkzeug zum Verleimen und Zusammenfügen. Die hölzernen Spannbacken mit tiefer Ausladung sichern eine flächige Druckverteilung und garantieren, dass keine Kontaktverfärbungen auftreten. Man hält die Schraubzwinge an beiden Griffen und bewegt die Backen so, als ob man die Pedale eines Fahrrads mit den Händen dreht. Nachdem das Werkstück mit Hilfe der inneren Gewindespindel fixiert wurde, wird die Spannung durch Drehen am äußeren Griff weiter erhöht.

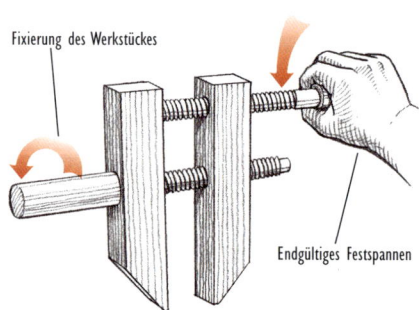

Fixierung des Werkstückes

Endgültiges Festspannen

OBEN: Hölzerne Parallelschraubzwinge, Anziehen in zwei Schritten

Holz zum Verleimen einspannen

Bei der traditionellen hölzernen Schraubzwinge bewegen sich die Backen direkt nach innen oder außen und das Werkstück ist keiner Verdrehungskraft ausgesetzt wie bei den meisten anderen Zwingen. Aufgrund dieser Funktionsweise eignen sich Parallelschraubzwingen ausgezeichnet zum Zusammenhalten verleimter Holzstücke, die beim Spannen nicht verrutschen dürfen.

Einspannen schräger Holzstücke

Die Backen einer Parallelschraubzwinge kann man so stellen, dass auch schräge Bretter eingespannt werden können. Wenn Sie beispielsweise ein langes konisches Brett festhalten müssen, ist das bei vollem Kontakt der Spannbacken möglich. Das macht die Parallelschraubzwinge zu einem nützlichen Werkzeug für das Einspannen schräger Werkstücke.

OBEN: Einspannen zum Verleimen

OBEN: Schräges Einspannen

DER SCHNELLSPANNER

Der Schnellspanner ist die perfekte Zwinge für Werkstücke, die flach auf der Werkbank festgehalten werden müssen. Das Werkstück wird auf die Bank gelegt und der schwenkbare Druckarm mit dem Druckfuß auf das Werkstück gesetzt. Dann wird der Stellknebel ein paar Mal herumgedreht, wodurch sich der Winkel zwischen dem Schaft und dem Druckarm verkleinert und das Werkstück nach unten gedrückt wird. Ein Schnellspanner ist nicht sehr teuer, er kann innerhalb von Sekunden angebracht, sowie schnell versetzt werden und eignet sich für Holz jeder Dicke. Zur Montage des Schnellspanners ist ein Loch durch die Arbeitsplatte zu bohren. Dann wird der dazugehörige Metallring so in dieses Loch eingesetzt, dass er bündig mit der Arbeitsplatte abschließt und die gezahnte Spannstange wird durch den Metallring geschoben. Ein Schnitzer oder Möbeltischler, der möglichst flexibel sein möchte, kann ein halbes Dutzend oder mehr Schnellspanner an verschiedenen Stellen seiner Werkbank montieren.

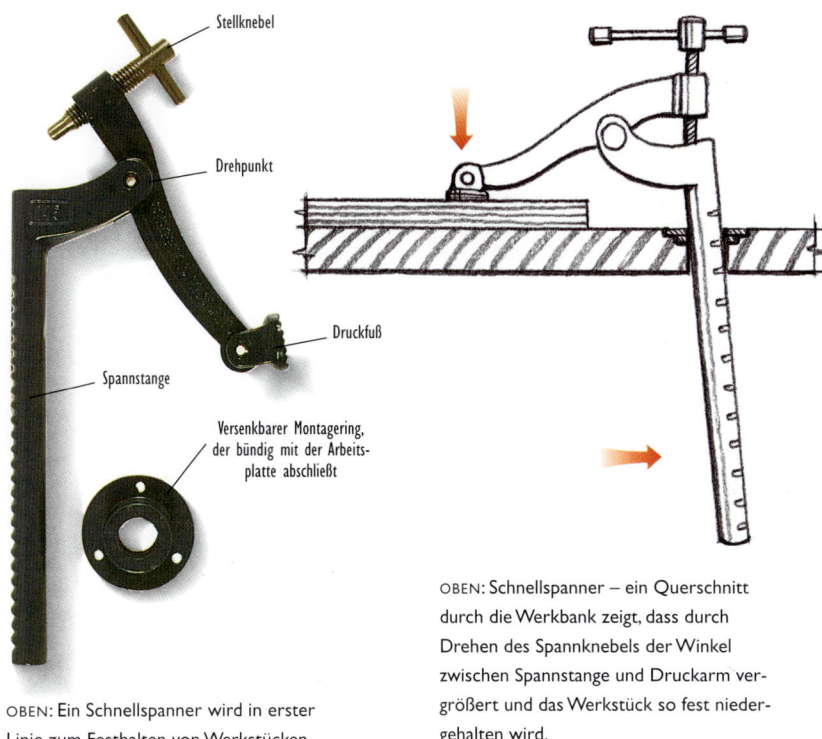

OBEN: Ein Schnellspanner wird in erster Linie zum Festhalten von Werkstücken flach auf der Werkbank eingesetzt.

OBEN: Schnellspanner – ein Querschnitt durch die Werkbank zeigt, dass durch Drehen des Spannknebels der Winkel zwischen Spannstange und Druckarm vergrößert und das Werkstück so fest niedergehalten wird.

DER FEILKLOBEN

Obwohl der vollmetallische Feilkloben eigentlich für die Metallbearbeitung gedacht ist, betrachten ihn viele Holzbearbeiter als nützliches Zusatzwerkzeug. Der Feilkloben hat eine schwere metallische Grundplatte, ein Paar gerillte und mit Kerben versehene Spannbacken in einer Führung und eine Spannschraube. Das Werkstück wird entweder horizontal oder vertikal zwischen die Spannbacken gelegt und dann wird die Schraube angezogen.

Der Feilkloben ist ein wichtiges Werkzeug zum Bohren von Löchern mit großem Durchmesser mit der Tischbohrmaschine. Zum Bohren von Löchern mit einem Durchmesser von mehr als 12 mm ist es am sichersten, das Werkstück in einen Feilkloben zu spannen, besonders wenn es relativ klein und schwierig zu befestigen ist. Wenn Sie beispielsweise ein Loch mit einem Durchmesser von 50 mm in ein Stück Holz bohren möchten, das nicht viel größer ist, sagen wir 100 mm breit, dann ist der Feilkloben genau das richtige Hilfsmittel.

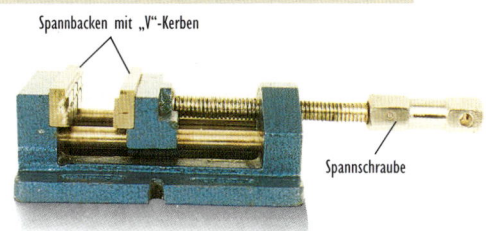

OBEN: Metallischer Feilkloben

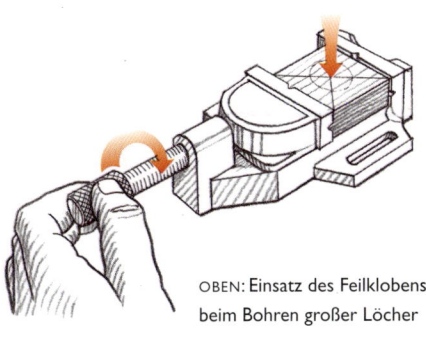

OBEN: Einsatz des Feilklobens beim Bohren großer Löcher

TIPP

Warnung! Versuchen Sie niemals, ein großes Loch mit der Tischbohrmaschine zu bohren, ohne das Werkstück in einen Feilkloben einzuspannen und den Feilkloben dann am Tisch der Bohrmaschine zu befestigen. Die meisten Handkloben haben Löcher zur Befestigung mit Maschinenschrauben.

BESCHREIBUNG

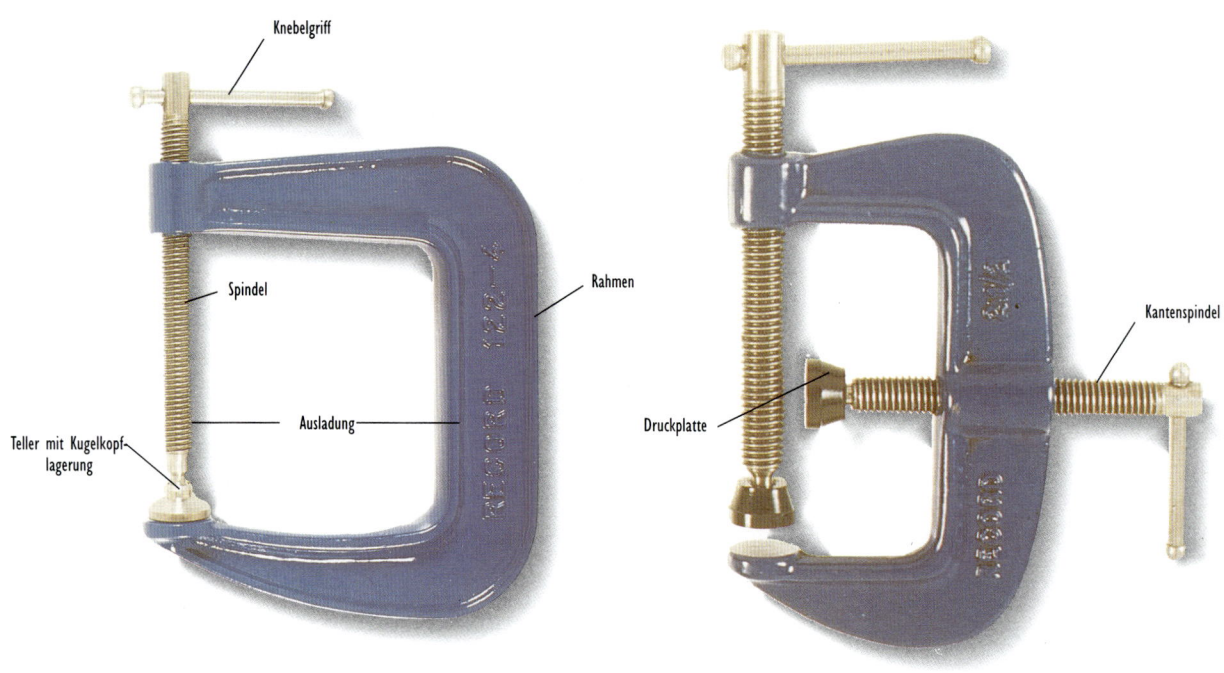

OBEN: Tiefenspanner

OBEN: Kantenzwinge zum Anleimen
von Kantenleisten

Metallzwingen sind die wichtigsten Zwingen bei der Holzbearbeitung. Es gibt große mit kleiner Ausladung, kleine mit tiefer Ausladung, solche mit Knebeln zum Anziehen der Spindeln und solche mit Flügelmuttern usw. Beim Kauf von Zwingen sollten Sie zwei Dinge beachten: Die Zwinge muss einen geschmiedeten Rahmen haben und der Teller am Ende der Spindel muss genau auf dem Gegenstück aufsetzen. Da man die meisten Werkstücke an zwei Enden einspannt, benötigen Sie in der Regel von jeder Sorte zwei Zwingen.

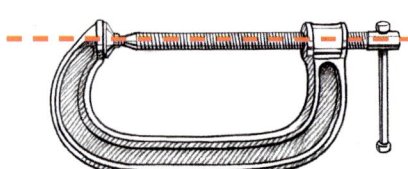

OBEN: Zwinge – Achten Sie darauf , dass Spindel, Druckplatte und Andruckfläche auf einer Achse liegen.

Handhabung von Zwingen

Es ist wichtig, dass Sie für jede Arbeit Zwingen der richtigen Größe verwenden. Wenn das Werkstück nicht richtig fest sitzt, brauchen Sie entweder noch mehr oder größere Zwingen. Versuchen Sie niemals, die Zwinge mit einem Schraubenschlüssel oder einer Eisenstange anzuziehen. Vergessen Sie nicht, dass Zwingen sehr starken Druck ausüben können – genug

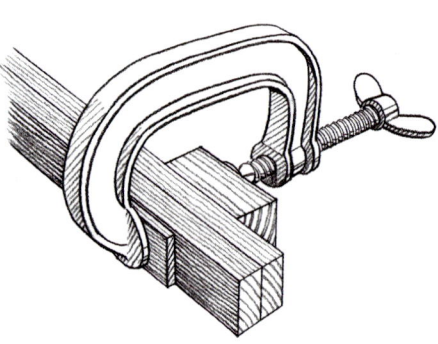

OBEN: Spannen Sie immer ein Stück Abfallholz zwischen Werkstück und Zwinge.

um bestimmte Holzarten zu zerdrücken – deshalb ist es ratsam, immer eine Beilage zwischen den Zwingenkopf und das Werkstück zu legen. Wenn Sie beim Einspannen feststellen, dass sie das Gewinde um mehr als drei Viertel seiner Länge einschrauben müssen, verwenden Sie lieber eine kleinere Zwinge oder legen Sie eine dickere Beilage unter.

Kantenzwingen

In Form und Aufbau ist die Kantenzwinge dem Tiefenspanner sehr ähnlich, jedoch sind Kantenzwingen speziell dafür gedacht, Leisten an den Kanten von Werkstücken festzuhalten. Um zum Beispiel eine Leiste an die Kante einer Tischplatte zu kleben, wird die Kantenzwinge zuerst auf der Tischplatte befestigt, dann wird die mit Leim bestrichene Leiste auf die Kante gelegt und die zweite Spannschraube angezogen, deren Druckplatte die Leiste gegen die Kante presst.

SPANNKNECHTE

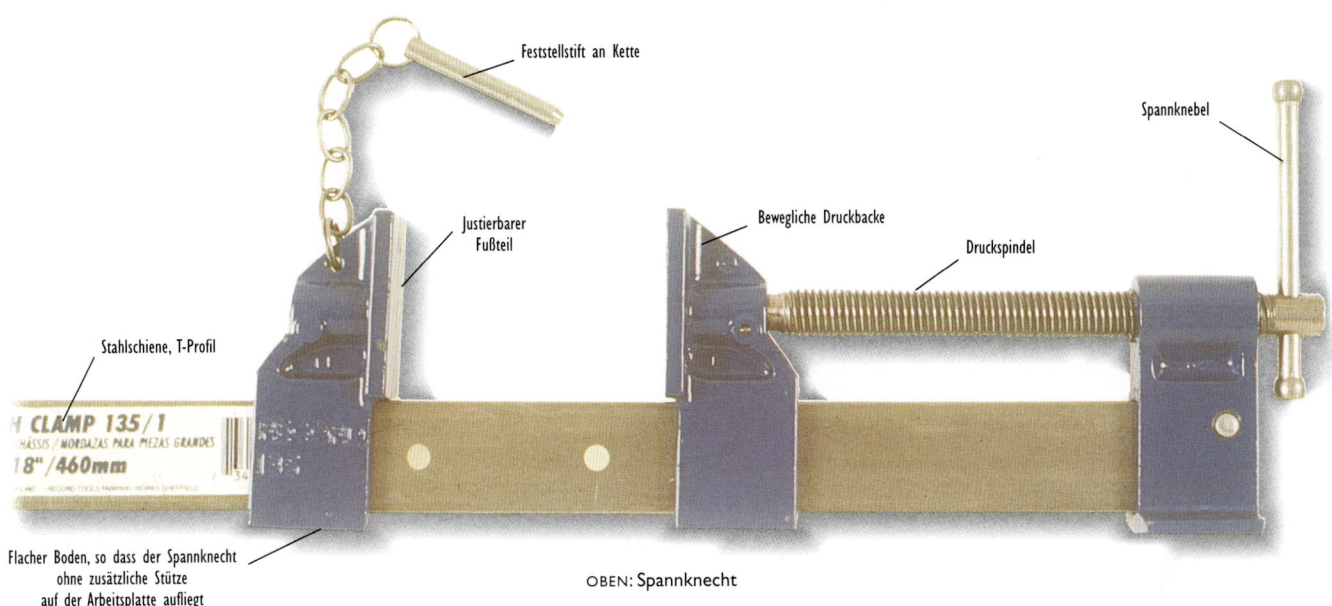

Feststellstift an Kette

Spannknebel

Justierbarer
Fußteil

Bewegliche Druckbacke

Druckspindel

Stahlschiene, T-Profil

CLAMP 135/1
CHÁSSIS / MORDAZAS PARA PIEZAS GRANDES
18" / 460mm

Flacher Boden, so dass der Spannknecht
ohne zusätzliche Stütze
auf der Arbeitsplatte aufliegt

OBEN: **Spannknecht**

Zwar gibt es Spannknechte in allen Formen und Größen, doch sind sie alle ähnlich konstruiert. Sie bestehen in der Regel aus einer langen runden oder rechteckigen Holz- oder Metallschiene, einem feststehenden Kopf mit Druckspindel auf einer Seite der Schiene, einem justierbaren Fußteil auf der anderen Seite und einer beweglichen Druckbacke dazwischen. Um ein Werkstück einzuspannen wird die Druckspindel gelöst, das Werkstück positioniert, dann wird der Fußteil soweit wie möglich an das Werkstück geschoben, justiert und das Werkstück durch Anziehen der Schraubspindel eingespannt.

1 Legen Sie eine Beilage zwischen den Fußteil und das Werkstück.

2 Schrauben Sie die Druckspindel zu voller Länge aus, legen Sie eine weitere Beilage zwischen die bewegliche Druckbacke und das Werkstück, dann ziehen Sie die Spindel an.

3 Schrauben Sie alle drei Zwingen fest, eine oben und zwei unten, um ein Verbiegen des Werkstücks zu verhindern. Stellen Sie die Zwingen so ein, dass alles rechtwinklig und gerade ist.

Sägen

Vor dem Hobeln und Anreißen, dem Verbinden und anderen Arbeiten müssen die rohen Bretter erst einmal zugesägt werden. Dafür gibt es eine große Anzahl verschiedener Sägen, jede davon für spezifische Arbeiten. Sägen ist die Voraussetzung für alle anderen Holzarbeiten, deshalb sollte man sich mehrere gute Handsägen zulegen und sich genügend Zeit zum Erlernen und Perfektionieren der verschiedenen Sägetechniken nehmen.

LÄNGSSCHNITT- UND QUERSCHNITTSÄGEN

Wie der Name schon sagt, benutzt man eine Längsschnittsäge zum Sägen längs der Faserrichtung. Ihre Zähne sind rechtwinklig zum Sägeblatt gefeilt, so dass jeder Zahn beim Sägen wie ein kleiner Stechbeitel wirkt; er schneidet direkt in das Holz, wobei wie beim Arbeiten mit dem Stechbeitel Späne oder Holzfasern als Abfall entstehen. Wenn Sie also ein Stück Holz längs zur Faser schneiden, also beispielsweise ein Brett besäumen möchten, ist die Längsschnittsäge das richtige Werkzeug.

Querschnittsäge

Querschnittsägen benutzt man für Schnitte quer zur Faser. Ihre Zähne sind etwa im Winkel von 65° zur Sägeblattebene gefeilt. Die Zähne einer Querschnittsäge zertrennen zuerst die Holzfasern auf jeder Seite der Sägefuge; beim Zurückziehen wird der Abfall dann in feine Teilchen zerkleinert und ausgeräumt.

Die meisten Holzbearbeiter besitzen mehrere Querschnittsägen für unterschiedliche Arbeiten.

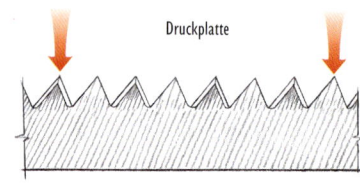

OBEN: Anzahl der Zähne pro Zoll

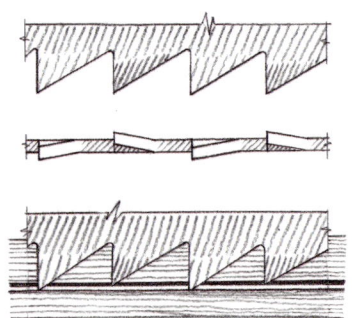

OBEN: Das Sägeblatt der Längsschnittsäge ergibt einen Schnitt, der wie die Fuge eines Stechbeitels aussieht.

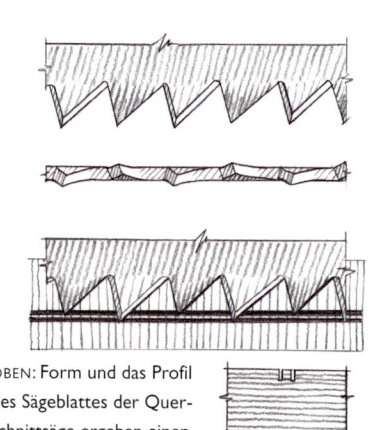
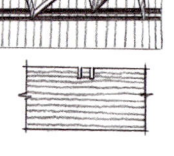

OBEN: Form und das Profil des Sägeblattes der Querschnittsäge ergeben einen Kerbschnitt.

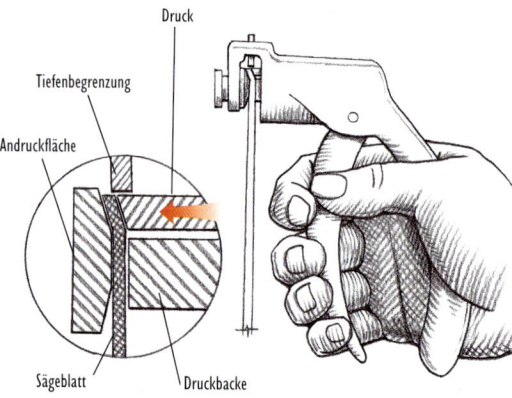

OBEN: Schränkzange in Aktion

SÄGEN SCHÄRFEN

Eine Säge wird immer in drei aufeinanderfolgenden Arbeitsgängen geschärft: Abrichten, Formfeilen der Zähne, Schränken.

1 Beim Abrichten werden alle Zähne der Säge auf gleiche Höhe gebracht. Spannen Sie die Säge dazu zwischen zwei Holzstücke in den Schraubstock und feilen Sie die Zähne mit einer Flachfeile auf gleiche Höhe. Dazu sind in der Regel ein paar wenige Feilenstriche ausreichend.

OBEN: Abrichten einer Längsschnittsäge

2 Dann erfolgt das Formfeilen der Zähne mit einer Dreikantfeile (60°), wobei alle Zähne in den richtigen Winkel gebracht werden. Es hängt vom Typ der zu schärfenden Säge ab, in welchem Winkel zur Sägeblattebene die Feile gehalten wird. Die Zähne von Längsschnittsägen werden in einem Winkel von 90° gefeilt, das heißt, die Feile wird rechtwinklig zur Sägeblattebene gehalten. Die Zähne von Querschnittsägen hingegen werden in einem Winkel von etwa 65° gefeilt, wobei erst jeder zweite Zahn bearbeitet wird und nach dem Umdrehen des Sägeblattes die restlichen Zähne gefeilt werden. Bei Querschnittsägen wird die Brust eines jeden Zahnes um etwa 12° nach hinten abgeschrägt.

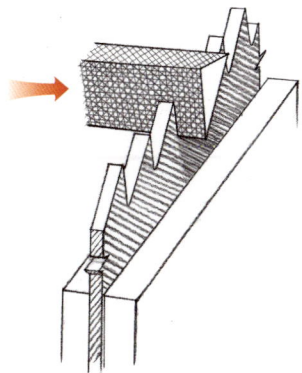

OBEN: Feilen einer Längsschnittsäge

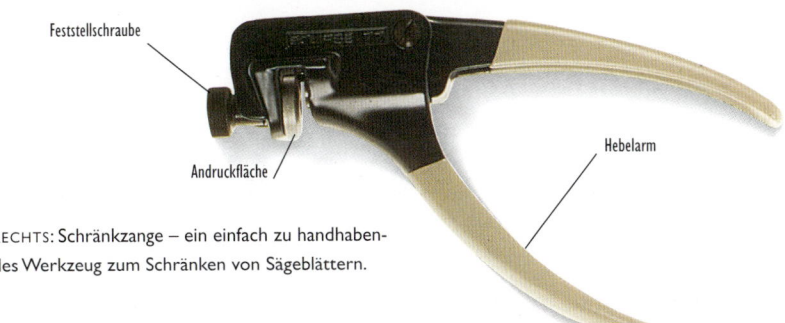

RECHTS: Schränkzange – ein einfach zu handhabendes Werkzeug zum Schränken von Sägeblättern.

Feststellschraube

Andruckfläche

Hebelarm

3 Das Schränken der Zähne sorgt dafür, dass die Säge nicht in der Schnittfuge stecken bleibt. Zum Schränken verwendet man eine Schränkzange. Die Zange wird geöffnet, auf den jeweiligen Zahn gesetzt und dann werden die Zangengriffe zusammengepresst um die Zähne wechselseitig auseinander zu biegen. Der Schränkwinkel bestimmt die Breite der Schnittfuge. Noch nicht abgelagertes Holz erfordert einen stärkeren Schrank als gut abgelagertes Hartholz.

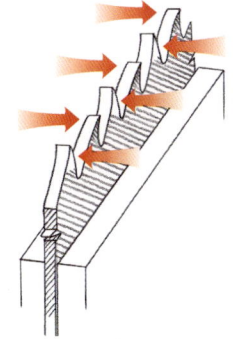

OBEN: Schränken der Längsschnittzahnung

TIPP

Viele Holzbearbeiter arbeiten sowohl mit Handsägen, als auch mit Elektrosägen. Mit einer Bandsäge sägen sie beispielsweise die Bretter zu, dann arbeiten sie mit einer elektrischen Laubsäge die grobe Form aus und danach wird das Werkstück von Hand weiter bearbeitet. Diese Arbeitsweise ist auch für traditionell arbeitende Holzbearbeiter günstig, denn die Zeit, die man durch den Einsatz von Elektrowerkzeugen spart, kann man später auf die Feinbearbeitung verwenden.

DIE LÄNGSSCHNITTSÄGE

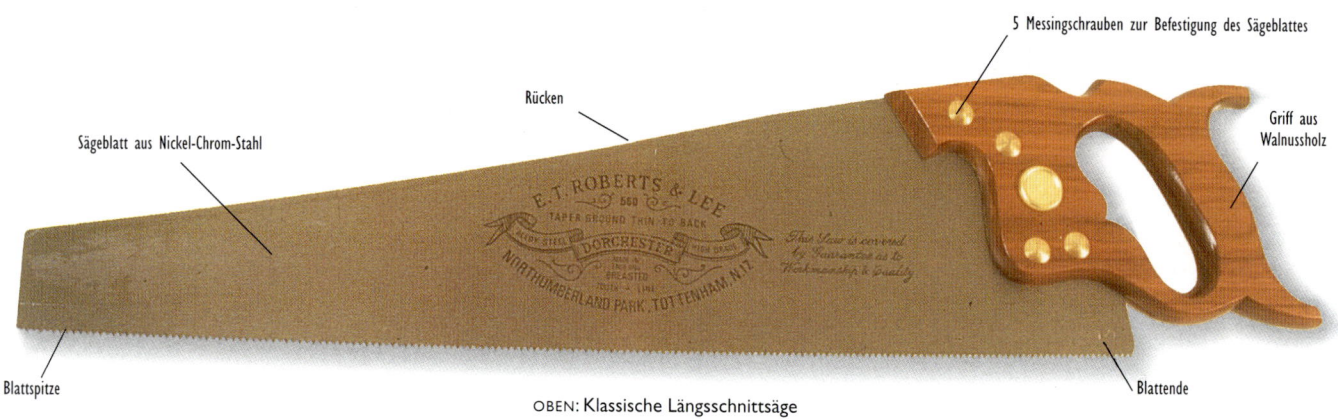

5 Messingschrauben zur Befestigung des Sägeblattes

Rücken

Griff aus Walnussholz

Sägeblatt aus Nickel-Chrom-Stahl

Blattspitze

Blattende

OBEN: Klassische Längsschnittsäge

Längsschnittsägen verwendet man für Längsschnitte von Holzstücken. Beim Kauf einer solchen Säge sollten Sie auf die folgenden Merkmale achten: Zähne, die im rechten Winkel zur Sägeblattebene gefeilt sind, einen Holzgriff der gut in der Hand liegt, eine größere Zahl von Messingschrauben zur Befestigung des Sägeblattes am Griff und ein konisch geschliffenes Sägeblatt, das gerade und biegsam ist.

Bezüglich der Größe der Säge kann man die folgenden grundsätzlichen Richtlinien aufstellen: für Tischlerarbeiten verwendet man meistens Sägen mit einer Länge von etwa 650 mm und einer Zahnweite von 5,1 mm, für Zimmermannsarbeiten mit Holz, das eventuell noch nicht richtig getrocknet ist, Sägen mit 6,4 mm Zahnweite.

Arbeitshaltung

Beim Arbeiten mit der Längsschnittsäge ist es wichtig, das Werkstück in bequemer Arbeitshöhe aufzulegen. In den meisten Fällen werden Sie dazu zwei Sägeböcke benötigen, die so hoch sind, dass die Spitze der Säge den Boden noch nicht berührt. Platzieren Sie das Werkstück so, dass Sie direkt auf die Schnittlinie schauen können und mit Ihrem Körper den Arm, der die Säge führt, nicht behindern.

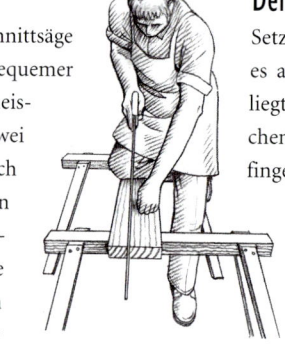

OBEN: Arbeit mit der Längsschnittsäge: Korrekte Arbeitshaltung von der Seite gesehen.

Den Schnitt beginnen

Setzen Sie das Sägeblatt so an, dass es auf der Verschnittseite des Risses liegt, halten Sie die Säge in einem flachen Winkel und legen Sie den Zeigefinger an das Sägeblatt. Ziehen Sie die Säge ein paarmal zu sich hin, um die Schnittlinie zu markieren und fahren Sie dann mit immer länger werdenden Schnitten fort, bis Sie die gesamte Länge des Sägeblattes ausnutzen. Stützen Sie das Brett mit Ihrem Knie ab und sägen Sie in gleichmäßigem Tempo bis das Brett fast durchgesägt ist. Die Säge sollte sich dabei etwa im Winkel von 45° zum Holzstück befinden.

Den Schnitt beenden

Wenn das Brett etwa zu zwei Dritteln durchgesägt ist, drehen Sie es um, setzen die Säge so an, dass der Riss auf der Verschnittseite liegt und wiederholen den bereits beschriebenen Vorgang bis das Brett vollständig durchgesägt ist.

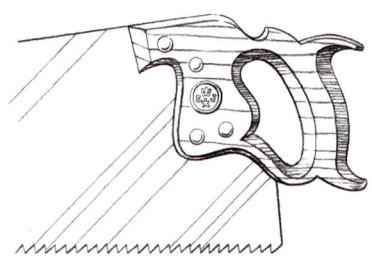

OBEN: Bei Sägen guter Qualität ist der Griff immer mit relativ vielen Schrauben am Sägeblatt befestigt.

OBEN: Arbeit mit der Längsschnittsäge: Korrekte Arbeitshaltung von vorn gesehen.

OBEN: Leisten schneiden in einem Schraubstock – lassen Sie das Gewicht der Säge für Sie arbeiten.

OBEN: Leisten schneiden auf einem Sägebock – Führen der Säge beim Schnitt.

OBEN: Leisten schneiden auf der Werkbank.

Leisten schneiden im Schraubstock

Um ein kurzes Brett in Leisten zu schneiden, spannen Sie es einseitig in einen Schraubstock und legen auf der gegenüberliegenden Seite ein Stück Abfallholz zwischen die Schraubstockbacken. Beginnen Sie den Schnitt wie bereits beschrieben. Üben Sie keinen übermäßigen Druck auf die Säge aus, das führt nur dazu, dass die Sägekante ausgerissen erscheint. Lassen Sie einfach nur das Gewicht der Säge wirken. Das Holzstück ist immer wieder ein Stück höher einzuspannen, so dass sich der Schnittpunkt stets in der Nähe des Schraubstockes befindet.

Leisten schneiden auf dem Sägebock

Auf einem Sägebock kann man präzise kurze Schnitte entlang des Faserverlaufs durchführen. Das Brett ist so aufzulegen, dass Sie direkt auf die Schnittlinie schauen können. Beginnen Sie den Schnitt in kniender Haltung, dann stehen Sie auf und drehen Säge und Brett um, so dass die Zähne von Ihnen weg zeigen, und sägen das Brett vollständig durch.

Leisten schneiden auf der Werkbank

Das Schneiden von Leisten auf der Werkbank ist nach Ansicht traditionell arbeitender Tischler eine den Rücken schonende Arbeitsmethode. Das Holzstück wird zurerst flach auf der Werkbank befestigt, so dass das eine Ende des Risses zu Ihnen zeigt. Man sägt das Brett mit ein paar kurzen Zügen in einem flachen Winkel ein. Dann dreht man die Säge um, so dass sich die Zähne auf der von Ihrem Körper abgewandten Seite befinden, umfasst den Griff fest mit beiden Händen und fährt fort wie dargestellt.

TIPP

Falls das Holz zu vibrieren beginnt, ändern Sie die Lage des Brettes im Schraubstock oder auf dem Sägebock. Der Abstand zwischen der Stütze und dem Schnittpunkt sollte niemals sehr groß sein. Es kann auch nötig sein, dass Sie Ihre Haltung und damit die Ausrichtung der Säge ändern. Sollte das Sägeblatt sich verklemmen, halten Sie die Fuge mit einem kleinen Keil offen und/oder reiben Sie das Sägeblatt mit einer Wachskerze ein.

QUERSCHNITTSÄGEN

5 Messingschrauben zur Befestigung des Sägeblattes

Griff aus Buchenholz

Konisch geschliffenes Sägeblatt

OBEN: Klassische Querschnittsäge

Querschnittsägen sind speziell für Schnitte quer zum Faserverlauf konstruiert. Wenn Sie sich das Sägeblatt von der Seite genau anschauen, werden Sie sehen, dass bei jedem zweiten Zahn beide Kanten abgeschrägt sind. Es gibt eine große Vielfalt von Querschnittsägen – angefangen von riesigen Sägen für zwei Personen mit einem Griff auf jeder Seite bis zu Miniatursägen. Allen jedoch sind die wesentlichen Merkmale gemein, d. h. alle haben gleich geformte Zähne und alle sind für Schnitte quer zur Richtung der Holzfasern gedacht. Eine typische Querschnittsäge ist ein großer Fuchsschwanz mit einer Länge von etwa 550 bis 650 mm und einer Zahnweite von 5,1 mm.

Arbeitshaltung beim Sägen auf dem Sägebock

Angenommen, Sie möchten ein Brett ablängen. Legen Sie das Brett dazu so über die Sägeböcke, dass sich die Schnittlinie rechts vom rechten Sägebock befindet. Stellen Sie sich zwischen die Sägeböcke und legen Sie Ihr Knie auf das Holz, so dass es durch Ihr Gewicht sicher gehalten wird.

Den Schnitt beginnen

Setzen Sie die Säge auf die Verschnittseite des Risses. Halten Sie das Brett mit der linken Hand und legen Sie zur besseren Führung den Daumennagel oberhalb der Zähne an das Sägeblatt. Beginnen Sie mit einigen vorsichtigen

Zügen mit dem hinteren Teil des Sägeblattes und sägen Sie dann unter Ausnutzung der gesamten Länge des Blattes.

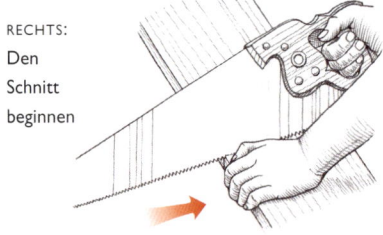

RECHTS:
Den
Schnitt
beginnen

Den Schnitt beenden

Wenn das Brett fast durchgesägt ist und es scheint, als ob das Endstück gleich abfallen würde, halten Sie das Endstück mit der linken Hand und führen zum Schluss einige leichtere Züge aus, bis das Brett ganz durchgesägt ist.

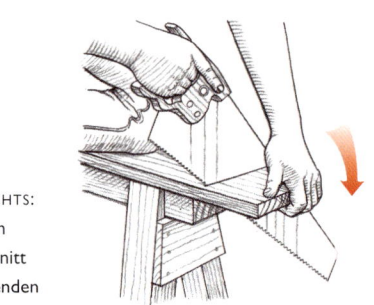

RECHTS:
Den
Schnitt
beenden

OBEM: Haltung zu Beginn eines Schnittes

OBEN: Stellen Sie die Säge nach den ersten paar Zügen steiler!

OBEN: Haltung am Ende des Schnittes

KLEINER FUCHSSCHWANZ

In der Möbeltischlerei verwendet man oft eine kleinere Version einer Universal-Querschnittsäge, deren feinere Zähne eine schmalere Sägefuge hinterlassen. Diese kleinen Fuchsschwänze sind zwischen 500 und 600 mm lang und haben eine Zahnweite von 3,6 mm. Sie eignen sich besonders zum Aussägen großflächiger Verbindungen auf der Werkbank.

Sägen eines dünnen Brettes mit einem geschweiften kleinen Fuchsschwanz

1 Viele traditionell arbeitende Holzbearbeiter favorisieren eine geschweifte Säge. Bei diesen Sägen wird der Rücken des Sägeblattes in einer sanften Kurve zur Spitze hin schmaler. Eine Säge mit 3,6 mm Zahnweite und einem geschweiften Sägeblatt lässt sich besonders leicht führen und hat in der Regel ein geringeres Gewicht als eine Säge mit geradem Rücken.

2 Der geschweifte Rücken macht das Sägeblatt flexibler, so dass man damit schon relativ stark gerundete Linien sägen kann. Dazu wird das Holz auf zwei Sägeböcke gelegt, das Sägeblatt auf der Verschnittseite des Risses angesetzt und beim Sägen entlang der Linie gebogen.

TIPP

Es gibt zwei Arten von stationären elektrischen Kreissägen: die Tischkreissäge, bei der das Werkstück über den Tisch gezogen wird und die Pendelsäge, die über das eingespannte Werkstück geführt wird. Obwohl beide Sägen für Längs- und Querschnitte verwendet werden können, eignet sich die Tischkreissäge besonders für Längsschnitte während die Pendelsäge hervorragende Querschnitte ausführt.

RÜCKENSÄGEN

Starker Messingrücken

Zwei Messingschrauben zur Befestigung des Sägeblattes

Griff

OBEN: **Klassische mittellange Rückensäge**

Rückensägen erkennt man am Rücken aus Messing oder Stahl, dem geschlossenen Griff und den 300 bis 400 mm langen Sägeblättern mit einer Zahnweite von 1,8 bis 2,1 mm. Rückensägen werden vor allem zum Aussägen von Verbindungen und für viele andere Arbeiten an der Werkbank eingesetzt.

Aussägen einer T-Überblattung

1 Nachdem Sie die Linien der Verbindung markiert haben, wird das Holz etwa im Winkel von 45° in einen Schraubstock gespannt und auf beiden Seiten bis zur Brüstungslinie eingesägt.

2 Stellen Sie das Werkstück nun aufrecht in den Schraubstock und vervollständigen Sie den Schnitt bis zur Brüstungslinie.

3 Zum Schluss drücken Sie das Werkstück fest gegen einen Anschlag, führen den Absetzschnitt aus und entfernen das Abfallstück.

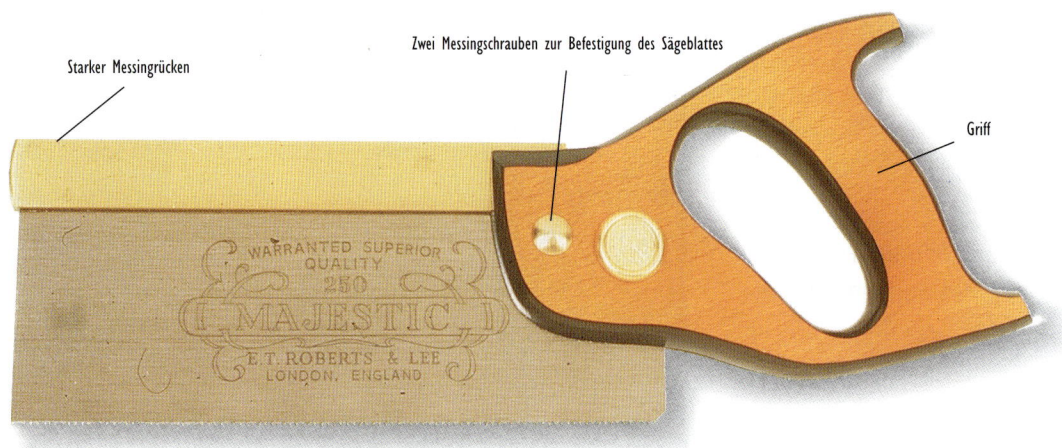

Arbeit mit Rückensäge und Sägelade

Spannen Sie die Sägelade in den Schraubstock. Drücken Sie das Werkstück mit der linken Hand fest gegen den Anschlag und setzen Sie die Säge auf der Verschnittseite des Risses an. Mit der Spitze des Sägeblattes führen Sie nun ein paar leichte Züge zu sich hin aus. Nachdem die Schnittlinie so vorgezeichnet ist, sägen Sie unter Ausnutzung der gesamten Länge des Sägeblattes bis der Schnitt komplett ist. Vorausgesetzt, die Säge ist in gutem Zustand und das Werkstück fest eingespannt, muss der Schnitt nur noch leicht bereinigt werden.

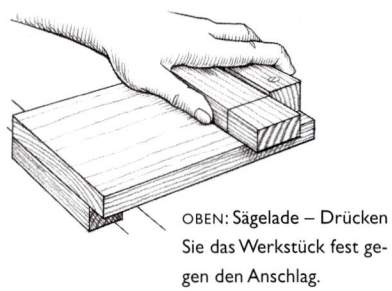

OBEN: Sägelade – Drücken Sie das Werkstück fest gegen den Anschlag.

Arbeit mit Rückensäge und Gehrungslade

Nachdem Sie sich zuerst davon überzeugt haben, dass Rückensäge und Gehrungslade zusammenpassen – dass heißt, dass der Führungsschlitz in der Gehrungslade weder zu breit noch zu schmal im Verhältnis zur Stärke des Sägeblattes ist – spannen Sie die Lade fest in den Schraubstock.

Schützen Sie den Boden der Gehrungslade mit einem flachen Stück Abfallholz, legen Sie das Werkstück hinein und drücken es fest gegen den Anschlag. Halten Sie alles mit der linken Hand fest und führen Sie dann mit der Säge den Gehrungsschnitt aus.

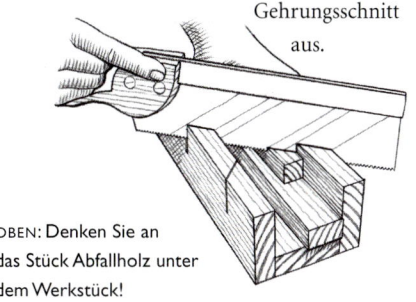

OBEN: Denken Sie an das Stück Abfallholz unter dem Werkstück!

Sägen von mehreren gleich langen Werkstücken

Zum Zuschneiden vieler kurzer Stücke der gleichen Länge mit der Rückensäge benutzt man am besten eine Sägelade mit einem zusätzlichen Anschlag. Die Sägelade wird dazu in den Schraubstock gespannt und der Anschlag auf die entsprechende Länge eingestellt. Drücken Sie das Werkstück fest gegen den Rücken der Lade und schieben Sie es bis an den Anschlag. Dann schieben Sie die Säge durch den Führungsschlitz und führen den Schnitt aus.

OBEN: Schieben Sie das Werkstück gegen den Anschlag und führen Sie dann den Schnitt aus.

DIE FEINSÄGE

Die Feinsäge

Feinsägen haben einen gedrechselten Griff, einen Messingrücken, sowie ein feines, etwa 250 mm langes Sägeblatt mit 1,25 bis 1,6 mm Zahnweite. Sie eignen sich besonders für feine Schnitte, vor allem für Gehrungen und Verbindungen.

Man hält den Griff in einer Hand und führt die Spitze des Sägeblattes mit der anderen, ähnlich wie eine große Raspel oder einen Hobel.

Messingrücken

Messingzwinge

Griff aus Walnussholz

Blatt

OBEN: Klassische Feinsäge

OBEN: Manche dieser Sägen sind so fein, dass man sie mit beiden Händen führen sollte.

OBEN: Legen Sie zur besseren Führung der Säge den ausgestreckten Zeigefinger auf den Rücken des Blattes.

DIE ZINKENSÄGE

Messingrücken

Traditioneller Griff

Längsschnittzahnung

OBEN: Klassische Zinkensäge mit Längsschnittzahnung für weichere Holzarten.

Kleine Rückensägen, auch Zinkensägen oder Schwalbenschwanzsägen genannt, sind im Prinzip kleine Längsschnittsägen. Mit einer Sägeblattlänge von 300 bis 350 mm und einer Zahnweite von 1,8 bis 2,1 mm sind sie für Längsschnitte beim Ausschneiden von Zapfen und Schwalbenschwanzverbindungen prädestiniert.

Einen Zapfen aussägen

1 Spannen Sie das Werkstück im Winkel von 45° in einen Schraubstock. Nehmen Sie die Säge in die eine Hand und setzen Sie die andere zum Festhalten des Werkstücks und zur besseren Führung des Sägeblattes ein. Sägen Sie beide Seiten bis zur Brüstungslinie schräg ein, dann wiederholen Sie den Vorgang auf der anderen Seite des Zapfens. Nun spannen Sie das Werkstück senkrecht ein und sägen beide Seiten genau bis zur Brüstung herunter.

2 Zum Schluss drücken Sie das Werkzeug fest gegen die Sägelade, legen die Säge an der Verschnittseite der markierten Brüstungslinie an und führen den Absetzschnitt aus.

OBEN: Der Griff einer Schwalbenschwanzsäge garantiert maximalen Komfort. Die Kerbe an der Oberseite des Griffes ermöglicht es dem Holzbearbeiter, seinen ausgestreckten Zeigefinger anzulegen, um das Sägeblatt besser zu führen.

Aussägen von Schwalbenschwänzen

1 Nachdem Sie mit Streichmaß und Schmiege die Form der Schwalbenschwänze ganz genau angerissen haben, sollten Sie mit einem Bleistift die auszusägenden Abfallstücke sorgfältig schraffieren.

2 Spannen Sie das Brett nun in einen Schraubstock und sägen Sie mit der Zinkensäge alle Risse bis zur Brüstungslinie ein. Achten Sie darauf, dass Sie immer auf der Verschnittseite des Risses arbeiten.

3 Nun spannen Sie das Zinkenbrett senkrecht in den Schraubstock. Setzen Sie das Brett mit den angesägten Schwalbenschwänzen rechtwinklig darauf. Mit der Säge reißen Sie nun ausgehend von den Schwalbenschwänzen die Linien für die Zinken auf der Kante des senkrechten Brettes an. Zum Schluss ziehen Sie mit einem Anschlagwinkel alle Linien bis zur Brüstungslinie.

TIPP

In Werkzeugkatalogen werden Sie alle Arten von Hilfsmitteln für das Ausschneiden von Schwalbenschwänzen finden — angefangen von einfachen Schablonen bis zu komplexen, patentierten Systemen. Sie sollten jedoch zuerst einmal versuchen, diese Verbindung mit Säge und Stechbeitel herzustellen, so dass Sie wirklich wissen, was alles dazugehört, und dann erst die verschiedenen Optionen in Betracht ziehen.

DIE PERLSÄGE

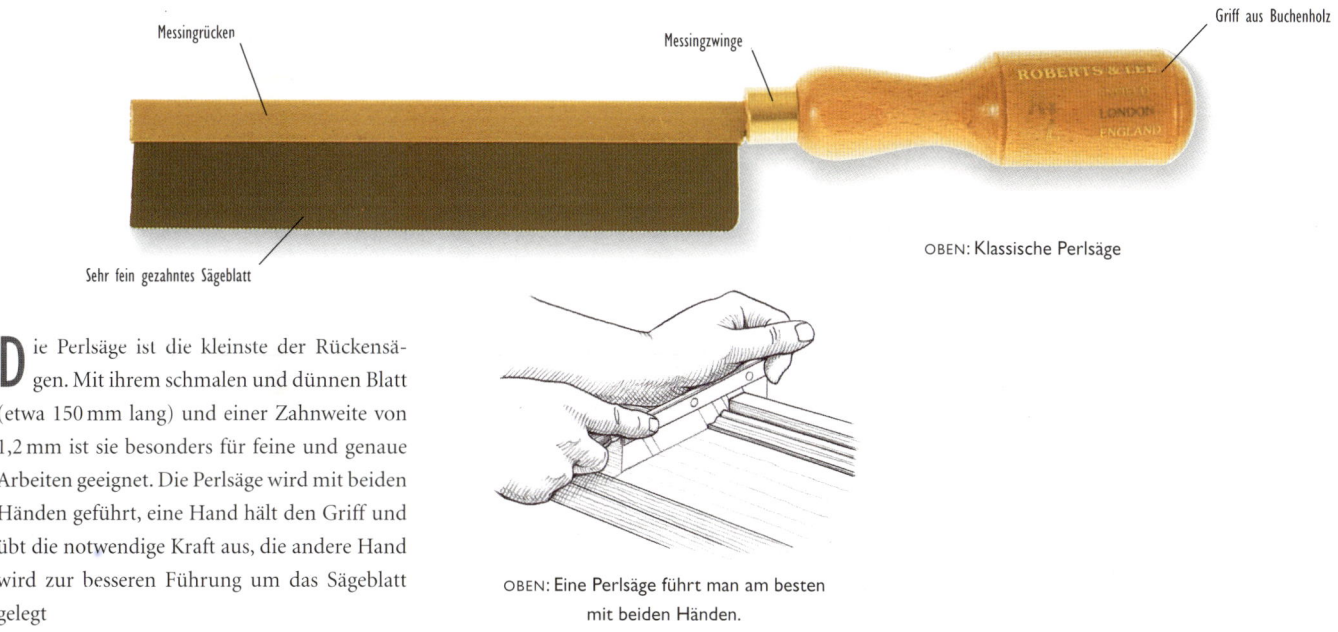

Messingrücken

Messingzwinge

Griff aus Buchenholz

Sehr fein gezahntes Sägeblatt

OBEN: Klassische Perlsäge

Die Perlsäge ist die kleinste der Rückensägen. Mit ihrem schmalen und dünnen Blatt (etwa 150 mm lang) und einer Zahnweite von 1,2 mm ist sie besonders für feine und genaue Arbeiten geeignet. Die Perlsäge wird mit beiden Händen geführt, eine Hand hält den Griff und übt die notwendige Kraft aus, die andere Hand wird zur besseren Führung um das Sägeblatt gelegt

OBEN: Eine Perlsäge führt man am besten mit beiden Händen.

BESCHREIBUNG

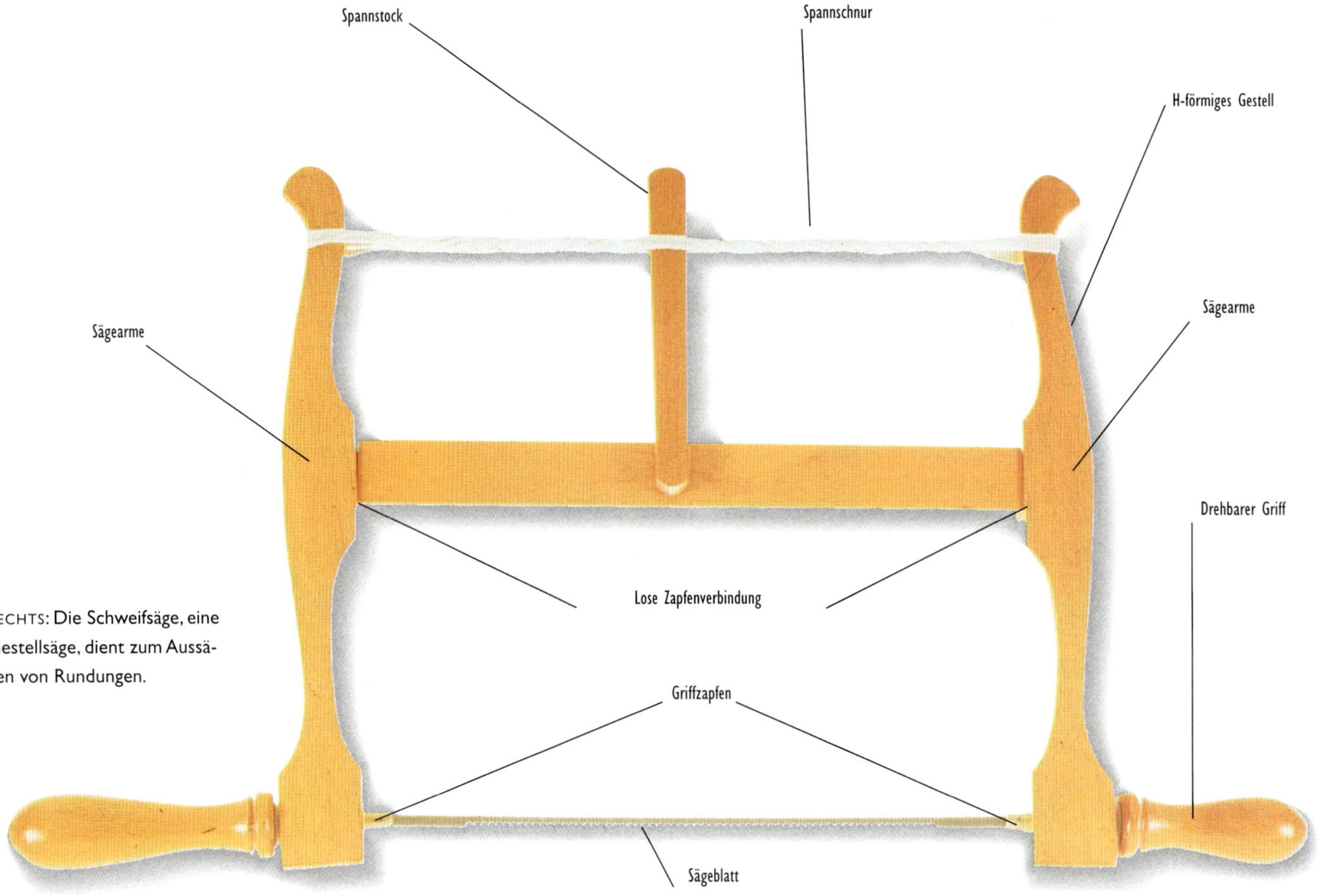

Spannstock

Spannschnur

H-förmiges Gestell

Sägearme

Sägearme

Drehbarer Griff

Lose Zapfenverbindung

RECHTS: **Die Schweifsäge, eine Gestellsäge, dient zum Aussägen von Rundungen.**

Griffzapfen

Sägeblatt

Die Schweifsäge mit ihrem traditionellen H-förmigen Holzgestell und dem flexiblen Sägeblatt mit einer Zahnweite von etwa 3 mm ist wahrscheinlich eine der vielseitigsten Sägen zum Ausschneiden von Rundungen. Die Handgriffe können im Rahmen gedreht werden und somit kann man mit der Säge in jede Richtung sägen. Die gedrehte Schnur mit dem Spannstock ermöglicht einen schnellen Wechsel des Blattes, sowie die Einstellung der richtigen Spannung.

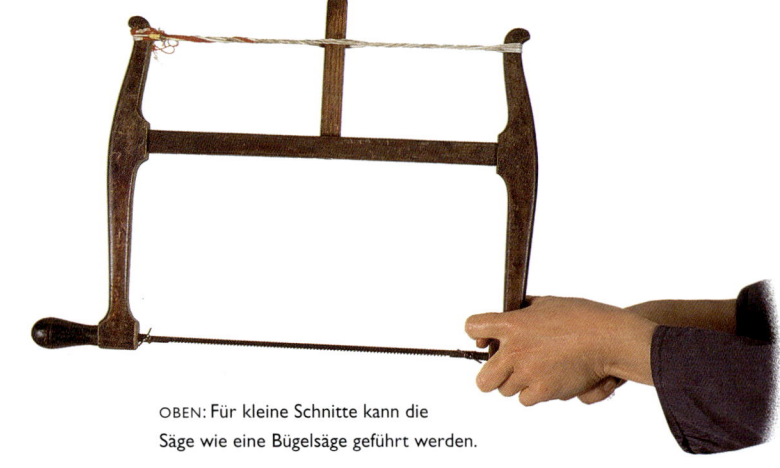

OBEN: **Für kleine Schnitte kann die Säge wie eine Bügelsäge geführt werden.**

AUSSÄGEN DER SITZFLÄCHE EINES STUHLES

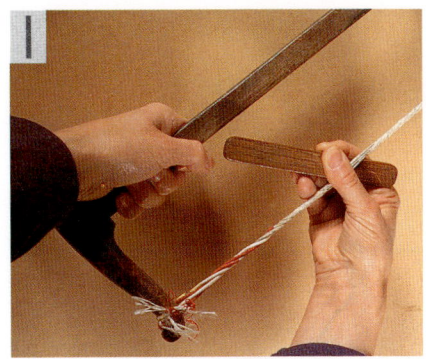

1 Drehen Sie den Spannstock so lange, bis das Sägeblatt die nötige Spannung hat.

2 Halten Sie die Säge aufrecht, so dass das Sägeblatt im rechten Winkel zum Holz steht. Sägen Sie das Brett bis hin zur angerissenen Form ein.

3 Halten Sie die Säge mit beiden Händen und drehen Sie den Rahmen so, dass Sie auf der Verschnittseite des Risses sägen.

4 Da die angerissene Linie einmal mit und einmal gegen die Faser verläuft, wird Ihnen das Sägen in einer Richtung leichter fallen als in der anderen.

5 Im Bereich des Hirnholzes ist es zu empfehlen, das Werkstück von beiden Seiten einzusägen.

TIPP

Falls Sie die Anschaffung einer Elektrosäge erwägen, sollte eine elektrische Bandsäge ganz oben auf Ihrer Liste stehen. Sie eignet sich sehr gut für das Zusägen von Drechselholz, zum Aussägen von Rundungen, für Längs- sowie für Querschnitte. Und falls Sie es noch nicht wissen: Breite Sägeblätter verwendet man für gerade Schnitte und schmale für Rundungen.

DIE LAUBSÄGE

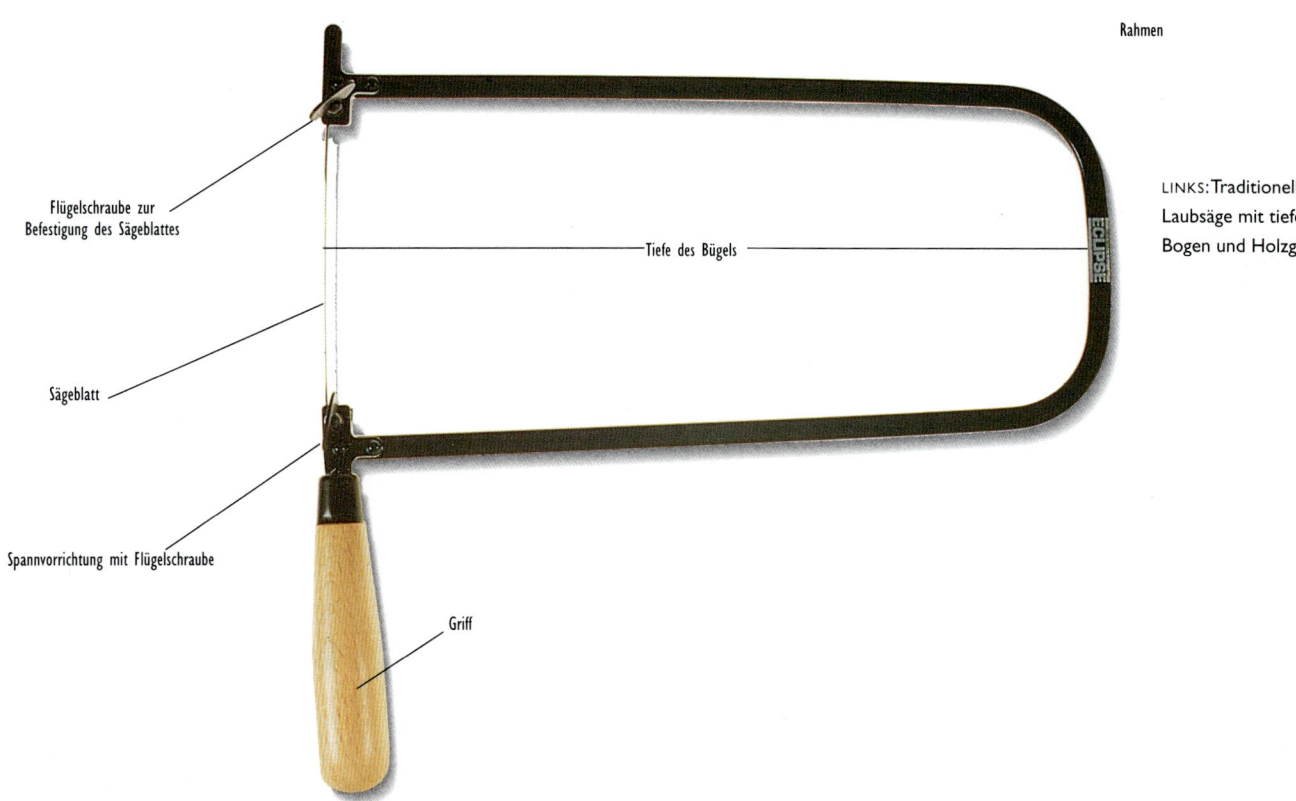

Rahmen

Flügelschraube zur
Befestigung des Sägeblattes

Tiefe des Bügels

LINKS: Traditionelle
Laubsäge mit tiefem
Bogen und Holzgriff

Sägeblatt

Spannvorrichtung mit Flügelschraube

Griff

Das dünne Sägeblatt und der bügelförmige Rahmen der Laubsäge machen sie zu einem perfekten Werkzeug für das Aussägen schwieriger und geschwungener Muster aus dünnem Holz. Wenn Sie ein Puzzle herstellen, Löcher oder kleine Spielzeugfiguren aussägen möchten, dann ist die Laubsäge das richtige Werkzeug.

OBEN: Halten
der Laubsäge

Handhabung der Laubsäge

Das Blatt wird mit ein paar Umdrehungen der Flügelschraube eingespannt, denn der Rahmen selbst hat genügend Federung, um das Blatt unter Spannung zu halten. Um ein neues Sägeblatt einzuspannen, drücken Sie den Bügel mit ihrem Körper gegen die Seite der Werkbank, bis sich das alte Sägeblatt lockert und herausfällt. Dann stecken Sie die Enden des neuen Blattes in die kleinen Zwingen, drehen an der Flügelschraube und lassen den Rahmen zurückspringen.

Zum Aussägen eines Werkstückes spannen Sie das Holz in den Schraubstock oder befestigen es so an der Arbeitsplatte, dass es an einer Seite übersteht. Nun bewegen Sie das Sägeblatt vorsichtig hin und her. Die meisten Holzbearbeiter spannen das Sägeblatt so ein, dass die Zähne in Richtung Griff zeigen, denn dann sägt man auf Zug, was eine bessere Kontrolle beim Sägen von dünnem Holz ermöglicht.

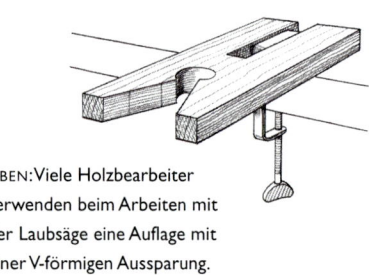

OBEN: Viele Holzbearbeiter
verwenden beim Arbeiten mit
der Laubsäge eine Auflage mit
einer V-förmigen Aussparung.

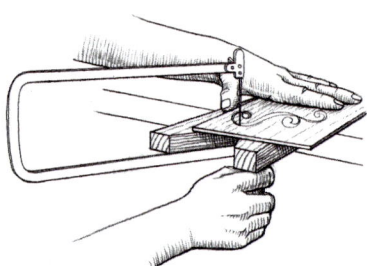

OBEN: Halten und Handhabung der Laubsäge

TIPP

Elektrische Laubsäge: Falls Sie vorhaben, in erster Linie solche Dinge anzufertigen, die viele geschwungene Profile und Löcher haben, wie zum Beispiel kleines Spielzeug, Stuhllehnen, kleine Kisten und Ähnliches, ist eine elektrische Laubsäge eine gute Alternative. Viele Holzbearbeiter benutzen die elektrische Laubsäge zum Aussägen der groben Profile und dann die Handsäge für die kleineren Aussparungen.

LAUBSÄGEARBEITEN IN DER RÜCKENLEHNE EINES STUHLES

1 Nachdem Sie die Kontur und die „Fenster" aufgezeichnet haben, nehmen Sie einen Bogen Pauspapier und übertragen den Entwurf mit einem Bleistift auf das Holz.

2 Bohren Sie Löcher mit einem Durchmesser von 3 mm in der Mitte eines jeden auszusägenden „Fensters". Sägen Sie das grobe Profil mit einer elektrischen Säge oder einer Handsäge aus.

3 Nachdem Sie das Werkstück eingespannt haben, nehmen sie die Laubsäge, lösen ein Ende des Sägeblattes, führen das Sägeblatt durch eines der vorgebohrten Löcher, spannen es wieder ein und beginnen mit der Arbeit. Die gleichen Schritte wiederholen Sie für alle anderen auszusägenden Teile.

UNTEN: Stuhl mit runder Lehne und Laubsägearbeit.

TIPP

Das Geheimnis der Laubsäge ist, dass man auch sehr spitze Winkel aussägen kann, ohne das Sägeblatt dabei zu zerbrechen. Dazu geht man wie folgt vor: Sägen Sie bis in den Winkel hinein und erhöhen Sie dann die Geschwindigkeit der Schnitte, während Sie gleichzeitig die Säge so drehen, dass das Blatt entlang der neuen Sägerichtung schneidet.

DIE BÜGELSÄGE

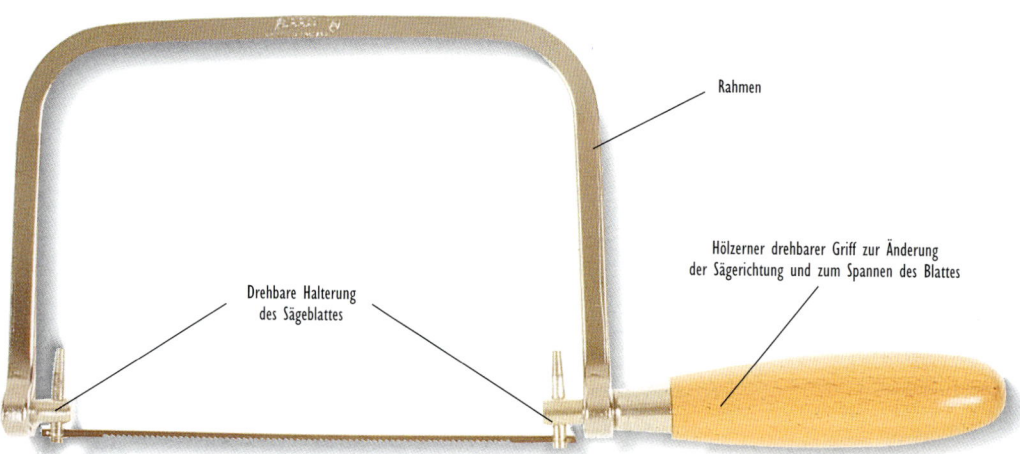

Rahmen

RECHTS: Traditionelle Bügelsäge mit Holzgriff

Hölzerner drehbarer Griff zur Änderung der Sägerichtung und zum Spannen des Blattes

Drehbare Halterung des Sägeblattes

Die Bügelsäge ist für schnelle enge Wendungen in Holzstücken bis zu einer Dicke von etwa 12 mm gedacht, d. h. zum Aussägen von komplizierten Mustern oder auch von „Fenstern" im Holz. Die dünnen und flexiblen Sägeblätter können schnell ersetzt werden, einfach indem man den Griff löst und damit die Spannung verringert. Sägeblätter werden so lange verwendet, bis sie stumpf werden oder ihre Spannung verlieren, dann wirft man sie weg. Zum Aussägen kleiner komplizierter Formen, zum Beispiel für Spielzeug, ist die Bogensäge genau das richtige Werkzeug.

OBEN: Handhabung einer Bügelsäge.

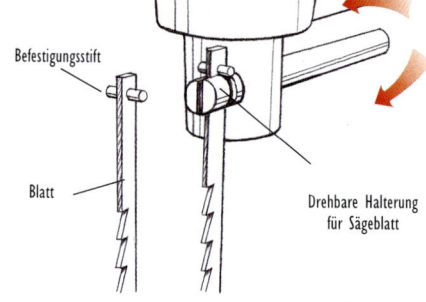

Befestigungsstift

Blatt

Drehbare Halterung für Sägeblatt

OBEN: Vergrößerte Darstellung des Drehzapfens und des Sägeblattes

Aussägen von Schwalbenschwänzen mit einer Bogensäge

1 Die Bogensäge wird nach der Schwalben-schwanzsäge eingesetzt um die Abfallstü-cken zwischen den Schwalbenschwänzen abzu-sägen. Im ersten Arbeitsgang, zum Sägen der geraden Linien, sollten Sie jedoch eine Zinken-säge verwenden.

2 Achten Sie darauf, dass das Sägeblatt so eingespannt ist, dass die Zähne vom Griff weg weisen. Dann erhöhen Sie langsam die Spannung des Blattes, bis es „klingt", wenn Sie daran zupfen. Beim Aussägen eines Schwalben-schwanzes im Schraubstock ist es günstiger auf Schub zu sägen.

3 Lassen Sie das Sägeblatt in eine der bereits mit der Zinkensäge ausgesägten Fugen gleiten und sägen Sie das Abfallstück gleich-mäßig unten ab. Bleiben Sie dabei immer auf der Verschnittseite des Risses.

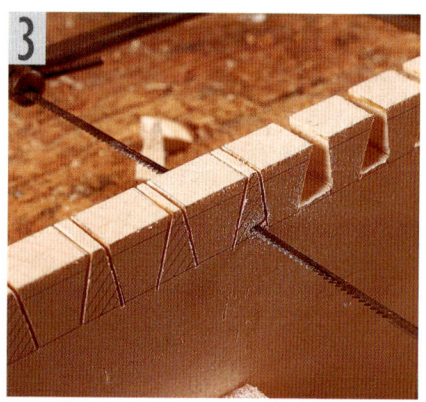

DIE STICHSÄGE

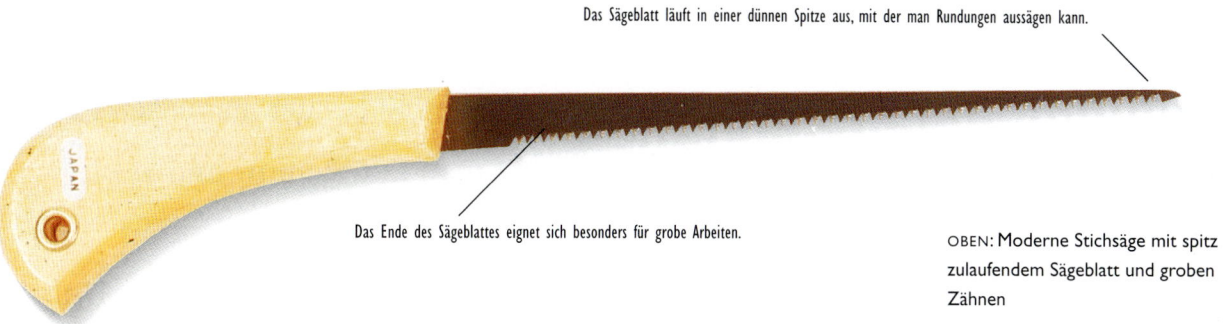

Das Sägeblatt läuft in einer dünnen Spitze aus, mit der man Rundungen aussägen kann.

Das Ende des Sägeblattes eignet sich besonders für grobe Arbeiten.

OBEN: Moderne Stichsäge mit spitz zulaufendem Sägeblatt und groben Zähnen

Eine Stichsäge eignet sich zum Aussägen von Rundungen und Aussparungen. Mit einem Blatt, dass etwa 200 mm lang ist und einer Zahnweite von 2,5 mm, ist diese Säge ein geeignetes Werkzeug für Holz bis zu einer Stärke von 25 mm. Die Schnittkanten sind jedoch meistens so rau und ausgerissen, dass man immer genügend weit auf der Verschnittseite des Risses bleiben sollte.

TIPP

Eine handgeführte elektrische Schweifsäge oder Stichsäge ist eine gute Alternative, wenn Sie runde Profile in Sperrholz, Spanplatten oder dicke Teile aus rohem Holz ausschneiden möchten.

DIE LOCHSÄGE

Eine Lochsäge ist kleiner als eine Stichsäge und hat ein dünneres, flexibleres Blatt, das vor allem für das Aussägen von Löchern in Arbeitsplatten und Türen gedacht ist. Die Spitze des Sägeblattes wird in das vorgebohrte Loch gesteckt und man beginnt den Sägevorgang mit mehreren kurzen Zügen. Für gerade Schnitte kann man die ganze Länge des Sägeblattes verwenden, Rundungen sollte man mit dem spitzen Ende aussägen.

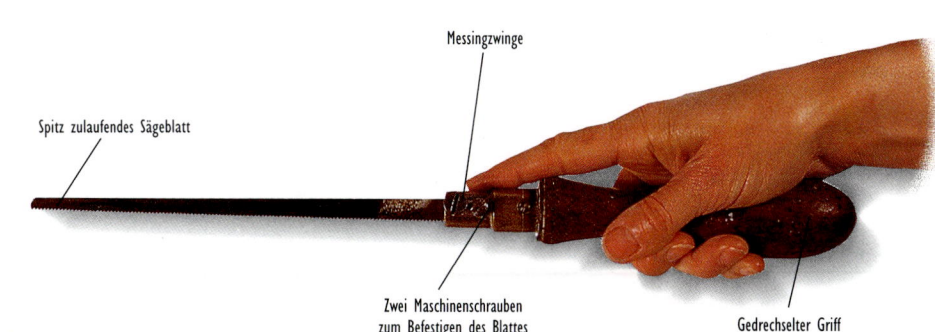

Messingzwinge

Spitz zulaufendes Sägeblatt

Zwei Maschinenschrauben zum Befestigen des Blattes

Gedrechselter Griff

OBEN: Klassische Lochsäge

Stemm- und Stechwerkzeuge

Die Beherrschung von Stemm- und Stechtechniken ist bei der manuellen Holzbearbeitung äußerst wichtig. Dabei arbeitet man mit Stemm- und Stecheisen oder Messern, mit denen man Verbindungen aussticht oder Holz in unterschiedlicher Art und Weise formt. Anders als beim Hobeln kann der Holzbearbeiter mit Stecheisen und Messern ein Werkstück sehr individuell bearbeiten. Es gibt zahlreiche Stech- und Stemmtechniken, so dass es sich für jeden Holzbearbeiter lohnt einen kleinen Satz Stecheisen und Messer anzuschaffen.

FUNKTIONSWEISE DER STEMM- UND STECHWERKZEUGE

Stemm- oder Stecheisen

Ein traditionelles Stemmeisen ist ein Werkzeug mit einer flachen, einseitig angeschliffenen Klinge, die in einem Heft aus Holz oder Kunststoff steckt.

Es wird entweder in einer Hand gehalten, wobei die andere den Druck ausübt (traditionell Stechen) oder es wird mit einem Klüpfel oder Schlegel durch Schlag vorangetrieben (traditionell Stemmen). In jedem Fall wird die gesamte Kraft über die gerade Klinge auf die Schneide übertragen, so dass das Eisen entweder einen schälenden oder scherenden Schnitt ausführt.

Zwar werden alle Stemm- und Stechwerkzeuge prinzipiell in der gleichen Art und Weise gehandhabt, doch gibt es viele verschiedene Ausführungen für spezifische Tätigkeiten. Stemmeisen mit dicker Klinge und massivem Heft werden mit einem Klüpfel vorangetrieben, wogegen Stecheisen mit feinem Griff, schmaler und seitlich abgeschrägter Klinge, sowie einer flach angeschliffenen Schneide für die gefühlvolle Arbeit mit beiden Händen gedacht sind. Meißel mit einer Länge von 600 mm oder mehr, einem Bleigewicht im Knauf und beidseitig abgeschrägter Klinge werden beispielsweise für Drechselarbeiten eingesetzt. Anfänger sollten nicht gleich zu Anfang viel Geld für eine ganze Sammlung von Stemm- und Stechwerkzeugen ausgeben, sondern sich erst einmal darüber klar werden, welche Techniken sie erlernen möchten und was sie dazu benötigen.

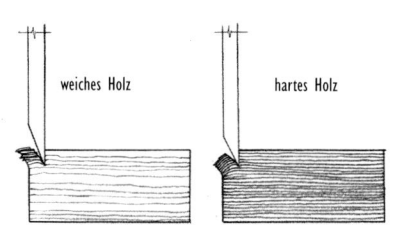

OBEN: Einfluss der Holzart auf den Winkel der Schneide.

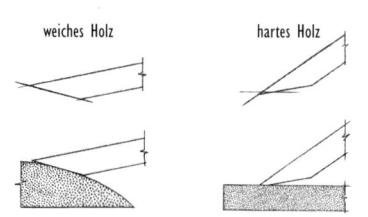

OBEN: Nur wenig Metall wird abgeschliffen.

Winkel der Fase

Wenn Sie sich eine korrekt geschliffene und abgezogene Schneide eines Stemmeisens genau anschauen und ein wenig hin- und herdrehen, werden Sie sehen, dass sie zwei Fasen hat – eine angeschliffene Fase, sowie eine zweite, abgezogene Fase, die sich etwa 1,5 mm von der Schneide entfernt befindet. Durch die beiden Fasen wird erreicht, dass das Eisen einerseits gut schneidet (flacher abgezogener Winkel) und gleichzeitig eine relativ lange Standzeit hat (steilerer angeschliffener Winkel).

Form des Anschliffs

Die Verwendung eines Stemmeisens wird durch seine Form und den Winkel des Anschliffs bestimmt. Ein steiler Winkel eignet sich für tiefe Schnitte in dichtem, hartem Holz, während ein flacher Winkel besser für weiches Holz geeignet ist. Es ist immer darauf zu achten, das richtige Verhältnis von Standzeit und Schneidkraft zu finden. Man kann natürlich mit einem flachen Winkel auch hartes Holz schneiden, die Frage ist nur, welche Auswirkungen das auf die Standzeit der Klinge hat.

SCHLEIFEN UND ABZIEHEN

OBEN: Japanische Wassersteine mit einer Körnung
für allgemeine Schärfarbeiten.

Ist ein Stecheisen stumpf geworden oder wurde seine Schneide beschädigt, muss es geschärft werden. Das sollte in der genannten Reihenfolge geschehen: Zuerst wird auf einem Schärfstein die erste Fase angeschliffen, dann die zweite Fase auf einem Wasserstein oder Abziehstein abgezogen und schließlich wird der letzte feine Grat mit einem Streichriemen entfernt. Es ist relativ einfach Stemmeisen und gerade Hohlbeitel zu schleifen, das Abziehen eines Löffeleisens erfordert jedoch ein paar Erläuterungen.

Abziehen eines Löffeleisens

1 Nehmen Sie den flachen Schärfstein in eine Hand und das Werkzeug in die andere. Halten Sie beide gegen das Licht und ziehen Sie die Klinge über den Stein, wobei das Werkzeug hin und her zu rollen ist, so dass die gesamte Krümmung mit dem Wasserstein in Berührung kommt.

2 Nachdem Sie die äußere Seite so abgezogen haben, nehmen Sie einen geeigneten Kegelstein zur Hand, tröpfeln etwas Öl darauf und bearbeiten damit die Innenseite bis die Oberfläche glänzt.

3 Der letzte Schritt ist das Polieren der Innen- und Außenseiten der Klinge mit einem Lederstück.

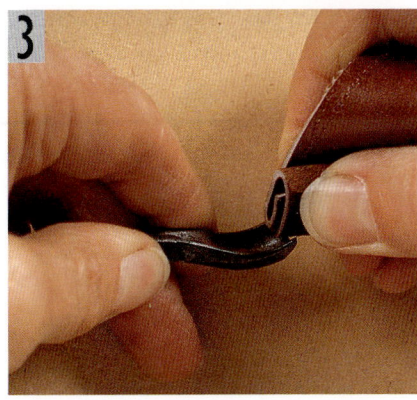

OBEN: Diamantstein

OBEN: Geformter Ölabziehstein
zum Schärfen von Bildhauereisen.

OBEN: Eine Seite eines
Kombinationssteins.

STEMMEISEN

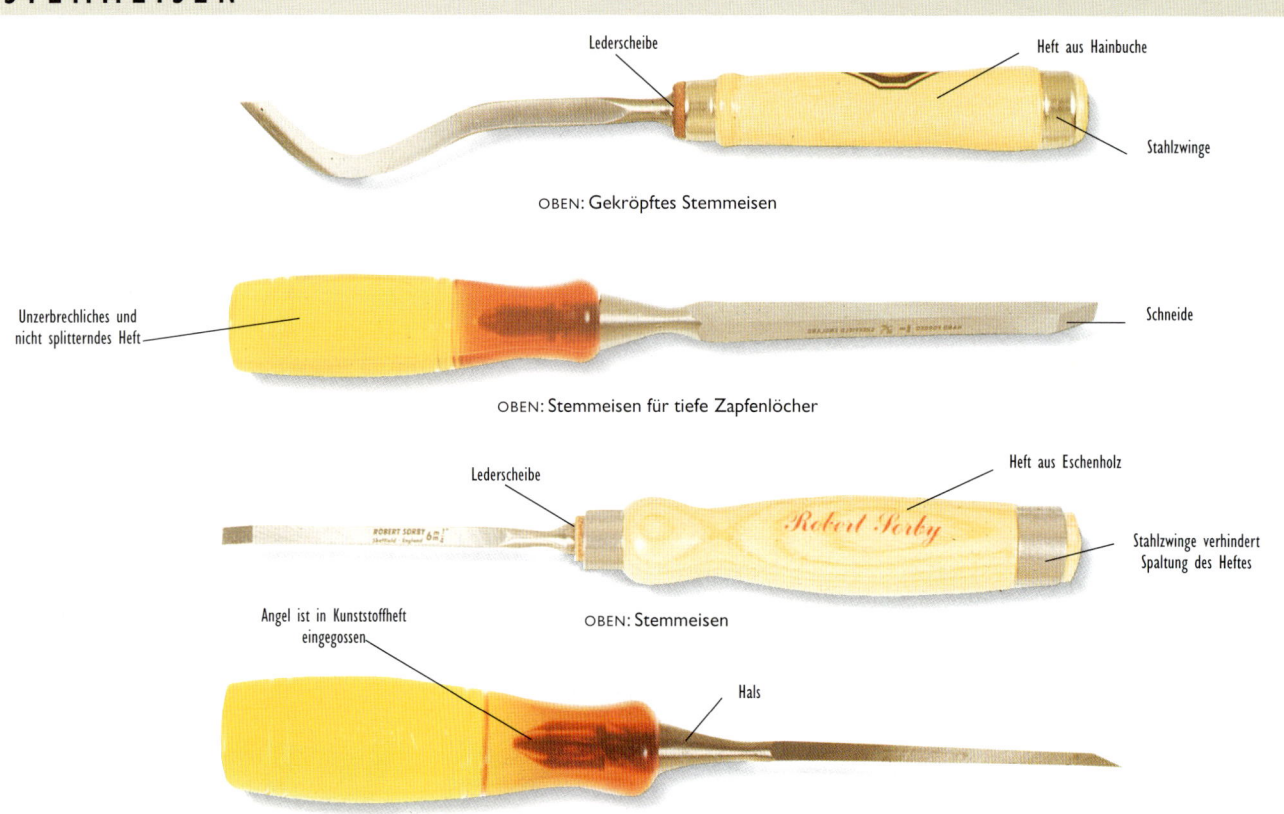

Lederscheibe

Heft aus Hainbuche

Stahlzwinge

OBEN: Gekröpftes Stemmeisen

Unzerbrechliches und nicht splitterndes Heft

Schneide

OBEN: Stemmeisen für tiefe Zapfenlöcher

Lederscheibe

Heft aus Eschenholz

Stahlzwinge verhindert Spaltung des Heftes

OBEN: Stemmeisen

Angel ist in Kunststoffheft eingegossen

Hals

OBEN: Universalstemmeisen

Ursprünglich bezeichneten die Ausdrücke „Stemmen" und „Stechen" zwei verschiedene Arbeitsweisen. Beim Stemmen schlug man mit dem Klüpfel auf das hintere Ende des Werkzeughefts, das Stechen hingegen wurde nur mit Muskelkraft bewerkstelligt.

Stemmeisen werden in erster Linie zum Ausstemmen von Zapfenlöchern und anderen Vertiefungen verwendet. Mit ihrer schweren Klinge, dem soliden Holzheft, einer Lederscheibe zwischen Krone und Heft und oft einer Stahlzwinge um das Ende des Griffes sind sie für schwere Arbeiten konstruiert, denn die Lederscheibe dämpft den Schlag und der relativ große Querschnitt der Klinge garantiert,

dass das Werkzeug gedreht und damit gehebelt werden kann, ohne es dabei zu beschädigen. Bei Stemmarbeiten ist darauf zu achten, dass das Werkstück auf einer festen Unterlage ruht, damit es nicht wegfedern kann. Den Spiegel des Stemmeisens richtet man stets zum Anriss, die Anschlifffase zum Abfall. Man beginnt immer in der Lochmitte zu stemmen, Durchgangslöcher reißt man von beiden Seiten an und stemmt sie jeweils etwa bis zur Hälfte aus. Es gibt verschiedene Typen von Stemmeisen, solche mit besonders dicker Klinge und schwerem Heft aus Holz zum Ausstemmen breiter und tiefer Zapfenlöcher und solche mit schmaler Klinge und einem relativ zierlichen Schaft für leichte Arbeiten, wie zum Beispiel das Ausstemmen kleiner Löcher in Weichholz. Schließlich gibt es noch solche mit relativ kräftiger, gekröpfter Klinge und einem Holzheft, das von einer Zwinge zusammengehalten wird. Damit stemmt man beispielsweise tiefe Löcher für Schlosskästen in die Rahmenhölzer schwerer Sicherheitstüren oder auch Verbindungen in Hirnholz.

Achten Sie darauf, die Kanten nicht zu beschädigen.

LINKS: Der Abfall ist durch mehrere nacheinander angesetzte Schnitte zu entfernen. Die angeschliffene Seite muss sich dabei unten befinden.

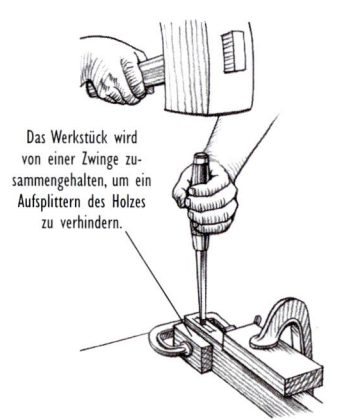

Das Werkstück wird von einer Zwinge zusammengehalten, um ein Aufsplittern des Holzes zu verhindern.

OBEN: Achten Sie immer darauf, dass das Werkstück fest eingespannt ist.

EIN ZAPFENLOCH AUSSTEMMEN

Ein Zapfenloch ausstemmen

1 Reißen Sie das Zapfenloch zuerst mit Hilfe von Bleistift, Lineal, Winkel und Streichmaß an. Dann spannen Sie das Werkstück fest auf die Bank. Nehmen Sie einen Schreinerklüpfel und ein Stemmeisen zur Hand und beginnen Sie, indem Sie in der Mitte des Zapfenloches eine kleine V-förmige Kerbe ausstemmen.

2 Stellen Sie sich an das eine Ende des Werkstückes, setzen Sie das Stemmeisen in der Mitte an, so dass die angeschliffene Seite von Ihnen weg zeigt und treiben Sie es vorwärts. Die Schnitte sollten dabei immer tiefer und tiefer werden, wobei das Eisen etwa alle 6 mm neu anzusetzen ist. Arbeiten Sie bis fast ans Ende, dann drehen Sie das Werkstück um und wiederholen die Arbeitsschritte für die andere Hälfte.

3 Wenn Sie schließlich die erforderliche Tiefe für ein blindes Zapfenloch erreicht haben bzw. das Werkstück gewendet und das durchgehende Zapfenloch von der anderen Seite fertig gestellt haben, legen Sie den Klüpfel zur Seite und bereinigen die Enden mit ein paar wenigen scharfen Schnitten, so dass die unregelmäßigen Kanten, die durch das Heraushebeln entstanden sind, verschwinden.

SCHREINERKLÜPFEL

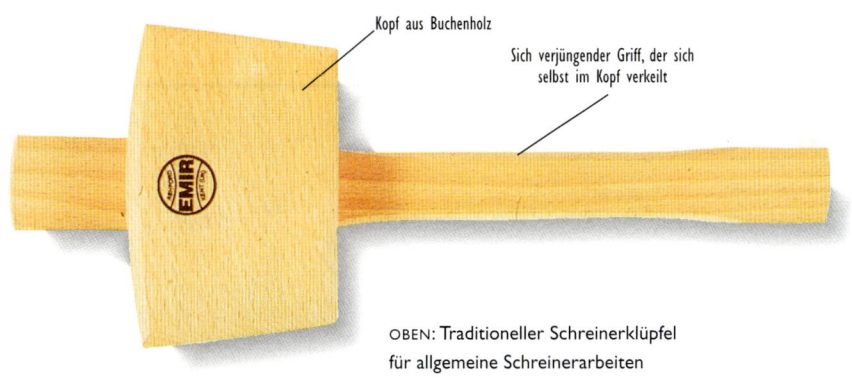

Kopf aus Buchenholz

Sich verjüngender Griff, der sich selbst im Kopf verkeilt

OBEN: Traditioneller Schreinerklüpfel für allgemeine Schreinerarbeiten

TIPP

Obwohl es zum Ausstemmen eines Zapfenloches viele unterschiedliche Techniken gibt, ist grundsätzlich zu beachten, dass man zunächst nicht bis an den Riss der beiden Schmalseiten heranstemmt. Die durch das Heraushebeln verdrückten Kanten werden ganz zum Schluss am Riss entlang sauber heruntergestochen. Die meisten Anfänger machen den Fehler Zapfenlöcher zu groß auszustechen.

STECHEISEN MIT SEITLICHEN FASEN

Die Klinge wird zur Schneide hin schmaler.

Die Unterseite der Klinge ist flach.

OBEN: Langes, schmales Stecheisen mit seitlichen Fasen.

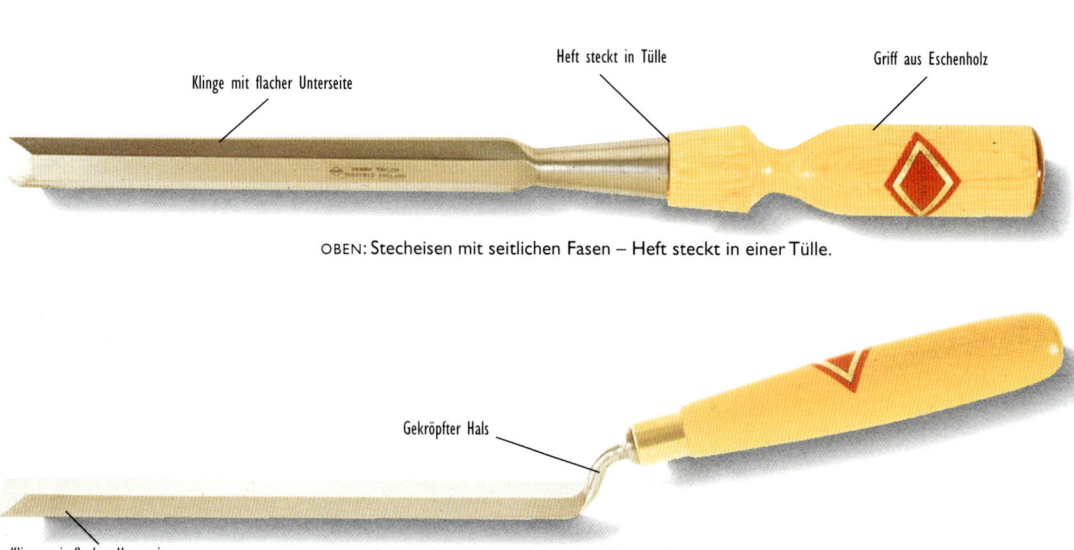

Klinge mit flacher Unterseite

Heft steckt in Tülle

Griff aus Eschenholz

OBEN: Stecheisen mit seitlichen Fasen – Heft steckt in einer Tülle.

Gekröpfter Hals

Klinge mit flacher Unterseite

OBEN: Gekröpfter Stechbeitel mit seitlichen Fasen.

Stecheisen mit seitlichen Fasen sind den universellen Stemmeisen mit geraden Seiten sehr ähnlich, sie werden jedoch nur mit der Hand getrieben. Aufgrund der schrägen Kanten kann man mit diesen Stecheisen schwierig zu erreichende Ecken ausstemmen, wie beispielsweise in hinterschnittenen Gratverbindungen.

Falls Sie als Einsteiger ein universelles Stecheisen suchen, eines, für das Sie mit Sicherheit Verwendung finden werden, dann ist ein Stecheisen mit seitlichen Fasen ein guter Tipp. Es gibt davon verschiedene Arten: Manche haben Kunststoffschäfte, bei anderen steckt der Schaft in einer Tülle, es gibt auch japanische Stecheisen mit dreieckigem Querschnitt usw.

Holzbearbeiter, die europäische Qualitätswerkzeuge bevorzugen, können eigentlich kaum etwas falsch machen, wenn sie ein typisch

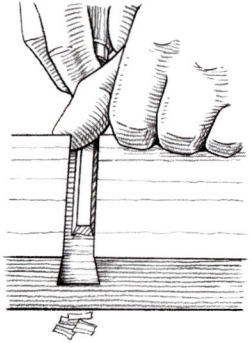

LINKS: Die Form des Stecheisens mit seitlichen Fasen ermöglicht z. B. das Nacharbeiten eines Grates.

englisches Stecheisen mit achteckigem Griff aus Buchsbaumholz, einer langen Klinge und einem Lederring zwischen Krone und Heft wählen.

Obwohl diese Stecheisen schon hin und wieder ein paar leichte Schläge mit dem Klüpfel vertragen, sind sie doch eigentlich nicht für

schwere Zimmermannsarbeiten, sondern für feine Verbindungen gedacht. Das Stecheisen mit seitlichen Fasen wird mit der den Druck ausübenden Hand gehalten und geführt und gleichzeitig mit der anderen stabilisiert, gestützt und ausgerichtet.

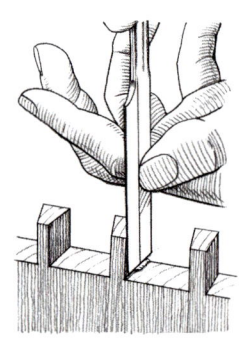

LINKS: Ausführung eines feinen Schnittes mit einem Stecheisen.

HANDHABUNG EINES STECHEISENS MIT SEITLICHEN FASEN UND GEKRÖPFTEM HALS

Stecheisen mit seitlichen Fasen und gekröpftem Hals, bei denen das Blatt gegenüber dem Griff freigestellt ist, verwendet man zum Nachputzen flacher Vertiefungen oder Nuten in breiten und relativ dünnen Brettern. Eine Hand übt gleichmäßigen Druck auf das Heft aus, während der Zeigefinger der anderen Hand die flach aufliegende Klinge führt, mit welcher die Holzfasern zerschnitten oder abgeschert werden. Achten Sie beim Verputzen einer tiefer liegenden Fläche darauf, dass Sie immer vom Körper weg stechen und die auf der Klinge aufliegenden Finger nicht im Wege sind und verletzt werden. Ein Stecheisen mit seitlichen Fasen und gekröpftem Hals werden Sie nur dann benötigen, wenn die zu verputzende Nut oder Hohlkehle länger ist als die Klinge Ihres normalen Stecheisens bzw. wenn es nicht möglich ist einen Hobel einzusetzen.

AUSSTECHEN EINES EINSEITIGEN GRATES

1 Reißen Sie mit Hilfe von Bleistift, Lineal und Streichmaß den einseitigen Grat an und schraffieren Sie die Abfallstücke. Verwenden Sie dann einen Winkel und ein Anreißmesser zur genauen Markierung der Schnittlinie.

2 Nun nehmen Sie eine kleine Rückensäge, setzen diese so an, dass sich das Blatt auf der Verschnittseite des Risses befindet und sägen eine Kerbe bis auf den Gratgrund. Achten Sie darauf, die Säge nicht zu verkanten und sägen Sie nicht zu tief.

3 Befestigen Sie das Werkstück flach auf der Werkbank und zwar so, dass Sie es von der Stirnseite her bearbeiten können, nehmen Sie ein Stecheisen mit seitlichen Fasen und stechen Sie jeweils von der Stirnseite ein. Dabei sollte der Schnitt nach unten, durch die Holzfasern verlaufen.

4 Zum Schluss halten Sie das Stecheisen parallel zum angezeichneten Winkel im Gratgrund und putzen den Grund sowie den Winkel nach. Wenn nötig, verwenden Sie eine auf den Gratwinkel eingestellte Führungshilfe, auf die Sie die Klinge des Eisens auflegen können. Arbeiten Sie immer von beiden Seiten zur Mitte hin, um Beschädigungen an den Kanten zu vermeiden.

BILDHAUEREISEN

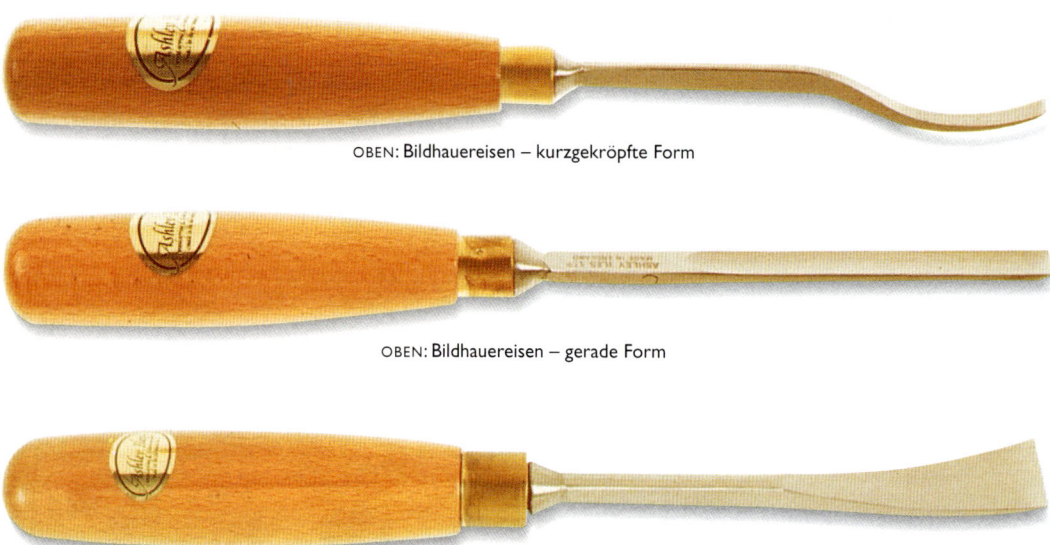

OBEN: Bildhauereisen – kurzgekröpfte Form

OBEN: Bildhauereisen – gerade Form

OBEN: Blumeneisen

Das gerade Bildhauereisen sieht wie ein gerades Stecheisen aus, allerdings ist seine Klinge über die gesamte Länge hohl, während die Klinge des Stecheisens flach ist. Hohleisen wurden zum Ausarbeiten und Nachstechen gerundeter Formen entwickelt. Wenn Sie einem Stecheisen mit dem Handballen einen kurzen Stoß versetzen, erhalten Sie einen geraden Schnitt, der aussieht wie ein Gedankenstrich, während ein Hohleisen einen C- oder U-förmigen Schnitt ergibt. Wenn man von „geraden", „langgekröpften" oder „kurzgekröpften" Hohleisen spricht, beschreibt man lediglich die Längsform der Klinge. Form und Stärke des Klingenquerschnitts zusammen mit der Längsform bestimmen den spezifischen Einsatzbereich des Hohleisens. Nehmen Sie beispielsweise drei Werkzeuge: ein 12 mm-breites Hohleisen mit gerader Klinge, ein 12 mm-breites Hohleisen mit gekröpfter Klinge und ein 12 mm-breites Löffeleisen – alle mit demselben Krümmungsradius und Anschliff der Schneide. Alle führen genau denselben Schnitt aus, jedoch ermöglichen die unterschiedlichen Längsformen der Klingen das Arbeiten in unterschiedlichen Positionen, abhängig von der Tiefe und Zugänglichkeit der auszustechenden Vertiefung. Sollten Sie es also mit einem geraden Hohleisen nicht schaffen, die Späne aus einer Vertiefung herauszuheben, dann versuchen

Sie es mit einem gekröpften. Gerade Hohleisen werden in beiden Händen gehalten und durch Druck der Hand gestoßen oder in einer Hand gehalten und mit einem Schreinerklüpfel vorangetrieben. Gebogene, gekröpfte oder löffelförmige Hohleisen werden erst in das Holz gedrückt und dann wird der Span herausgehebelt.

Falls Sie sich in der Holzschnitzerei versuchen möchten, sollten Sie zuerst mit einem leicht zu schnitzenden Holz, wie zum Beispiel amerikanischer Linde experimentieren und es für den Anfang bei zwei Werkzeugen belassen – zum Beispiel einem geraden Hohleisen mit U-förmiger, etwa 12 mm breiter Klinge und geringem Krümmungsradius und einem gleich breiten mit stärkerem Krümmungsradius und löffelförmiger Klinge. Nachdem Sie diese ausprobiert haben und sich etwas besser über Ihre Bedürfnisse im Klaren sind, können Sie sich dann ganz spezifische Werkzeuge kaufen.

Anfänger, die das Schärfen von Werkzeugen noch nicht beherrschen, sollten am besten geschärfte Stecheisen kaufen.

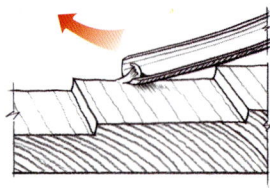

OBEN: Hohleisen

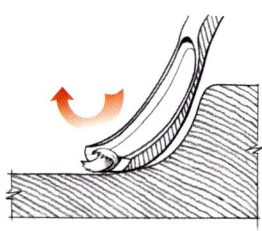

OBEN: Löffeleisen

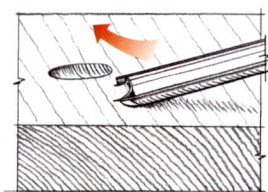

OBEN: Gerades, flaches Bildhauereisen

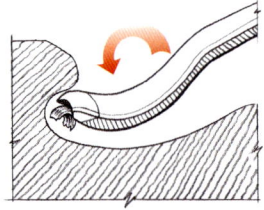

OBEN: Verkehrt gekröpftes Bildhauereisen

BILDHAUERKLÜPFEL

Griff aus Eschenholz

Kopf aus Pockholz

OBEN: Traditioneller Bildhauerklüpfel

Bildhauerklüpfel gibt es in vielen verschiedenen Formen und Größen – angefangen von Hämmern mit sorgfältig geformten und lederbezogenen Holzköpfen bis zu ausgesuchten Klüpfeln aus Messing, Ebenholz und Pockholz. Ein Bildhauerklüpfel hat einen konisch geformten Kopf, so dass die Schlagflächen beim normalen, ungezwungenen Halten immer senkrecht auftreffen. Das Werkstück wird stets zuerst auf der Werkbank befestigt oder in den Schraubstock gespannt, das Stemmwerkzeug mit einer Hand gehalten und der Hammer mit der anderen geschwungen. Man führt mit einem Bildhauerklüpfel niemals einzelne schwere Schläge, sondern immer mehrere leichte Schläge nacheinander aus, während man gleichzeitig das Stemmwerkzeug stützt und manövriert. Stellen Sie sich einen Specht vor, der gerade an einem Baumstamm hackt – so ähnlich sollte es klingen, wenn Sie mit dem Klüpfel arbeiten. Wählen Sie Ihren Klüpfel hinsichtlich Griffigkeit, Größe und Gewicht sorgfältig aus. Der Griff sollte ergonomisch geformt sein und am hinteren Ende eine Verdickung aufweisen, so dass man den Klüpfel immer entspannt halten kann. Das Gewicht des Kopfes sollte der Stärke und Muskelkraft desjenigen entsprechen, der mit dem Klüpfel arbeitet.

LINKS: Führen Sie immer mehrere leichte Schläge hintereinander aus während Sie das Stemmeisen manövrieren.

Traditioneller Bildhauerklüpfel

Der traditionelle Bildhauerklüpfel wie er in Europa verwendet wird, hat einen Kopf aus Pockholz und einen Stiel aus Esche, wobei der Kopf zwischen 350 und 850 g wiegt. Aufgrund des runden Kopfes kann der Bildhauer im Verlaufe einer Serie von Schlägen schnell die Schlagrichtung und die Position des Stemmeisens ändern, ohne darauf achten zu müssen, in welchem Winkel die Schlagfläche zum Werkstück steht.

Lederhammer

Der Lederhammer war ursprünglich ein Werkzeug zur Metallbearbeitung, wird inzwischen aber auch von vielen Bildhauern eingesetzt, die lieber mit einem leichtgewichtigen Hammer arbeiten als schwere Stemmarbeiten mit den Händen auszuführen. Den Lederhammer kann man bei der Arbeit mit relativ feinen Stecheisen einsetzen, ohne dass der Griff des Stecheisens dadurch beschädigt wird. Der leichtgewichtige Lederhammer eignet sich besonders für gekröpfte und gebogene Stecheisen, denn mit ihm kann man sehr leichte Schläge ausführen, ohne das der Arm so schnell ermüdet, wie bei der Verwendung eines schwereren Klüpfels.

Gummihammer

Viele Bildhauer, besonders ältere, die täglich mit dem Hammer arbeiten und sich wegen der Belastung ihrer Gelenke Sorgen machen, bevorzugen einen Gummihammer oder Urethanhammer mit weichem Kopf. Diese Hämmer haben einen gut in der Hand liegenden Griff mit einem Knauf am Ende und ebenfalls einen runden Kopf, dessen elastisches Material jedoch die Schläge dämpft und dadurch Hand- und Armgelenke schont. Auch ist es bei diesen Hämmern nicht so dramatisch, wenn man sie einmal fallen lässt. Gummihämmer sind in drei verschiedenen Kopfgrößen und drei Gewichtsklassen erhältlich.

TIPP

Es gibt zwei grundsätzliche Typen von elektrischen Schnitzwerkzeugen – solche mit einem Radialantrieb, wie zum Beispiel Schleifscheiben in einer Bohrmaschine und horizontal schwingende.

Viele Holzbearbeiter finden, dass sich die kleinen rotierenden Werkzeuge hervorragend für feine Details in hartem Holz eignen und setzen die andere Art vor allem zur Rohbearbeitung ein, wenn sehr viel Abfall auszuschneiden ist.

RELIEFSCHNITZEN

Beim Reliefschnitzen setzt man verschiedene Stecheisen ein, um die Oberfläche eines Holzstückes durch Einschnitte, Heraushebeln von Spänen und Modellieren zu bearbeiten. Dabei wird das Muster oder der Entwurf zuerst auf das Holz gezeichnet und der Rand dann mit einem Hohleisen abgestochen. Dann ist zu entscheiden, wie tief die einzelnen Ebenen des Reliefs werden sollen und man beginnt, das Muster mit Hilfe von verschiedenen Stecheisen herauszuarbeiten.

Je nach Entwurf kann das fertige Bild aus dem Holz, das stehen gelassen oder den Flächen, die ausgeschnitten wurden oder einer Kombination von beiden, entstehen. Die Begriffe Hochrelief und Flachrelief bezeichnen die Tiefe der Arbeit. Wenn beispielsweise eine Blume so herausgearbeitet wird, dass die Fläche um die Blume niedriger ist, d.h. dass die Blume sowie der umliegende Bereich eine relativ flache Oberfläche haben und sich lediglich auf zwei verschiedenen Ebenen befinden, dann wird das als Flachrelief bezeichnet. Wird jedoch der Hintergrund erst flacher gelegt und werden dann noch die Blüten und Blätter der Blume modelliert, ist das Ergebnis ein Hochrelief. Man kann dabei noch ein Stück weiter gehen, die Blume unterhöhlen und die Blätter so ausschneiden, dass sie teilweise gar nicht mehr mit dem Untergrund verbunden sind. Reliefschnitzereien werden im Allgemeinen so gefertigt, dass man sie wie ein Bild von vorn betrachten muss.

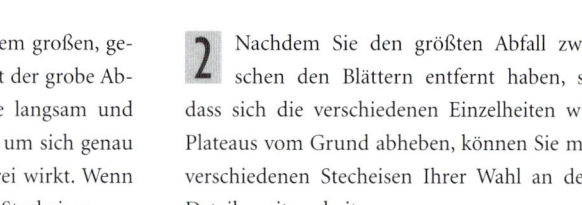

LINKS: Die fertige Maske – gebeizt, mit Schellack überzogen und gewachst.

1 Mit dem Klüpfel und einem großen, geraden Stecheisen ist zuerst der grobe Abfall zu entfernen. Arbeiten Sie langsam und machen Sie regelmäßig Pausen um sich genau anzuschauen, wie die Schnitzerei wirkt. Wenn nötig, nehmen Sie ein kleineres Stecheisen.

2 Nachdem Sie den größten Abfall zwischen den Blättern entfernt haben, so dass sich die verschiedenen Einzelheiten wie Plateaus vom Grund abheben, können Sie mit verschiedenen Stecheisen Ihrer Wahl an den Details weiterarbeiten.

3 Wenn das Blattwerk teilweise modelliert ist, sollten Sie mit dem Hinterschneiden beginnen, wodurch der Eindruck entsteht, dass sich die Blätter teilweise zusammenrollen oder übereinander liegen.

SCHNITZEN VON SKULPTUREN

Das Schnitzen von Rundungen oder Skulpturen ist der nächste logische Schritt nach dem Reliefschnitzen. Dabei schneidet der Bildhauer tiefer und tiefer in das Holz, bis die resultierende Schnitzarbeit freistehend ist und von allen Seiten betrachtet werden kann. In der Praxis trägt der Bildhauer jedoch die Schichten oft nicht nach und nach ab, sondern schneidet das Holz mit einem Mal so tief wie erforderlich ein und entfernt zuerst den Abfall mit einem geeigneten Werkzeug – das kann eine Säge, eine Axt, eine Dexel oder ein anderes Werkzeug sein. Dann wird die Skulptur mit Hilfe von Bildhauereisen weiter bearbeitet und modelliert. Um beispielsweise einen lebensgroßen Kopf zu schnitzen, könnte man folgendermaßen vorgehen: Zuerst ist das Gesicht auf das Holz zu zeichnen, dann wird die Form, wie man sie von vorn sieht, mit einer Bügelsäge ausgesägt. Das gleiche Verfahren wendet man für die Seiten und die Draufsicht an und schließlich arbeitet man mit verschiedenen Bildhauereisen die endgültige Form aus. Die meisten Bildhauer fertigen zuerst ein Modell an und übertragen die Maße und Proportionen dann mit Hilfe von Zirkeln und Tastern auf das Holzstück. Die wichtigsten Werkzeuge beim Schnitzen von Skulpturen sind in jedem Fall die unterschiedlichen Bildhauereisen.

1 Nachdem Sie mit der Bügelsäge oder Bandsäge grob die gewünschte Form aus einer Ansicht ausgesägt haben, nehmen Sie eine kleine Säge und machen viele kleine Einschnitte entlang der angezeichneten Kurve.

2 Nun spannen Sie das Werkstück in den Schraubstock und arbeiten mit einem größeren, geraden Bildhauereisen die grobe Form heraus. Achten Sie darauf, immer mit der Faser zu schneiden.

3 Mit Hilfe verschiedener Feilen, feinerer Stecheisen und Sandpapieren bearbeiten Sie die Skulptur so lange, bis Sie die gewünschte Oberfläche erhalten.

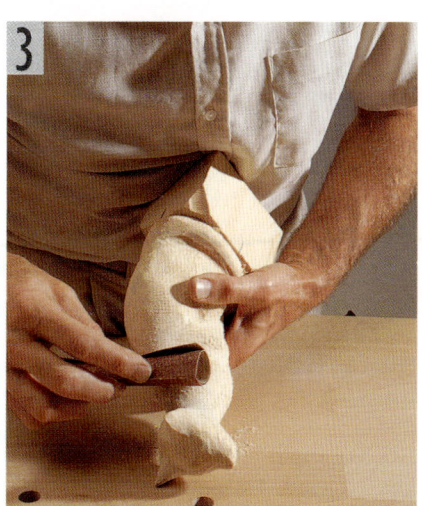

OBEN: Die fertige Skulptur wurde gewachst und poliert bis die Oberfläche glänzt wie ein Katzenfell.

DRECHSELEISEN

OBEN: Flachmeißel

OBEN: Meißel mit schräger Schneide

OBEN: Schabeisen mit leicht gerundeter Schneide

OBEN: Profileisen

OBEN: Halbrundes Schabeisen

OBEN: Abstechstahl

Drechseleisen sind Werkzeuge mit flacher Klinge für die Arbeit an der Drechselbank. Schneideisen sind auf beiden Seiten schräg angeschliffen und tragen das Holz durch Schneiden ab, während Schabeisen nur einseitig schräg angeschliffen sind und das Holz abschaben. Innerhalb der beiden Hauptgruppen gibt es viele verschiedene Formen und Querschnitte jeweils für ganz bestimmte Anforderungen.

Drechseln mit Schneideisen

Es gibt drei grundsätzliche Arten von Schneideisen: Flachmeißel mit gerader Schneide, Flachmeißel mit schräger Schneide und Abstechstähle. Flachmeißel mit gerader Schneide werden zur allgemeinen Formgebung und Eisen mit schräger Schneide für Arbeiten an Details verwendet, zum Beispiel zum Schneiden von Nuten oder zur Formung von Rundun-

gen. Abstechstähle werden vor allem zum Trennen des Abfalls vom fertigen Werkstück benutzt. Beim Drechseln wird das Schneideisen in beiden Händen gehalten und auf die T-förmige Drechselauflage gelegt. Dabei hält eine Hand den Griff und die andere umfasst die Klinge, wobei die Fingerknöchel nach oben zeigen sollten. Die Fase wird nach oben an das drehende Werkstück gehalten, das Heft des Schneideisens wird gesenkt und so manövriert, dass sich die Schneide nach rechts oder links entlang des Werkstückes bewegt. Wenn das Werkzeug dem Drehmoment des Holzes einen ausreichenden Widerstand entgegensetzt, wird durch die Hebelwirkung ein Holzspan abgedreht, der die Form eines durchgehenden Spanbandes haben sollte.

Drechseln mit Schabeisen

Die meisten Drechselanfänger arbeiten zuerst mit Schabeisen, weil diese einfach zu handhaben sind. Nachdem das Werkstück mit einer Schrupproöhre in eine runde Form gebracht wurde, wird das Schabeisen flach auf der Drechselauflage gelegt, so dass sich die Schneide in Höhe der Mittellinie des Werkstückes befindet und dann wie ein Schneideisen nach vorn geschoben. Mit einem Schabeisen kann man wirklich kaum einen Fehler machen. Zwar ist eine mit dem Schabeisen bearbeitete Oberfläche nicht so glatt wie eine mit einem Schneideisen gedrehte, aber ein Anfänger hat zumindest das Gefühl, ein Ergebnis zu sehen. In alten Werkzeugkatalogen wurden teilweise Sätze mit 100 verschiedenen Schabeisen angeboten – jedes für ein besonderes Profil.

DRECHSELRÖHREN

Zwinge

Schaft

Klinge

Schneide

OBEN: Drechselröhre mit halbrunder Schneide

OBEN: Schruppröhre

Drechselröhren sind Werkzeuge mit U-förmigem Querschnitt und einer Fase auf der äußeren, konvexen Kante der Klinge. Es gibt unterschiedlich lange und schwere, mit verschiedenen Schäften und Profilen, aber im Prinzip kann man sie in zwei Typen unterteilen: Röhren, die rechtwinklig zur Schneide geschliffen sind und Röhren mit abgerundeter Schneide.

Handhabung der Schruppröhre

Die Schruppröhre mit gerader Schneide ist das wichtigste Werkzeug für das Langholzdrehen. Man erhält sie in zwei geläufigen Breiten: 19 mm und 31 mm. Die Schruppröhre ist das Werkzeug für die erste Phase der Bearbeitung, wenn das noch eckige Werkstück in eine runde Form gebracht werden soll. Dazu wird die Röhre so auf die Drechselauflage gestützt, dass sie sich im rechten Winkel zum Werkstück befindet und dann nach vorn geschoben bis die Schneide das Werkstück berührt. Nun wird sie leicht hin und her gedreht und entlang des Werkstückes bewegt. Zum Erlernen der Technik sollte man am besten ein Holzstück mit einem Querschnitt von etwa 50×50 mm einspannen und damit ein paar Versuche machen.

Verwendung der Schruppröhre mit abgerundeter Schneide

Schruppröhren mit abgerundeter Schneide gibt es in den gleichen Größen und mit den gleichen Querschnitten wie Schruppröhren mit gerader Schneide. Der einzige Unterschied ist die Rundung der Schneide. Man verwendet sie vor allem zum Querdrechseln für auszuhöhlende Werkstücke wie z. B. Schalen oder Dosen. Das Werkzeug wird dazu auf die Drechselauflage gelegt, nach vorn geschoben und ähnlich wie eine Schruppröhre mit gerader Schneide manövriert. Schruppröhren mit abgerundeter Schneide sind jedoch viel leichter zu handhaben. Sie haben keine Ecken, mit denen man aus Versehen ins Holz stechen und das Werkstück beschädigen kann. Viele Drechselanfänger schleifen sich zu Anfang ihre geraden Schruppröhren rund, bis sie im Umgang mit den Drechselwerkzeugen sicherer geworden sind.

Einsatz der Schalenröhre

Die Schalenröhre ist das perfekte Werkzeug zum Drechseln tiefer Schalen. Sie ist der normalen Schruppröhre sehr ähnlich, nur ist ihr Querschnitt runder – fast zylinderförmig und die Fase ist in einem steilen Winkel angeschliffen. Der Vorteil einer Schalenröhre ist, dass die Schneide relativ weit von der Drechselauflage entfernt sein kann, ohne dass es zu Schwingungen kommt. Die Schalenröhre wird so gehalten, dass sich der Griff weit unten befindet und die Fase auf dem Werkstück aufliegt.

TIPP

Manche Dreher kaufen ihre Schalenröhren ohne Heft und befestigen selbst ein sehr viel längeres Heft mit einem Bleigewicht im Knauf an der Röhre. Dadurch sparen sie einerseits Kosten und verringern Schwingungen und Geräusche und erreichen andererseits eine bessere Kontrolle über das Werkzeug. Das schwere Ende des Heftes wird sehr weit unten auf dem äußeren Oberschenkel abgestützt.

DRECHSELN EINES STUHLBEINES

Das Drechseln eines Stuhlbeins im traditionellen Windsorstil ist eine dieser fast magischen Techniken, die jeder Anfänger unbedingt ausprobieren möchte. Einem professionellen Stuhlbeindrechsler zuzuschauen ist schon eine beeindruckende Erfahrung. Erst ist das Werkstück nicht mehr als ein raues Holzscheit, doch bevor man sich versieht, hat der Drechsler mit einigen flinken Bewegungen der Schruppröhre und geschickter Handhabung des Flachmeißels die grobe Form herausgedreht. Sekunden später sind plötzlich auch noch Verzierungen da, das Bein ist fertig und wird schon wieder ausgespannt. All das hat nur vier Minuten gedauert. Stellen Sie sich das nur einmal vor: ein Stuhlbein in 4 Minuten heißt 15 Stuhlbeine in der Stunde oder 120 gedrechselte Beine an einem 8-Stunden-Tag oder 720 in einer sechstägigen Arbeitswoche!

1 Mit einer Schruppröhre drehen Sie das Holz in eine runde Form.

2 Nachdem Sie mit dem Zirkel alle nötigen Markierungen vorgenommen haben, arbeiten Sie mit dem Werkzeug Ihrer Wahl die verschiedenen Stufen heraus.

3 Die langen, konvexen Rundungen dreht man mit einem großen Meißel mit schräger Schneide aus.

4 Nachdem Sie zum Schluss die Oberfläche mit ganz feinem Sandpapier bearbeitet haben, sollten Sie ein Stück zurücktreten und Ihre Arbeit betrachten. Wenn das Drechselstück gewachst werden soll, ist jetzt der richtige Moment dazu.

DRECHSELN EINER SCHALE

Für einen Drechsler gibt es wohl kaum etwas Schöneres als sich ein Stück Platanenholz oder Ahorn zu nehmen und daraus eine flache Schale zu fertigen. Vorausgesetzt, die Werkzeuge sind scharf und die Schale hat eine schöne Form mit klaren Linien, wird eine wunderbar schimmernde und dynamische Maserung zum Vorschein kommen. Und damit nicht genug. Man kann dann ja außerdem noch mit stolzgeschwellter Brust am Familientisch sitzen und seine Schale in Gebrauch betrachten. Falls schließlich noch jemand Ihre Schalen so toll findet, dass er sie kaufen möchte, setzt das dem Ganzen die Krone auf.

1 Mit einer Schruppröhre drehen Sie den Abfall ab und legen das allgemeine Profil und die Stufen für die äußere Rundung der Schale fest.

2 Wenn Sie mit der äußeren Form und Oberfläche zufrieden sind, drehen Sie die Schale um. Überprüfen Sie in Ruhe, ob das Werkstück richtig im Mittelpunkt eingespannt ist.

3 Verstellen Sie die Drechselauflage so, dass Sie das Werkstück von vorn bearbeiten können. Mit einem Abstecher legen Sie die Breite des Randes fest und dann beginnen Sie mit den Werkzeugen Ihrer Wahl das Innere der Schalen auszuhöhlen.

4 Die Wandstärke überprüft man mit Hilfe eines Außentasters.

OBEN: **Eine schön geformte Schale.**

ZIEHKLINGENHOBEL

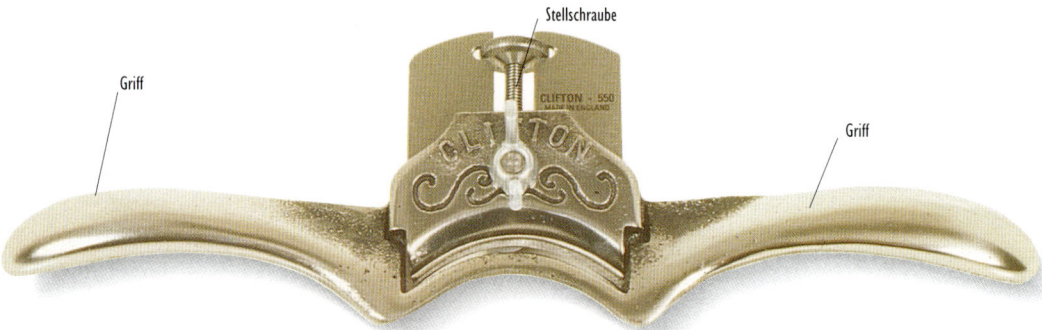

Stellschraube

Griff

Griff

CLIFTON

OBEN: Konvexer/konkaver Ziehklingenhobel

Stellschrauben

Hobeleisen aus Wolfram-Vanadium-Stahl

Klappe

OBEN: Ziehklingenhobel mit flacher Sohle
zur Bearbeitung konkaver Oberflächen.

Seiten- und Höhenverstellung der Eisen

1-12-152

OBEN: Dieser Ziehklingenhobel ist mit flacher oder gewölbter
Sohle – für konvexe und konkave Arbeiten – erhältlich.

Der Ziehklingenhobel ist ein Hobel mit einer kurzen Sohle und einem gebogenen Griff auf jeder Seite. Er eignet sich besonders zum Schlichten und Formen von Holzstücken geringer Dicke, beispielsweise zum Bearbeiten der Kanten einer Tischplatte oder zum Anbringen von Fasen an einem schönen Regal oder einer Konsole. Es gibt vier grundlegende Formen des Ziehklingenhobels: die traditionelle Variante aus Holz, auch Schweifhobel genannt, mit einem Hobelkörper aus Buche und gerader Klinge, eine Version aus Metall mit gerader Klinge und eventuell einer Stellschraube, eine Metallversion zum Schlichten konvexer Oberflächen und eine zum Glätten konkaver oder hohler Oberflächen. Der Ziehklingenhobel wird in beiden Händen gehalten, recht-

winklig auf das Holzstück gesetzt und wie ein Hobel vorwärts gestoßen. In manchen Situationen ist es jedoch vorteilhafter, den Ziehklingenhobel schräg anzusetzen und/oder das Werkzeug umzudrehen und ihn wie ein Zugmesser zu ziehen. Ganz gleich, wie der Zieh-

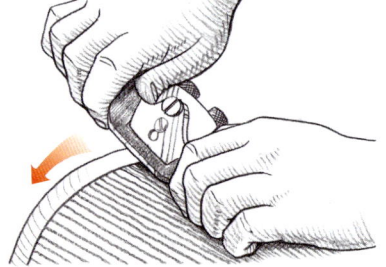

OBEN: Die Bewegung des Ziehklingenhobels
sollte immer dem Faserverlauf folgen.

OBEN: Es ist
wichtig das Werkzeug im rechten
Winkel zum Holz
zu halten.

klingenhobel gehalten wird oder welchen Typ Sie einsetzen, Sie sollten immer darauf achten, im Faserverlauf zu arbeiten.

BEARBEITUNG EINER STUHLLEHNE

Kontrollieren Sie zuerst, ob die Klinge Ihres Hobels richtig scharf ist. Stellen Sie das Hobeleisen so ein, dass die Schneide parallel zum Hobelmaul verläuft. Nun wird das Werkstück mit der zu bearbeitenden Kante nach oben in den Schraubstock gespannt. Nehmen Sie den Ziehklingenhobel in beide Hände und drücken Sie Ihre Daumen in die kleinen Vertiefungen oder Wölbungen, die sich rechts und links neben dem Hobeleisen befinden. Stellen Sie sich auf die eine Seite des Werkstückes, so dass der Hobel quer über dem Holz liegt und nehmen Sie Ihre Ellenbogen zurück. Beginnen Sie, indem Sie den Ziehklingenhobel Zentimeter um Zentimeter nach vorn schieben, bis Sie merken, dass das Eisen zu schneiden beginnt. Dann strecken Sie Ihre Arme und führen den Schnitt zu Ende.

1 Hobeln Sie zuerst die sägerauen Seiten bis zur angezeichneten Linie ab. Sie sollten immer in Richtung der Holzfasern arbeiten und dazu wenn nötig Ihre Position oder die Lage des Werkstückes ändern.

2 Achten Sie beim gewölbten Endstück der Stuhllehne darauf, dass die relativ kurzen Fasern nicht abreißen.

3 Zur Abrundung der Kanten der Stuhllehne sollten Sie am besten einen hölzernen Schweifhobel benutzen.

4 Ziehen Sie die Führungslinien nach, entfernen Sie den Abfall mit einem geeigneten Ziehklingenhobel und bearbeiten Sie die Lehne bis zur gewünschten Form.

TIPP

Das Hobeleisen der metallischen Ziehklingenhobel wird wie das Eisen jedes anderen Hobels geschärft, das Eisen eines hölzernen Schweifhobels jedoch wie ein Messer. Dazu halten Sie den Schweifhobel an beiden Griffen so, dass die Fase des Messers nach oben zeigt und schärfen diese an einem kleinen Abziehstein.

SCHNITZMESSER

OBEN: Kerbschnitzmesser mit gerader Klinge und leicht schräger Schneide.

OBEN: Kerbschnitzmesser mit schräger Schneide.

Beide Kanten geschärft

OBEN: Kerbschnitzmesser mit beidseitig gebogener Klinge.

OBEN: Schnitzmesser mit geschweifter Klinge, beidseitig geschärft.

OBEN: Schnitzmesser mit geschweifter Klinge, einseitig geschärft.

Das Messer ist eines der ältesten Werkzeuge des Menschen. Wer immer es war, der einst plötzlich feststellte, dass man mit einem Steinsplitter Holz schneiden konnte, er hat einen der größten technologischen Durchbrüche der Menschheitsgeschichte eingeleitet!

Wir wissen alle wie ein Messer aussieht, nicht unbedingt jedoch wie man es effizient und sicher führt. Man kann ein Messer auf verschiedene Art und Weise halten: Möchte man etwas in große Scheiben schneiden, hält man den Arm leicht ausgestreckt und das Messer so in der Hand, dass die Klinge vom Körper weg zeigt. Will man Schnitte besser kontrollieren, hält man die Ellenbogen beim Schneiden dicht am Körper und das Messer in beiden Händen vor der Brust. Beim Schnitzen in Daumenrichtung stützt man die Hand mit dem Daumen ab und beim Herausarbeiten feiner Details drückt man das Messer vorsichtig mit dem Daumen in Schnittrichtung. Im Folgenden werden verschiedene Messer und ihre Anwendungsmöglichkeiten beschrieben.

Kerbschnitzmesser

Kerbschnitzen ist eine Ornamenttechnik, bei der man mit dem Messer dreieckige Kerben in die Oberfläche des Holzes schnitzt. Es gibt drei grundlegende Formen von Kerbschnitzmesser: eines mit kurzer Klinge und langem Schaft, das geschoben wird, eines mit schräger Klinge, das wie ein Stechbeitel oder Balleisen eingesetzt wird und das auf Zug schneidende Kerbschnitzmesser mit gebogener Klinge.

Gekrümmtes Messer

Das gekrümmte oder hakenförmige Messer wie es traditionell von den Eingeborenen der Nordwestküste Amerikas benutzt wird, ist ein geeignetes Werkzeug zum Aushöhlen von Schalen und Tellern. Mit seiner hakenförmigen Klinge und dem langen geschwungenen Schaft wird es wie ein Dolch gehalten, so dass der Daumen auf dem Ende des Schaftes liegt. Dann wird durch Daumendruck mit einer Hebelbewegung das Holz ausgeschält.

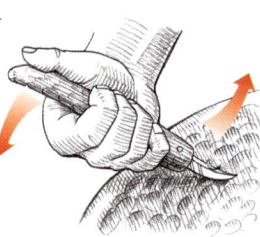

OBEN: Handhabung eines hakenförmigen Messers.

Jagdmesser

Das Jagdmesser mit seiner langen, einseitig geschliffenen Klinge ist ein sehr universelles Werkzeug, das sich für viele Arbeiten eignet, zum Beispiel zum Schnitzen und Holz spalten. Man kann damit auch Holzdübel anspitzen und alle möglichen anderen Schneid-, Schab- und Spaltarbeiten erledigen, die in der Werkstatt so anfallen. Es ist vielen anderen Messern vorzuziehen, denn seine feststehende Klinge macht es zu einem kräftigen und verlässlichen Werkzeug.

Hackmesser

Das traditionelle Hackmesser hat eine schwere Klinge mit starkem Rücken und angenietetem Griff. Ein Hackmesser ist kräftiger als ein Messer, jedoch schwächer als eine Axt. Zum Schneiden setzt man die Klinge auf das Hirnholz und schlägt mit einem Hammer auf den Rücken der Klinge, wobei der dicke Griff die Schläge dämpft.

OBEN: Hackmesser

Das Hackmesser ist ein nützliches Werkzeug für viele grobe Arbeiten.

Klappmesser

Falls Sie zu denen gehören, die im Wald und in den Bergen ständig nach einem Stück Wildholz, besonderen Ästen in der Hecke, kleinen Stöcken und Wurzeln Ausschau halten, dann ist ein traditionelles, universelles Klappmesser wahrscheinlich genau das richtige Werkzeug für Sie.

Schwedische Messer

Ein echtes schwedisches Messer aus dem berühmten Mora-Stahl ist ein Muss für jeden Holzbearbeiter. Die Klingen dieser Messer lassen sich gut schärfen und viele Holzbearbeiter, besonders diejenigen, die gern Figuren, Löffel, Schalen und Ähnliches schnitzen schwören, dass diese Messer die besten überhaupt wären.

RECHTS: **Schwedisches Schnitzmesser**

Taschenmesser

Ein kleines Taschenmesser, das man in jede Hosen- oder Jackentasche stecken kann ist ein wunderbares Werkzeug für all die kleinen Anreiß-, Schnitz- und Schneidarbeiten, die in einer Werkstatt häufig vorkommen. Ein guter Tipp ist ein kleines englisches Messer mit zwei Klingen und einem Horngriff, etwa 10 cm lang, das noch vor dem Zeitalter des rostfreien Stahls hergestellt wurde.

SCHNITZEN EINES BRATENWENDERS

Alles, was Sie zur Ausführung dieses Projektes benötigen, ist ein gutes, scharfes Messer und ein Stück glattfaseriges, leicht zu schnitzendes Holz, wie zum Beispiel amerikanische Linde, Kirschbaum oder Pflaume. Bevor Sie mit dem Projekt beginnen, sollten Sie erst einmal an einem Abfallstück experimentieren. Falls sich die Schnittflächen ganz rau anfassen, ist entweder das Holz nicht geeignet und/oder das Messer stumpf. Denken Sie immer an das alte Sprichwort „ein stumpfes Messer ist ein gefährlicher Freund". Es passieren mehr Unfälle mit stumpfen Messern, bei denen man viel Kraft aufwenden muss, als mit scharfen, die fast von allein schneiden. Und falls Sie sich jetzt fragen, w i e scharf ein Messer denn sein sollte: Mit einem guten Messer können Sie sich problemlos die Haare an den Armen abrasieren.

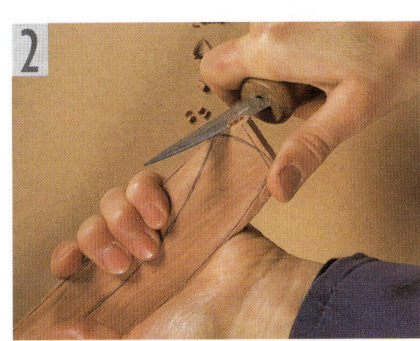

1 Drücken Sie das Werkstück gegen die Arbeitsfläche und schnitzen Sie mit langen, kontrollierten Schnitten die grobe Form aus.

2 Dann arbeiten Sie mit kürzeren Schnitten die Einzelheiten heraus, wobei Sie die Hand wie dargestellt am Daumen stützen.

3 Wenn nötig sollten Sie beide Hände einsetzen und beide Daumen auf den Messerrücken legen um maximalen Druck ausüben zu können.

4 Drücken Sie die Vorderkante des Bratenwenders fest gegen einen Anschlag und schnitzen Sie mit einem geeigneten, gut geschärften Messer die Schräge.

5 Zum Schluss polieren Sie den Bratenwender mit dem Öl, das Sie in der Küche am liebsten verwenden.

ZIEHMESSER

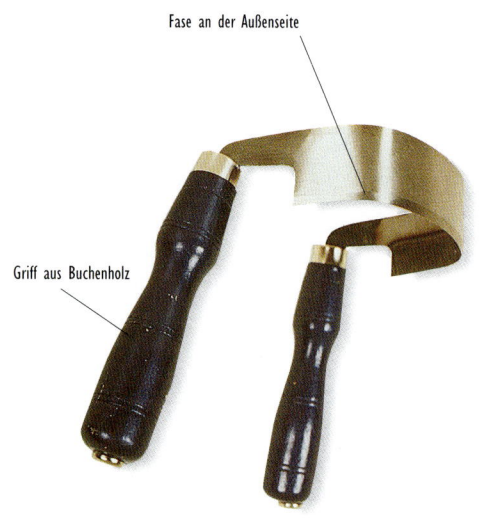

Fase an der Außenseite

Griff aus Buchenholz

OBEN: Ein Fassschaber ist das richtige Werkzeug zum Aushöhlen tiefer Teller und Schalen.

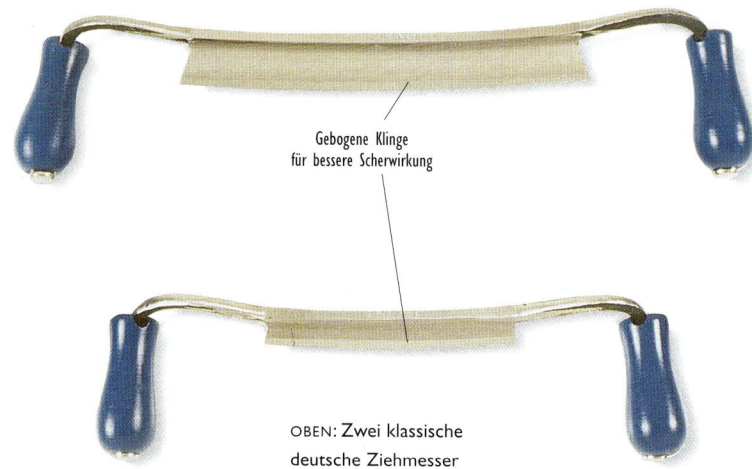

Gebogene Klinge für bessere Scherwirkung

OBEN: Zwei klassische deutsche Ziehmesser

Ziehmesser in allen Formen sind einseitig angeschliffene Klingen, die auf jeder Seite mit einem Griff versehen sind. Es gibt gerade Ziehmesser für den universellen Einsatz, leicht gebogene Ziehmesser zum Begradigen von Oberflächen und U-förmige Ziehmesser zum Ausarbeiten von Hohlformen. Qualitätsziehmesser haben Holzgriffe, die leicht schräg nach außen verlaufen und gut in der Hand liegen, wobei die Angeln durch die Griffe gesteckt und an den Enden vernietet sind. Das Ziehmesser ist ein sehr effizientes und sicheres Werkzeug für kraftvolle und gezielte Schnitte. Da das Messer mit beiden Händen gleichzeitig gezogen wird, können Sie die ganze Kraft Ihres Körpers in die Bewegung legen und die Arbeitshaltung (beide Unterarme werden gerade nach vorn ausgestreckt) macht es im Prinzip unmöglich, sich mit diesem Messer zu verletzen. Falls Sie vorhaben, Gegenstände wie Windsorstühle, Bootsspieren und große Schalen aus Holz zu fertigen, brauchen Sie unbedingt zwei Ziehmesser.

Handhabung des Ziehmessers

Spannen Sie das Werkstück sicher in einen Schraubstock oder eine Bankzwinge, nehmen Sie das Ziehmesser in beide Hände und setzen Sie das schräge Ende der Schneide auf das Werkstück. Achten Sie auf einen stabilen Stand, stellen Sie das Messer leicht schräg und ziehen Sie es dann zum Körper hin. Sie werden bald herausfinden, dass es je nach Krafteinsatz und Ansatzwinkel möglich ist, sehr tiefe, grobe Schnitte oder auch leichte schälende Schnitte auszuführen. Bezüglich der Frage, in welche Richtung die Fase der Schneide weisen sollte, brauchen Sie nicht unbedingt auf die „Experten" zu hören, die behaupten, dass es nur eine mögliche Arbeitsrichtung gibt. Die generelle Regel ist: Fase nach unten für maximale Kontrolle und flache Schnitte und Fase nach oben zum Wegnehmen großer Holzmengen.

Der Fassschaber wird ähnlich wie ein Ziehmesser mit gerader Klinge gehandhabt, aber die Züge sollten immer kurz und flach sein, niemals lang und tief. Bei der Arbeit an Tellerformen ist darauf zu achten, dass die Schnitte stets von der Seite in Richtung Mitte geführt werden.

OBEN: Halten Sie das Ziehmesser mit gespannten Armen und schneiden Sie das Abfallholz mit kurzen, flachen Zügen ab.

OBEN: Halten Sie das Ziehmesser zu Ihrer Sicherheit immer mit beiden Händen.

SCHNITZEN EINES STUHLBEINES AUS FRISCHEM HOLZ

Für dieses Projekt benötigen Sie lediglich ein Stück frisches Holz der richtigen Länge, ein gutes, scharfes Ziehmesser und eine Möglichkeit der Befestigung des Holzes während der Bearbeitung, beispielsweise eine Bankzwinge. Frisches Holz heißt in diesem Fall Holz eines frisch geschlagenen Baumes mit einem Durchmesser von etwa 250 bis 350 mm. Zur Fertigung der Rohlinge nehmen Sie am besten Keil und Vorschlaghammer und spalten den Stamm in der Mitte, dann teilen Sie die Hälften in Viertel und so weiter, bis sie keilförmige Stücke erhalten, die etwa einen Durchmesser von 70 bis 100 mm haben. Sie können auch einen Holzhändler um Hilfe bei der Vorbereitung des Holzes bitten.

1 Spannen Sie den Rohling in die Bankzwinge, damit eine bequeme Bearbeitung möglich ist.

2 Nehmen Sie das Ziehmesser fest in beide Hände. Setzen Sie es schräg auf, so dass die angeschliffene Seite der Schneide zum Holz zeigt und dann ziehen Sie es zu sich hin. Wenn Sie etwas Holz abgenommen haben, drehen Sie das Bein, nehmen wieder ein paar Millimeter ab, drehen es wieder usw.

3 Nachdem Sie das eine Ende rund geschnitten haben, drehen Sie den Rohling um und bearbeiten die andere Hälfte.

OBEN: Versuchen Sie nicht eine Oberfläche zu erzielen, die wie gedrechselt wirkt; das fertige Bein sollte eine harmonische, leicht geschwungene Form haben.

TIPP

Das Geheimnis des Erfolges beim Schnitzen von Stuhlbeinen oder Stegen für Stuhllehnen liegt in der Verwendung von frischem Holz. Sie werden schnell feststellen, dass Ihnen jeder Schnitt in abgelagertem Holz sehr schwer fällt, während sich frisches Holz wie Butter schneiden lässt.

Hobeln

Die Arbeit mit Handhobeln führt zu einem sofortigen Erfolgserlebnis – einer glatten, schimmernden Oberfläche. Sicher gewinnen Elektrohobel immer mehr an Beliebtheit und es ist auch heutzutage einfach, bereits gehobeltes Holz zu kaufen, doch viele Holzbearbeiter finden es sehr viel lohnender und interessanter, sich ein paar spezielle Handhobel anzuschaffen und damit bestimmte traditionelle Hobeltechniken zu erlernen.

SCHÄRFEN UND EINSTELLEN

Die meisten Holzbearbeiter sind sicher mit mir einer Meinung wenn ich behaupte, dass die Arbeit mit einem scharfen und gut eingestellten Hobel immer ein besonderes Vergnügen ist. Wenn Ihr Hobel jedoch schlecht eingestellt oder das Hobeleisen stumpf ist bzw. die Klappe nicht ganz dicht aufliegt, kann man sich dadurch das Werkstück und den ganzen Tag verderben.

Hobeleisen und Klappe

Lösen Sie den Spannhebel und nehmen Sie die Messerklappe ab. Dann nehmen Sie die Klappe und das Hobeleisen heraus. Die vordere Kante der Messerklappe und die Oberseite der Klappe müssen dicht aufeinander liegen. Das Gleiche gilt für die Vorderkante der Klappe und die Oberseite des Hobeleisens. Ist das nicht der Fall, sollten Sie die Unterseite der Messerklappe und/oder der Klappe plan schleifen. Schauen Sie sich genau an, wie Sie mit der Einstellschraube den Abstand zwischen der Kante der Klappe und der des Hobeleisens justieren können. Je rauer das Holz, desto größer sollte der Abstand sein. Die meisten Holzarten lassen sich mit einem Abstand von 0,4 mm gut bearbeiten.

Abziehen des Hobeleisens

Ein Hobeleisen hat zwei Fasen – die vom Hersteller angeschliffene Fase von etwa 25° und die abgezogene Fase von 30°. Das klingt vielleicht etwas kompliziert, ist aber in der Praxis relativ einfach. Zuerst ist das Hobeleisen auf einen Winkel von 25° zu schleifen, dann stellen Sie es um 5° steiler, so dass der Gesamtwinkel 30° beträgt, und ziehen es mit einem feinen Schleifstein ab. Dabei wird eine zweite Fase abgezogen, die man gut erkennen kann, wenn man das Hobeleisen gegen das Licht hält. Durch diese zweite Fase wird dem Eisen besondere Schärfe verliehen, ohne dass es nötig ist, zu viel Material wegzunehmen.

Schärftechnik

Hobeln kann natürlich nur Freude machen, wenn das Hobeleisen gut geschärft und abgezogen ist. Es gibt wohl nichts Demoralisierenderes als den Versuch, mit einem stumpfen Hobel ein Stück Holz zu glätten. Deshalb muss ein guter Holzbearbeiter nicht nur die Hobeltechniken beherrschen, sondern auch in der Lage sein, die Eisen korrekt zu schärfen. Anfänger, die glauben, sie könnten die lästige Pflicht des Schärfens umgehen, indem Sie einen neuen Hobel kaufen, seien daran erinnert, dass die meisten Hobel vom Hersteller lediglich in einem Winkel von 30° angeschliffen sind und vor Gebrauch noch abgezogen werden müssen. Sie sollten also in jedem Fall lernen, wie ein Hobeleisen zu schleifen ist.

OBEN: Die Klappe muss ganz dicht auf dem Hobeleisen aufliegen.

OBEN: Einstellung der Eisen für Grobarbeiten.

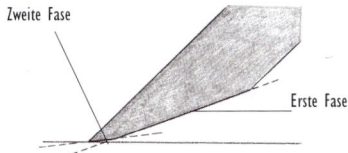

OBEN: Einstellung der Eisen für Feinarbeiten und Hartholz.

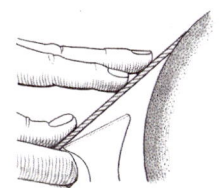

OBEN: Die Fasen des Hobeleisens

Zweite Fase

Erste Fase

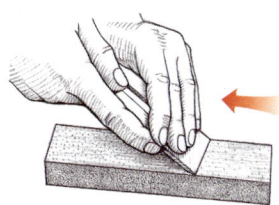

OBEN: Anschleifen der ersten Fase

OBEN: Abziehen der zweiten Fase

Arbeitsschritte beim Schärfen

1 Schneide begradigen – Falls die Schneide eingekerbt oder beschädigt sein sollte, ist sie zuerst plan zu schleifen. Dazu ist das Eisen mit der Fase nach oben auf die Haltevorrichtung zu legen und wird dann nach rechts und links über die Oberfläche des rotierenden Schleifsteines bewegt.

2 Polieren des Spiegels – Mit der Fase nach oben ist das Eisen auf einem Blatt feinkörniger Schmirgelleinwand zu polieren, bis die Oberfläche glänzt.

3 Anschleifen der ersten Fase – Das Eisen ist mit der Fase nach unten und im Winkel von 25 ° an den Schleifstein zu halten und hin und her zu bewegen.

4 Abziehen der zweiten Fase – Das Eisen ist in einem Winkel, der etwas größer als der der ersten Fase ist, auf den Abziehstein zu legen und ein paar mal zum Körper hin zu ziehen.

5 Polieren der Schneide – Am Ende ist die Schneide mehrmals über einen Streichriemen zu ziehen um den beim Abziehen entstandenen feinen Grat zu entfernen.

TIPP

Holzbearbeitungsprofis sind vielleicht in der Lage, den Winkel der Schneide ihres Hobeleisens allein durch Berührung und mit dem Auge festzustellen, allen anderen sei jedoch geraten eine Abziehvorrichtung zu verwenden. Mit dieser kleinen Hilfe, die nur wenig kostet und die die Schneide beim Schleifen und Abziehen im richtigen Winkel hält, können Sie sich viel Schweiß und Kraft sparen.

DER BANKHOBEL

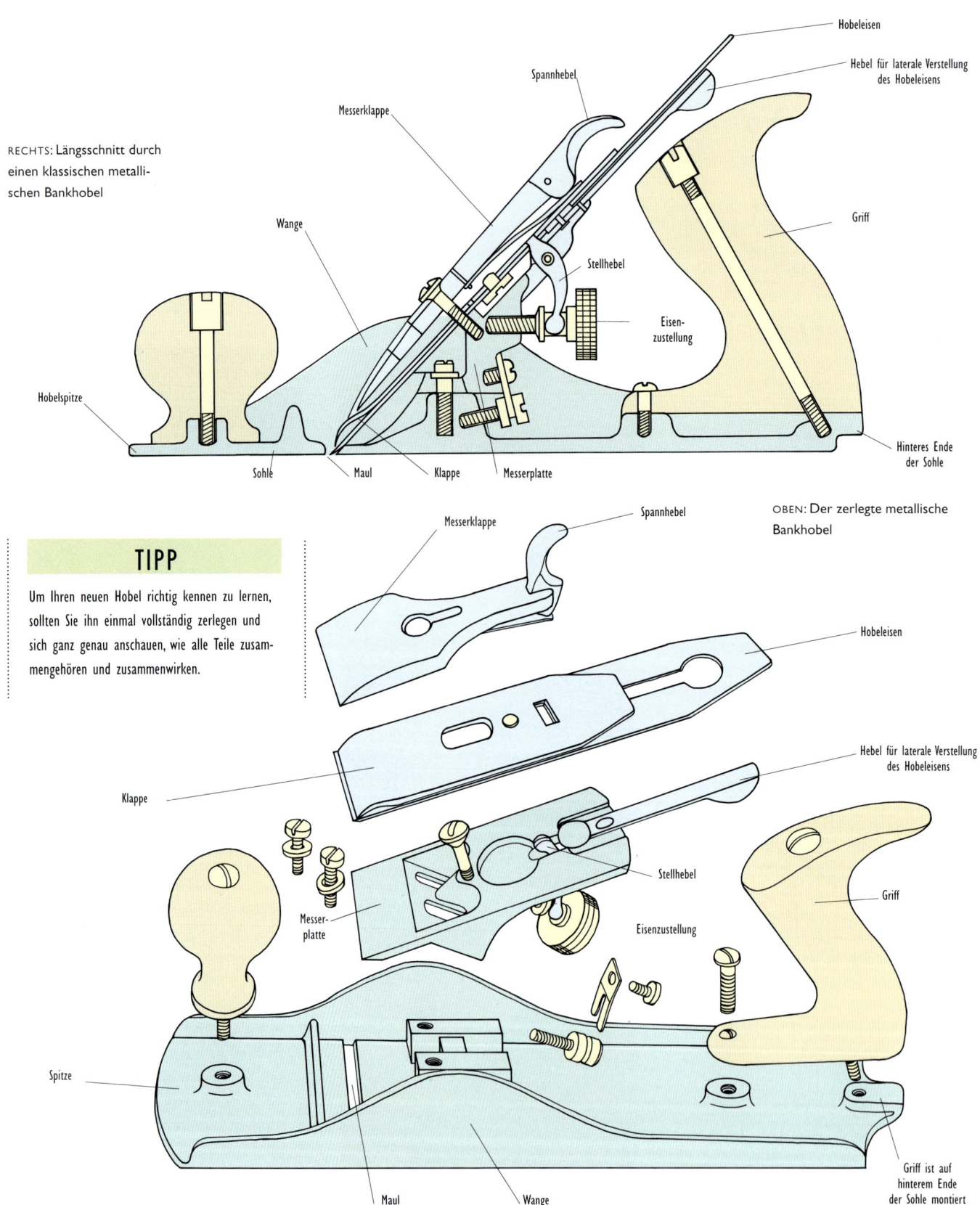

RECHTS: Längsschnitt durch einen klassischen metallischen Bankhobel

Hobeleisen

Hebel für laterale Verstellung des Hobeleisens

Spannhebel

Messerklappe

Griff

Wange

Stellhebel

Eisen-zustellung

Hobelspitze

Sohle

Maul

Klappe

Messerplatte

Hinteres Ende der Sohle

OBEN: Der zerlegte metallische Bankhobel

TIPP

Um Ihren neuen Hobel richtig kennen zu lernen, sollten Sie ihn einmal vollständig zerlegen und sich ganz genau anschauen, wie alle Teile zusammengehören und zusammenwirken.

Messerklappe

Spannhebel

Hobeleisen

Klappe

Hebel für laterale Verstellung des Hobeleisens

Messer-platte

Stellhebel

Eisenzustellung

Griff

Spitze

Maul

Wange

Griff ist auf hinterem Ende der Sohle montiert

Einstellung des Hobels

Leider wird ein so wundervolles Werkzeug wie der Bankhobel viel zu oft missbraucht und sorglos behandelt. Das Problem liegt teilweise darin, dass er so viele bewegliche Teile und Einstellmöglichkeiten hat. Dabei ist es nicht unbedingt besonders schwierig beispielsweise die Schnitttiefe oder den Abstand zwischen Klappe und Hobeleisen einzustellen, das Problem ist die richtige Abstimmung zwischen allen eingestellten Parametern.

Die folgenden Hinweise sollen Ihnen dabei helfen, Ihren Hobels so effizient wie möglich einzusetzen. Beginnen Sie damit, den Hobel in seine Einzelteile zu zerlegen.

Einstellung der Maulöffnung

Einfach gesagt, ergibt ein weites Maul große, dicke Späne beim Hobeln von Weichholz und ein enges Maul feine, kleine Späne bei hartem Holz. Bevor Sie die Maulöffnung des Hobels einstellen, müssen Sie mit Hilfe der drei Befestigungsschrauben die Messerplatte montieren. Dann drehen Sie an der entsprechenden Einstellschraube und Sie werden sehen, dass sich die Messerplatte durch Drehen in Uhrzeigerrichtung weiter nach vorn bewegt, die Maulöffnung also enger wird. Nachdem Sie den gewünschten Abstand eingestellt haben, ziehen Sie die zwei Schrauben in der Messerplatte an.

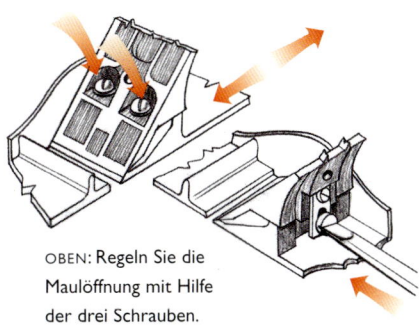

OBEN: Regeln Sie die Maulöffnung mit Hilfe der drei Schrauben.

Einstellung der Klappe und des Hobeleisens

Wenn Sie sich in einen Holzwurm verwandeln und den Hobel einmal von unten bei der Arbeit beobachten könnten, würden Sie sehen, dass das angefaste Hobeleisen den Span abnimmt, während die so genannte Klappe dafür verant-

wortlich ist, ihn zu brechen und herumzulenken. Sie würden auch verstehen, dass die beiden Eisen ganz dicht aufeinander sitzen müssen, so dass sie nicht etwa zu rattern oder zu vibrieren beginnen oder das Späne sich dazwischen schieben. Zur Einstellung der Eisen ist die Befestigungsschraube zu lösen, die Klappe ist entweder weiter nach vorn oder hinten zu schieben und dann festzustellen. Für grobe Arbeiten ist der Abstand zwischen der Vorderkante der Klappe und der Schneide des Hobeleisens größer zu wählen, für feine Arbeiten kleiner. Sollte zwischen der vorderen Kante der Klappe und dem Hobeleisen ein Spalt sein, müssen Sie die Unterkante der Klappe unbedingt plan schleifen, so dass sie bündig aufliegt.

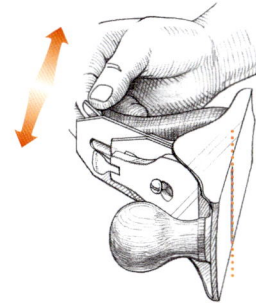

OBEN: Bewegen Sie den Hebel zur lateralen Einstellung des Hobeleisens nach links oder rechts bis das Hobeleisen ganz gerade im Maul liegt.

Laterale Einstellung des Hobeleisens

Nachdem Sie Messerplatte, Hobeleisen und Klappe eingestellt haben, setzen Sie das ganze Ensemble in den Hobelkörper. Dann schieben Sie den Hebel zur lateralen Einstellung des Eisens entweder nach links oder rechts, bis die Schneide des Hobeleisens parallel zum Maul liegt.

Einstellung der Schnitttiefe

Wenn sich das Hobeleisen an seinem Platz befindet und rechtwinklig zum Maul gestellt ist, schieben Sie die Messerklappe auf die dafür vorgesehene Schraube und stellen das Ganze fest, jedoch nur so fest, dass Sie die laterale Einstellungen noch korrigieren und das Hobeleisen zustellen können. Die Schnitttiefe wird eingestellt, indem man an der großen Rändelschraube dreht – in Uhrzeigerrichtung für einen tieferen Schnitt und entgegengesetzt der

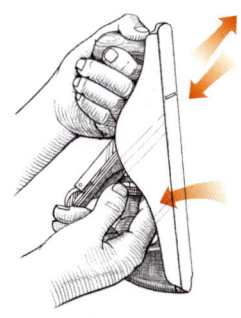

OBEN: Stellen Sie die Schnitttiefe ein, indem Sie das Hobeleisen weiter nach vorn schieben oder zurück ziehen.

Uhrzeigerrichtung für einen flachen, schälenden Schnitt.

Allgemeine Wirkungsweise und Anwendung des Hobels

Der Hobel wird in beiden Händen gehalten, wobei die linke Hand fest das Horn und die rechte den hinteren Griff umfasst. Das zu bearbeitende Werkstück wird auf der Werkbank eingespannt und dann wird der Hobel mit der Kraft der rechten Schulter nach vorn gestoßen. Der Hobel sollte abhängig vom zu bearbeitenden Material eingestellt, das Hobeleisen scharf, alle beweglichen Teile leicht geölt und die Sohle mit einer Wachskerze poliert sein. Und natürlich ist das zu bearbeitende Stück Holz sorgfältig auszuwählen.

Unter dieser Voraussetzung bleiben noch drei wichtige Faktoren, die es zu beachten gilt: die Höhe der Werkbank, die Schnitttiefe und die Stärke des Druckes auf den vorderen Teil des Hobels. Die Höhe der Werkbank ist natürlich entsprechend Ihrer Körpergröße einzustellen und die anderen beiden Größen werden Sie durch Ausprobieren herausfinden. Die meisten Holzbearbeiter testen den Hobel erst einmal mit hochgezogenem Hobeleisen, so dass er nicht schneidet und dann drehen sie die Rändelmutter immer ein Stück weiter in Uhrzeigerrichtung, bis schließlich der erste, ganz dünne Span abgehoben wird. Wenn Sie sich etwas Zeit zum Experimentieren nehmen, werden Sie auch bald feststellen, wie viel Druck auf das Horn des Hobels nötig ist, um optimale Ergebnisse zu erzielen.

DIE RAUBANK

LINKS: Die Raubank wird vor allem eingesetzt um die Kanten von Brettern zu ebnen.

D ie Raubank ist ein besonders langer Hobel, der dafür konstruiert wurde, die Kanten von Brettern zu bestoßen, die dann verleimt oder anderweitig zusammengefügt werden sollen. Der sofort ins Auge fallende Unterschied zwischen einer Raubank und anderen großen Hobeln ist die beeindruckende Länge seiner Sohle (550 bis 900 mm). Ein anderer, nicht gleich sichtbarer Unterschied besteht darin, dass die Klinge des Hobeleisens der Raubank gerade geschliffen ist. Die Klingen anderer großer Hobel sind oft leicht gekrümmt, gewölbt oder an den Ecken abgerundet, so dass man damit breite Flächen schlichten kann ohne Absätze zu hinterlassen. Natürlich kann man auch andere große Hobel zum Bestoßen von Brettkanten verwenden, jedoch nur, wenn die Hobeleisen korrekt geschliffen sind.

Fügen

Die Technik des Hobelns von Brettkanten bis diese eben, gerade und rechtwinklig sind, wird Fügen genannt. Diese Arbeit ist notwendig, wenn man aus mehreren schmalen Brettern ein breites Brett herstellen möchte. Nun könnten

LINKS: Hobeln Sie zuerst die höheren Stellen ab.

Sie fragen, warum man als Holzbearbeiter nicht gleich ein breites Brett nimmt. Die Antwort ist einfach: Breite Bretter sind teuer, schwierig zu beschaffen und nicht sehr maßhaltig, während schmale Bretter relativ preisgünstig sowie einfach zu beschaffen sind und nur minimal schwinden bzw. sich verziehen. Beim Fügen werden alle zu hohen Stellen bis auf die Höhe der flachen Stellen abgetragen, so dass die Kanten der Bretter am Ende perfekt aneinander liegen. Hobelt man zum Beispiel eine Brettkante, die drei höhere Stellen aufweist, entstehen drei kurze Späne, wenn die lange Sohle der Raubank das erste Mal darüber fährt. In dem Maße, wie die höheren Stellen flacher werden, werden natürlich die drei Späne länger und länger bis zu dem schönen Moment, wenn ein einziger durchgehender Span aus dem Hobel kommt und damit anzeigt, dass die Kante nun gerade ist.

Bestoßen einer Brettkante

Stellen Sie das Brett so auf die Werkbank, dass Sie entlang der Kante schauen können. Markieren Sie die höheren Stellen mit einem Bleistift. Dann spannen Sie das Brett in den Schraubstock und hobeln die Bleistiftmarkierungen ab. Wiederholen Sie diesen Vorgang bis die Kante einigermaßen gerade ist und glätten Sie die übrigen Unebenheiten nun langsam und sorg-

fältig mit der Raubank. Am Ende sollten Sie die Geradheit der Kante mit Lineal und Winkel überprüfen.

Fügen zweier Bretter

Legen Sie die Bretter auf die Werkbank und entscheiden Sie, welche Kanten zusammengefügt werden sollten. Kennzeichnen Sie mit einem Bleistift die Oberseiten. Dann falten Sie beide Bretter so zusammen, dass die Oberseiten wie der Umschlag eines Buches nach außen und die zusammenzufügenden Kanten beide nach oben zeigen. Nun bearbeiten Sie beide Kanten mit der Raubank bis diese rechtwinklig und gerade sind. Schließlich öffnen Sie das „Buch", so dass beide Kanten aneinander zu liegen kommen. Immer dann, wenn zwei Kanten nicht ganz rechtwinklig sind, kann man dieses Problem mit dieser Technik sehr schnell aus der Welt schaffen.

UNTEN: Üben Sie gleichmäßigen Druck mit beiden Händen aus.

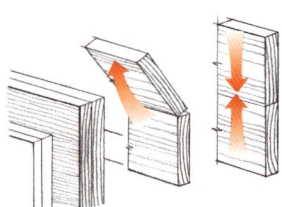

OBEN: Fügen zweier Bretter

Fügen von Brettern

Die „Buchtechnik" wird verwendet, wenn man die Kanten zweier Bretter, die nicht ganz rechtwinklig sind (was fast immer der Fall ist) zusammenfügen möchte, um ein breiteres Brett herzustellen.

1 Beide Bretter sind Seite an Seite in den Schraubstock zu spannen, so dass die zu fügenden Kanten nach oben und die Oberseiten jeweils nach außen zeigen. Legen Sie dann den Hobel auf, um abzuschätzen, wie viel Holz abzutragen ist.

2 Fahren Sie mit dem Hobel über das Holz, wobei zuerst die überstehenden Stellen abgehobelt werden und bearbeiten Sie die Bretter so lange, bis die Kanten ganz gerade und rechtwinklig sind.

3 Nehmen Sie die Bretter aus dem Schraubstock, falten Sie sie auseinander wie den Umschlag eines Buches, so dass beide geebneten Kanten zusammenstoßen und die markierten Oberseiten nach oben zeigen.

4 Sie werden sehen, dass beide Kanten jetzt ganz gerade und rechtwinklig sind, also genau aneinander liegen.

TIPP

Zweifellos kann man diese Arbeit mit einem Elektrohobel schneller und mit weniger Anstrengung erledigen. Allerdings sind Elektrohobel sehr laut und produzieren viel Staub. Wenn Sie sich also eine solche Maschine zulegen, müssen Sie auch die dazugehörigen Ausrüstungsteile wie Staubsack, Ohren- und Mundschutz kaufen.

SCHLICHTHOBEL

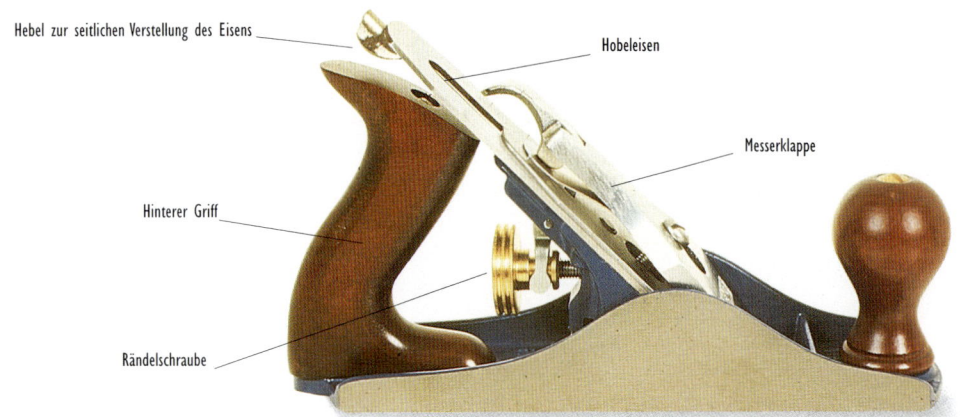

Hebel zur seitlichen Verstellung des Eisens

Hobeleisen

Messerklappe

Hinterer Griff

Horn

Rändelschraube

OBEN: Der klassische Schlichthobel oder Glatthobel ist ein nützliches Universalwerkzeug.

Der Schlicht- oder Glatthobel ist ein geeigneter Hobel für Anfänger, ein nützliches Universalwerkzeug und der Hobel, den Sie kaufen sollten, wenn Sie mit einem großen Hobel auskommen wollen oder müssen. Obwohl ein Schlichthobel eine Kante nicht so gut ebnet wie eine Raubank und Hirnholz nicht so perfekt bestoßen wird wie ein Hirnholzhobel, ist er doch vielseitiger als jeder andere Hobel, vom Multihobel einmal abgesehen.

Schlichthobel aus Metall haben eine Sohle, die 220 bis 250 mm lang ist und ein rechtwinklig geschliffenen Hobeleisen. Es gibt allerdings kontroverse

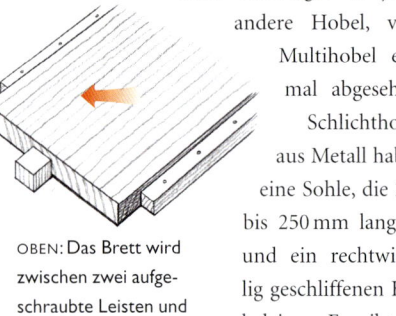

OBEN: Das Brett wird zwischen zwei aufgeschraubte Leisten und einen Bankhaken gelegt.

Meinungen bezüglich des korrekten Schleifens und Abziehens des Hobeleisens eines Schlichthobels. Manche Holzbearbeiter favorisieren eine gerade Schneide mit scharfen Kanten im rechten Winkel, während andere zwar auch eine gerade Schneide, jedoch mit leicht abgerundeten Kanten bevorzugen. Sie sind der Meinung, dass die runden Kanten Kratzer und Grate im Holz verhindern. Anfänger sollten es zuerst mit einer geraden Schneide versuchen und falls sie damit Probleme haben, ein Hobeleisen mit abgerundeten Ecken ausprobieren. Ganz wichtig bei der Verwendung eines Schlichthobels ist es jedenfalls, den Hebel zur lateralen Verstellung des Hobeleisens so zu stellen, dass die Schneide des Eisens genau parallel zum Maul liegt.

Schlichten oder Glätten

Die Technik der Bearbeitung der Oberfläche eines Brettes mit einem Hobel mit dem Ziel einer gleichmäßig ebenen Fläche nennt man Glätten oder Schlichten. Die meisten Tischler würden sicher darin übereinstimmen, dass das Schlichten eine Schlüsseltätigkeit in der Holzbearbeitung darstellt. Wenn Sie in der Lage sind, eine Oberfläche mit dem Schlichthobel zu glätten, können Sie gleich mit dem Schabehobel weiterarbeiten ohne das ermüdende Schmirgeln, das nur die Oberfläche verwischt. Obwohl verschiedentlich die Meinung geäußert wurde, dass die Verwendung von Holz aus dem Sägewerk den Schlichthobel überflüssig macht, ist es doch in der Praxis so, dass die meisten so genannten „vorbereiteten" Bretter voller kleiner Wellen, Grate und Kratzer sind.

Halten des Werkstückes

Vor dem Hobeln müssen Sie sich erst einmal Gedanken darüber machen, wie Sie das Werkstück einspannen. Das hängt natürlich vor allem von seiner Größe ab, aber die meisten Holzbearbeiter schieben ein Ende gegen einen oder mehrere Bankhaken und nageln entlang

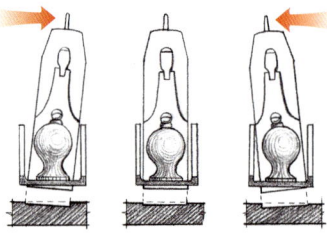

OBEN: **Das Hobeleisen muss gerade im Hobelmaul liegen, da sonst eine unebene Oberfläche entsteht.**

der Seite Leisten auf die Werkbank. Auf jeden Fall muss das Brett ganz flach liegen, die Anschläge müssen niedriger sein als die zu schlichtende Oberfläche und das Brett ist so zu positionieren, dass Sie mit der Faser arbeiten.

Handhabung des Hobels

Nachdem Sie das Werkstück ordnungsgemäß eingespannt haben, stellen Sie den Hobel so zu, dass nur ganz dünne Späne abgehoben werden und beginnen mit der Arbeit. Überprüfen Sie, ob die Späne wirklich nur hauchdünn sind – das ist ganz wichtig – und beginnen Sie dann am entfernten Ende des Brettes die überstehenden Stellen abhobeln. Arbeiten Sie nicht nur längs des Brettes sondern abwechselnd schräg zur Faser, einmal von der einen und einmal von der anderen Kante ausgehend. Wenn Sie der Meinung sind, dass die Oberfläche fast eben ist, legen Sie ein Lineal darüber und überprüfen, ob zwischen Lineal und Holz noch Licht hindurch fällt. Das

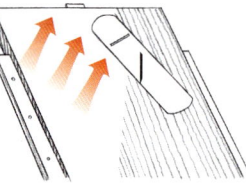

OBEN: Hobelrichtung

ist alles ziemlich einfach, vorausgesetzt, das Hobeleisen hebt wirklich nur hauchdünnen Späne ab. Manche der alten und erfahrenen Holzbearbeiter bearbeiten die Oberfläche eines Brettes mit einem Hobel, der so fein zugestellt ist, dass das letzte Glätten mehr ein Polieren als Hobeln ist.

Schlichten

Sicherlich sind elektrische Dickenhobler wunderbare Werkzeuge für viele Arbeiten, doch nur mit sehr großen Ausführungen kann man breite, verleimte Bretter, wie zum Beispiel Tischplatten schlichten. Wenn Sie also Geld sparen möchten, indem Sie dünnere Bretter verleimen und dann schlichten, anstatt teure breite Bretter zu kaufen – oder ob Sie einfach eine sehr alte Tischlertechnik erlernen möchten – das folgende Projekt wird Sie mit der richtigen Vorgehensweise vertraut machen.

1 Nehmen Sie sich Zeit für die Einstellung des Hobels. Überprüfen Sie, ob die Schneide parallel zum Maul des Hobels steht.

2 Spannen Sie das Werkstück fest ein und beginnen Sie am entfernten Ende mit einer Reihe von leicht schrägen scherenden Schnitten.

3 Mit einem Winkel sollten Sie überprüfen, ob die Oberflächen gerade sind und rechtwinklig zueinander stehen.

4 Wenn Sie eine ganz glatte Oberfläche möchten und wenn es die Länge des Holzes erlaubt, dann sollten Sie es vermeiden über das Ende des Brettes zu hobeln. Am Ende des Brettes sollten Sie den Druck auf das Horn verringern, so dass das Hobeleisen nicht mehr schneidet. Damit vermeiden Sie, dass das Endstück des Brettes abgerundet wird und/oder das hintere Ende des Hobels Spuren im Holz hinterlässt.

TIPP

Zwar kann man mit einem modernen Elektrohobel schnell eine glatte Oberfläche erhalten, allerdings passiert es relativ häufig, dass die Eisen dieser Hobel eingekerbt werden. Wenn das einmal passiert ist, weist das Brett nach dem Hobeln dünne Grate auf, die in Faserrichtung verlaufen. Was ist in einem solchen Fall zu tun? Schlichten Sie die Grate mit einem Schlichthobel!

DER HIRNHOLZHOBEL

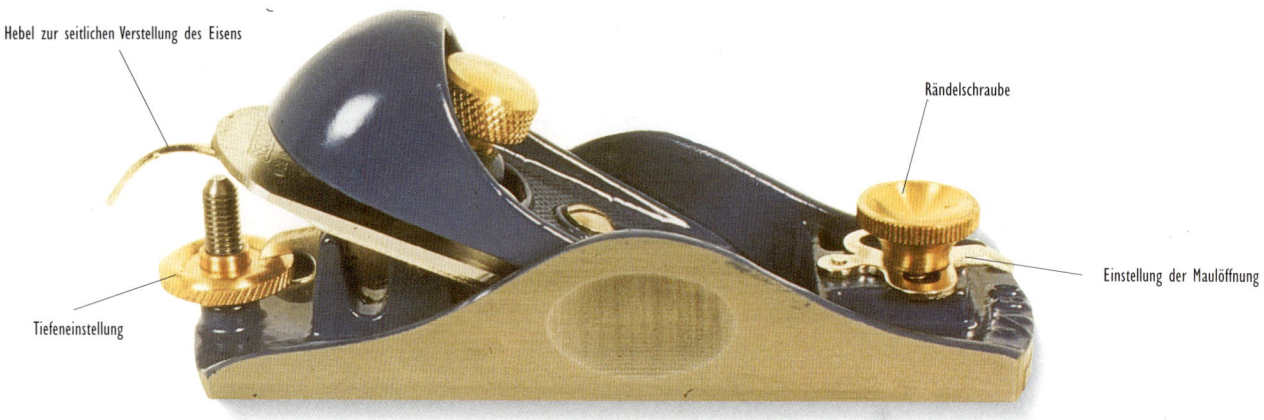

Hebel zur seitlichen Verstellung des Eisens

Rändelschraube

Tiefeneinstellung

Einstellung der Maulöffnung

OBEN: Hirnholzhobel mit flacher
Neigung des Hobeleisens zum Glätten
von Hirnholz und Schichtholz.

Ursprünglich wurden Hirnholzhobel zum Glätten der Hirnholzoberfläche von Fleischerhackstöcken gebaut. Sie unterscheiden sich in vielerlei Hinsicht von den großen Bankhobeln. Ein Hirnholzhobel hat nur ein einzelnes Hobelmesser ohne Klappe und das Hobeleisen wird umgedreht, also mit der Fase nach oben und in einem flachen Winkel eingesetzt. Der augenscheinlichste Unterschied ist jedoch die Größe: ein Hirnholzhobel ist nur zwischen 130 und 150 mm lang, so dass er gut in eine Hand passt. Die Gesamtheit aller dieser Merkmale ergibt ein Präzisionswerkzeug, dass speziell zum Glätten von Hirnholz gedacht ist. Der Anfänger ist möglicherweise verwirrt von der Zahl und Typenvielfalt der angebotenen Hirnholzhobel, die wesentlichen Unterschiede

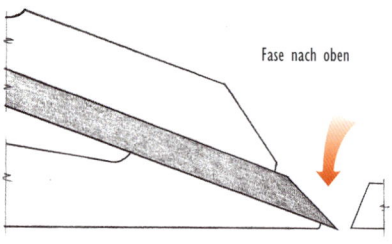

Fase nach oben

OBEN: Querschnitt, der Fase und
Hobelmaul zeigt

zwischen den Modellen liegen aber eher in der Art der Einstellung als in der Funktion. Natürlich erleichtert eine Stellschraube die Zustellung des Hobels und auch ein Hebel zur seitlichen Schwenkung des Hobeleisens ist hilfreich, der einzige wirklich funktionelle Unterschied ist jedoch die Neigung der Eisenauflage. Dabei kann man zwischen zwei Winkeln wählen: der 20°-Winkel für allgemeine Arbeiten und der besonders flache 12°-Winkel für sehr hartes Holz oder problematische Fasern.

Arbeitstechniken

Jeder, der sich ernsthaft mit der Holzbearbeitung beschäftigt, braucht einen Hirnholzhobel. Ein solcher Hobel wird vor allem für all die

OBEN: So hält man einen
Hirnholzhobel.

kleinen Bereinigungsarbeiten eingesetzt. Dabei ist es wichtig, dass Sie die folgenden Techniken erlernen.

Ziehen

Das ist eine einfache Technik, bei der der Hobel in beiden Händen gehalten und dann gezogen anstatt gestoßen wird. Das ist besonders dann günstig, wenn Sie Hirnholz von einem Ende zur Mitte hin glätten möchten und wenn sich der Hobel von der anderen Seite nicht ohne Probleme stoßen lässt.

Scheren

Diese Technik eignet sich besonders zum Glätten von hartem Hirnholz. Der Hobel wird fest in einer Hand gehalten, so dass Sie die ganze Kraft der Schulter in den Schub legen können. Dann schieben Sie den Hobel mit einem seitlich scherenden Schnitt. Wenn das Hobeleisen gut geschärft ist und die Fasern im richtigen Winkel getroffen werden, erzielt man mit dieser Technik eine seidige Oberfläche, die man nicht mehr schleifen braucht.

1 Spannen Sie das Werkstück in den Schraubstock, so dass das Hirnholz nach oben zeigt und spannen Sie vorn und hinten ein Abfallstück ein. Achten Sie darauf, dass die Abfallstücke mit der zu hobelnden Kante bündig sind.

2 Drehen Sie den Hobel um, so dass sie entlang der Sohle blicken können, schieben Sie das Eisen im Maul nach vorn und testen Sie den Hobel. Stellen Sie das Eisen so ein, dass Sie ganz feine Späne erhalten.

3 Wenn erforderlich korrigieren Sie die seitliche Stellung des Eisens.

4 Vorausgesetzt, der Hobel ist richtig eingestellt und Sie haben ausreichend praktische Erfahrungen beim Hobeln, wird die Oberfläche vollständig glatt und fast wie poliert aussehen.

5 Richtig eingespannte Abfallstücke sorgen dafür, dass die Enden des Werkstückes nicht ausreißen.

TIPP

Ein gut eingestellter Hirnholzhobel ist etwas ganz Besonderes. Vielleicht ist es seine geringe Größe oder der Fakt, dass er wie eine Verlängerung des Armes erscheint oder vielleicht ist es nur die Tatsache, dass man mit einem solchen Hobel sehr effizient arbeiten kann. Auf jeden Fall gibt es viele Holzbearbeiter, die von Hirnholzhobeln fasziniert sind — besonders von den alten Typen, die inzwischen nicht mehr hergestellt werden. Viele dieser alten Hobel haben eine ausgezeichnete Qualität und sind weniger teuer als neue Modelle.

DER FALZHOBEL

Ein Falzhobel wird speziell zum Schneiden von Nuten, Fugen, Falzen und Profilen an den Seiten eines Brettes eingesetzt. Das für diese Funktion bestimmende Merkmal sind die offenen Wangen, so dass das Hobeleisen über die ganze Breite des Hobelkörpers reicht. Dadurch kann man mit diesem Hobel einen recht-winkligen Falz herstellen, der so breit wie die Sohle des Hobels ist. Der Hobel wird wie je-der andere große Bankhobel gehandhabt, zur Herstellung eines Falzes wird er jedoch meist entlang eines Richtscheites oder einer Leiste geführt.

OBEN: Falzhobel mit den charakte-ristischen offenen Seiten.

FALZHOBEL MIT ANSCHLAG

Mit dem einstellbaren Seiten- und Tiefen-anschlag und den seitlichen Vorschneidern am Hobelkörper eignet sich dieser Hobel zum Schneiden von Falzen bis zu einer Breite von 38 mm und einer Tiefe von 19 mm. Eine Be-sonderheit des Hobels sind die Vorschneider, die es ermöglichen, auch durch Hirnholz zu schneiden, sowie die abgerundete Nase mit ei-ner zweiten Eisenauflage zur Arbeit in engen Ecken. Bei der Arbeit mit einem solchen Falz-hobel sollten Sie zuerst das Werkstück im Schraubstock einspannen und dann den Sei-tenanschlag auf die Breite sowie den Tiefen-anschlag auf die Tiefe des Falzes einstellen.

RECHTS: Spannt man das Hobeleisen in die vordere Eisen-auflage, kann man mit dem Hobel in engen Ecken und Kanten arbeiten.

Vordere Position des Hobeleisens

Einstellschraube für Anschlag

Der Hobel wird dann auf die entfernte Seite des Brettes gesetzt, der Anschlag fest gegen die Kante des Brettes gedrückt und der Hobel nach vorn gestoßen.

ECKEN-SIMSHOBEL

Ecken-Simshobel mit abgerundetem Kopf-teil sind besonders zum Nachschneiden und für Säuberungsarbeiten in engen Ecken und an kleinen Werkstücken geeignet. Mit einem Hobeleisen, das über die ganze Breite der Sohle verläuft und in manchen Fällen mit einem abnehmbaren Kopfteil werden diese Hobel vor allem zum Nachschneiden von Falzen und brei-ten Einkerbungen/Aussparungen eingesetzt. Obwohl es viele verschiedene Simshobel mit abgerundetem Kopfteil gibt, unterscheiden sie sich jedoch kaum in der Funktion, höchstens in der Art der Einstellung. Das Hobeleisen wird immer mit der Fase nach oben eingesetzt.

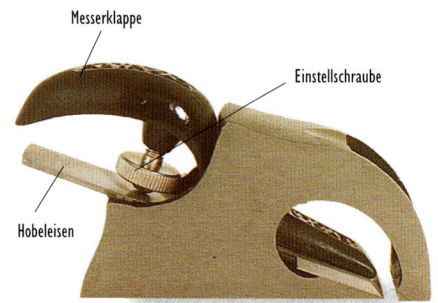

Messerklappe

Einstellschraube

Hobeleisen

OBEN: Kleiner Ecken-Simshobel mit abgerundetem Kopfteil

RECHTS: Glätten von Hirnholz mit einem Ecken-Simshobel

HIRNHOLZ-SIMSHOBEL

Dieser Hobel in schlanker, langer Ausführung hat ebenfalls offene Seitenflächen und ein Hobeleisen, das über die gesamte Breite der Sohle reicht. Das Hobeleisen wird mit der Fase nach oben und in einem flachen Winkel von etwa 20° eingesetzt. Dieser Hobel eignet sich insbesondere für feinste Arbeiten an Hirnholz- und Gehrungsflächen.

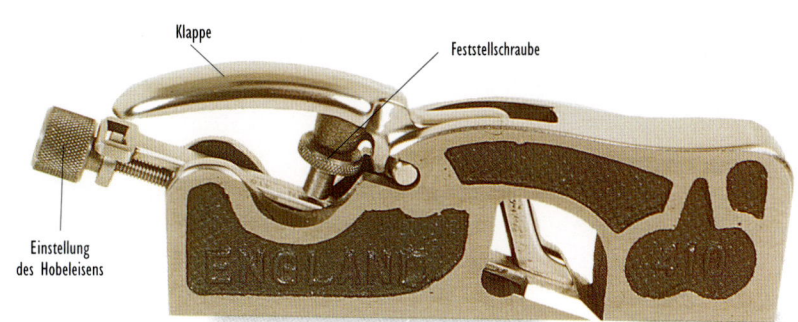

Klappe

Feststellschraube

Einstellung des Hobeleisens

OBEN: Der klassische Simshobel ist das perfekte Werkzeug zum Beschneiden von Hirnholzflächen und Graten.

DREIVARIANTENHOBEL

Dieser Dreivariantenhobel ist ein schön geformter kleiner Hobel für Passungs- und Abrichtarbeiten. Wie die anderen Simshobel hat er offene Seiten, sein besonderes Merkmal ist jedoch, dass er für unterschiedliche Arbeiten verschieden zusammengesetzt werden kann. Zweifellos dauert es eine Weile, den Hobel mit seinen austauschbaren Schrauben und Distanzblättern zusammenzubauen und einzustellen, aber er ersetzt eben auch drei andere Hobel.

Der Hobelgrundkörper ist insoweit eine Ausnahme, da er keine Auflage vor dem Hobeleisen hat. Dieses Detail macht ihn für allgemeine Schlichtarbeiten völlig unbrauchbar, jedoch eignet er sich hervorragend für die Arbeit in engen Ecken. Sie sollten sich überlegen, ob Sie lieber ein universelles Werkzeug möchten, dass für verschiedene Arbeiten geeignet ist oder mehrere einzelne Werkzeuge für ganz spezielle Aufgaben. In diesem Fall ist der Dreivariantenhobel wahrscheinlich nicht das geeignete Werkzeug für Sie.

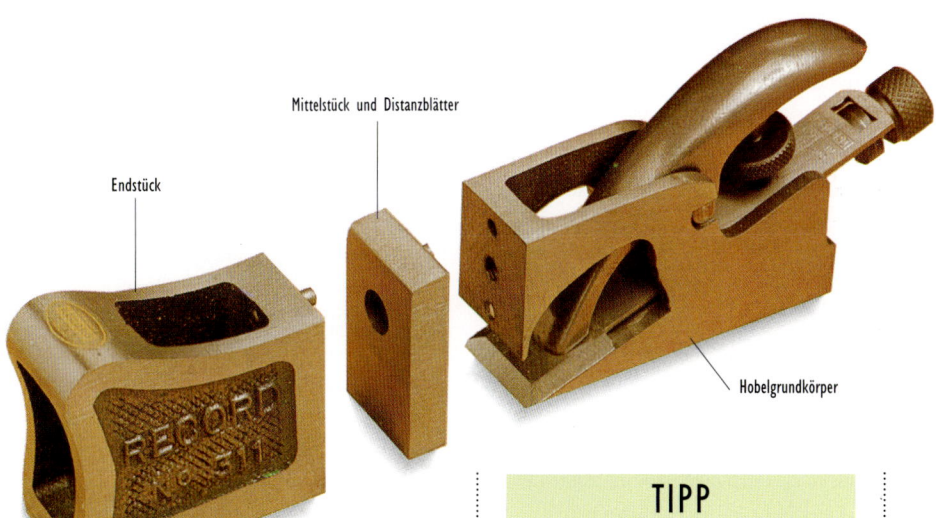

Endstück

Mittelstück und Distanzblätter

Hobelgrundkörper

OBEN: Der Dreivariantenhobel ist ein Werkzeug mit vielfältigen Einstellungsmöglichkeiten.

TIPP

Elektrische Oberfräsen sind sehr verbreitet, denn mit ihnen kann man schnell und effizient Falze und Nuten schneiden und viele andere Arbeiten ausführen. Sie sollten sich jedoch fragen, ob Sie wirklich den Lärm in Kauf nehmen wollen und Ihnen die Geschwindigkeit so wichtig ist, oder ob Sie lieber in Ruhe mit einem Handhobel arbeiten. Darüber hinaus gibt es viele Holzbearbeiter, die behaupten, dass ein gut eingestellter Hobel genauso schnell oder sogar schneller als eine Fräsmaschine ist, wenn man die gewöhnlich langwierige Einstellung einer elektrischen Fräse in Betracht zieht.

NUT- UND PROFILHOBEL

LINKS: Der Nut- und Profilhobel wird insbesondere zum Herstellen von Nuten und Fugen eingesetzt.

E in Nut- und Profilhobel ist ein Hobel zum Schneiden von Nuten, Fugen und Profilen. Mit ihm kann man auch kleine Falze oder Zungen hobeln. Legen Sie ein Eisen geeigneter Breite, z. B. 3 mm oder 6 mm in den Hobel, justieren Sie den Anschlag so, dass sich die Nut im richtigen Abstand von der Kante des Brettes befindet und stellen Sie die Tiefeneinstellung auf die gewünschte Nuttiefe ein. Dann drücken Sie den Hobel gegen das entfernte Ende des Werkstückes und führen den Schnitt aus. Ein Nut- und Profilhobel ist wirklich einfach zu handhaben, jedoch sollten Sie immer die drei goldenen Regeln beachten: Stellen Sie das Eisen grundsätzlich auf den feinsten Schnitt ein, drücken Sie den Anschlag stets fest gegen die Kante und halten Sie den Hobel immer aufrecht, so dass sich die Seiten im rechten Winkel zur Oberfläche des Werkstückes befinden.

TIPP

Vor etwa dreißig Jahren gab es viele interessante Nut- und Profilhobel aus Metall zu kaufen, jetzt werden jedoch nur noch wenige angeboten. Viele Holzbearbeiter versuchen deshalb, sich gebrauchte Modelle zu beschaffen, die zwischen 1940 und Anfang der sechziger Jahre hergestellt wurden. Es gibt drei gute Gründe sich für einen älteren Hobel zu entscheiden: Sie haben eine gute Qualität, sind billiger als neue und natürlich ist die Auswahl größer.

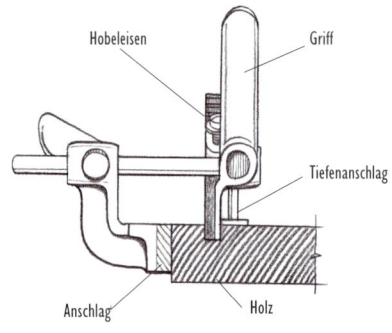

OBEN: Hier ist zu sehen, in welcher Position zum Holz sich Anschlag und Sohle befinden.

1 Markieren Sie mit dem Lineal den Abstand zwischen der Seite des Hobels und dem Anschlag, dann fahren Sie ein paar Mal probeweise über das Holz, bis Sie sich überzeugt haben, dass der Hobel korrekt eingestellt ist.

2 Drücken Sie den Anschlag fest gegen die Seite des Werkstückes, wobei darauf zu achten ist, dass sich der Hobel nicht verkantet und arbeiten Sie langsam und in Ruhe. Vorausgesetzt, der Hobel ist korrekt eingestellt, wird sein Eigengewicht den größten Teil der Arbeit erledigen.

GRUNDHOBEL

Grundhobel gibt es in verschiedenen Größen und sie werden zum Glätten tiefer liegender Flächen, wie zum Beispiel von abgesetzten Nuten oder Aussparungen für Schlösser und Scharniere eingesetzt. Vor dem Einsatz des Grundhobels ist mit Hilfe einer Säge die Breite der jeweiligen Aussparung festzulegen. Dann stellen Sie das fußförmige Hobeleisen so ein, dass nur extrem feine Späne abgehoben werden. Als Nächstes ist das Maul zu öffnen oder zu schließen und die Tiefeneinstellung vorzunehmen. Nehmen Sie den Hobel nun in beide Hände und arbeiten Sie mit gleichmäßigen Schüben.

1 Stellen Sie das Hobeleisen auf den feinsten möglichen Schnitt ein und nehmen Sie die Tiefeneinstellung vor.

2 Halten Sie das Werkzeug fest in beiden Händen und führen Sie mehrere Schnitte vom Körper weg aus. Achten Sie darauf, dass Sie nicht von der Richtung abkommen und die Seiten der Vertiefung beschädigen.

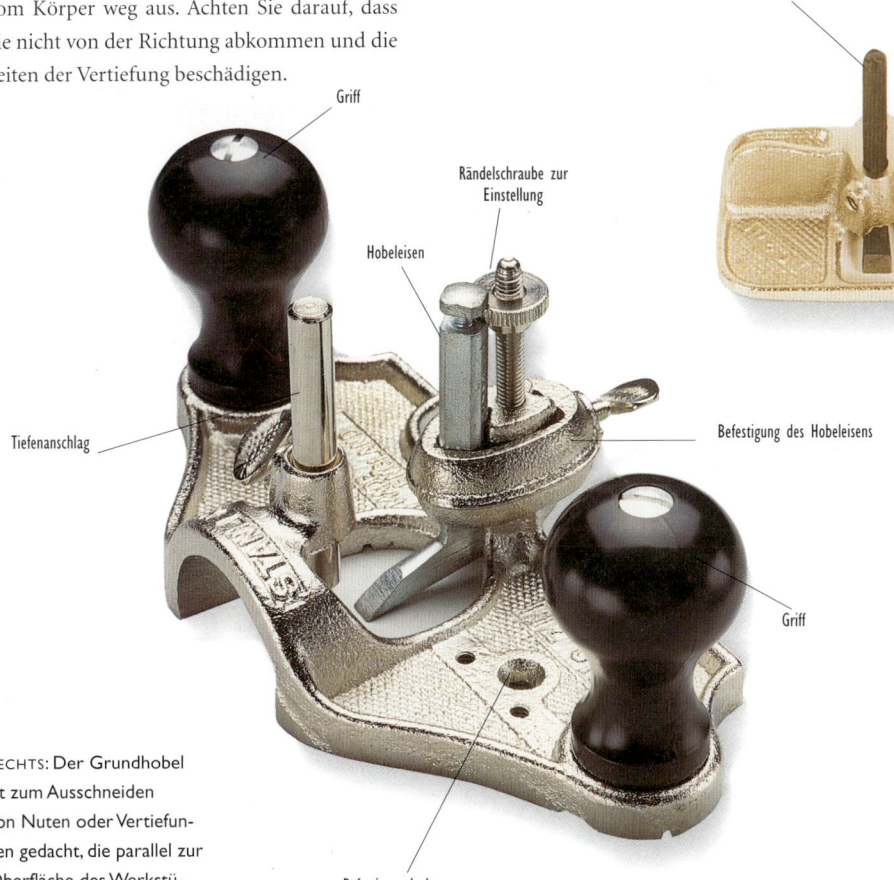

Griff

Rändelschraube zur Einstellung

Hobeleisen

Tiefenanschlag

Befestigung des Hobeleisens

Griff

Befestigungsloch für größere Sohle

RECHTS: Der Grundhobel ist zum Ausschneiden von Nuten oder Vertiefungen gedacht, die parallel zur Oberfläche des Werkstückes verlaufen.

Hobeleisen 6 mm

Einstellschraube

LINKS: Miniatur-Grundhobel für feinste Arbeiten, wie Schnitzereien, Furniere und Einlegearbeiten

TIPP

Obwohl viele im Umgang mit Handwerkzeugen erfahrene Holzbearbeiter behaupten, dass man Aufgaben wie das Schneiden von Nuten für schmale Einlegebänder nur mit einem kleinen Grundhobel oder vielleicht einem Adernschneider ausführen kann, gibt es doch ein oder zwei Elektrowerkzeuge auf dem Markt, die ebenfalls für solche Arbeiten geeignet sind und Nuten bis zu einer Breite von weniger als 1,5 mm schneiden können.

DER SCHIFFHOBEL

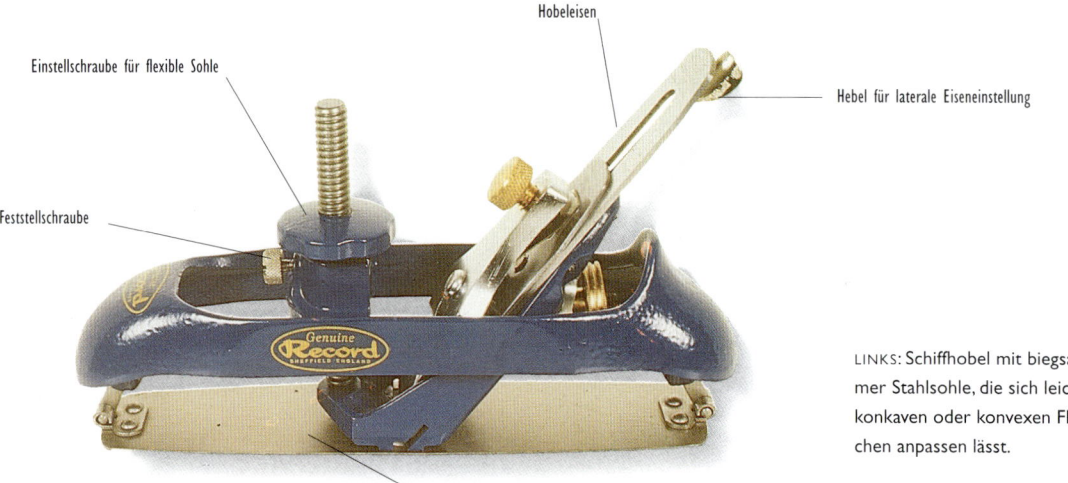

Hobeleisen

Einstellschraube für flexible Sohle

Hebel für laterale Eiseneinstellung

Feststellschraube

LINKS: Schiffhobel mit biegsamer Stahlsohle, die sich leicht konkaven oder konvexen Flächen anpassen lässt.

Durchgängige Sohle aus biegsamem Stahl

Der Schiffhobel ist ein Spezialhobel zum Bearbeiten konkaver und konvexer Oberflächen. Traditionell bestand der Schiffhobel aus Holz, wobei es separate Hobel für konvexe und konkave Flächen in vielen verschiedenen Größen gab. Ein Möbelbauer im 19. Jahrhundert, der oft Tische mit runder Tischplatte herstellte oder ein Zimmermann, der häufig Bogenfenster und Türen mit runden Rahmen baute, besaß mit Sicherheit einen ganzen Satz Schiffshobel mit unterschiedlichen Wölbungen. Der moderne vollmetallische Schiffhobel dagegen hat eine biegsame Sohle, welche vielen Größen und unterschiedlich starken konvexen oder konkaven Wölbungen angepasst werden kann, d.h. man benötigt heutzutage nur noch einen Schiffhobel. Die Einstellung der Messerplatte, der Tiefe und seitlichen Position des Hobeleisens ist mehr oder weniger mit der Einstellung der meisten großen Hobeln identisch. Das Hobeleisen wird wie das Eisen eines Bankhobels geschärft und abgezogen. Der einzige Unterschied zwischen dem modernen Schiffhobel und den Bankhobeln ist, dass die Sohle zur Bearbeitung runder Profile gebogen werden kann.

Einsatzgebiete des Schiffhobels

Der Schiffhobel ist ein unverzichtbares Werkzeug für Holzbearbeiter, die gewölbte Werkstücke bearbeiten möchten, wie zum Beispiel runde Tischplatten, abgerundete Fensterbänke, Schränke mit gewölbten Flächen, Türen mit Rundbogen, Truhen mit gewölbter Front und all die anderen Arbeiten, die mit einem Hobel mit flacher Sohle nicht zu bewältigen sind. Sie können natürlich auch ein Zugmesser einsetzen um große konvexe Rundungen an traditionellen Bauernmöbeln, wie zum Beispiel an Stuhlbeinen oder Truhen mit gewölbten Deckeln zu bearbeiten, für formellere Möbelstücke, die mit Profilhobeln bearbeitet oder eventuell furniert werden sollen, ist ein Schiffhobel jedoch unabdingbar. Sie sollten nicht damit rechnen, dass Sie beim Kauf eines alten und gebrauchten Schiffhobels Geld sparen können. Schiffhobel sind so faszinierend und kompliziert und so angenehm zu führen, dass sie richtige Sammlerstücke geworden sind und alte Hobel mehr als neue kosten.

LINKS: Stellen Sie die Sohle entsprechend der Krümmung der zu bearbeitenden Fläche ein. Achten Sie darauf, mit dem Faserverlauf zu hobeln, so dass Sie nicht direkt in das Hirnholz schneiden.

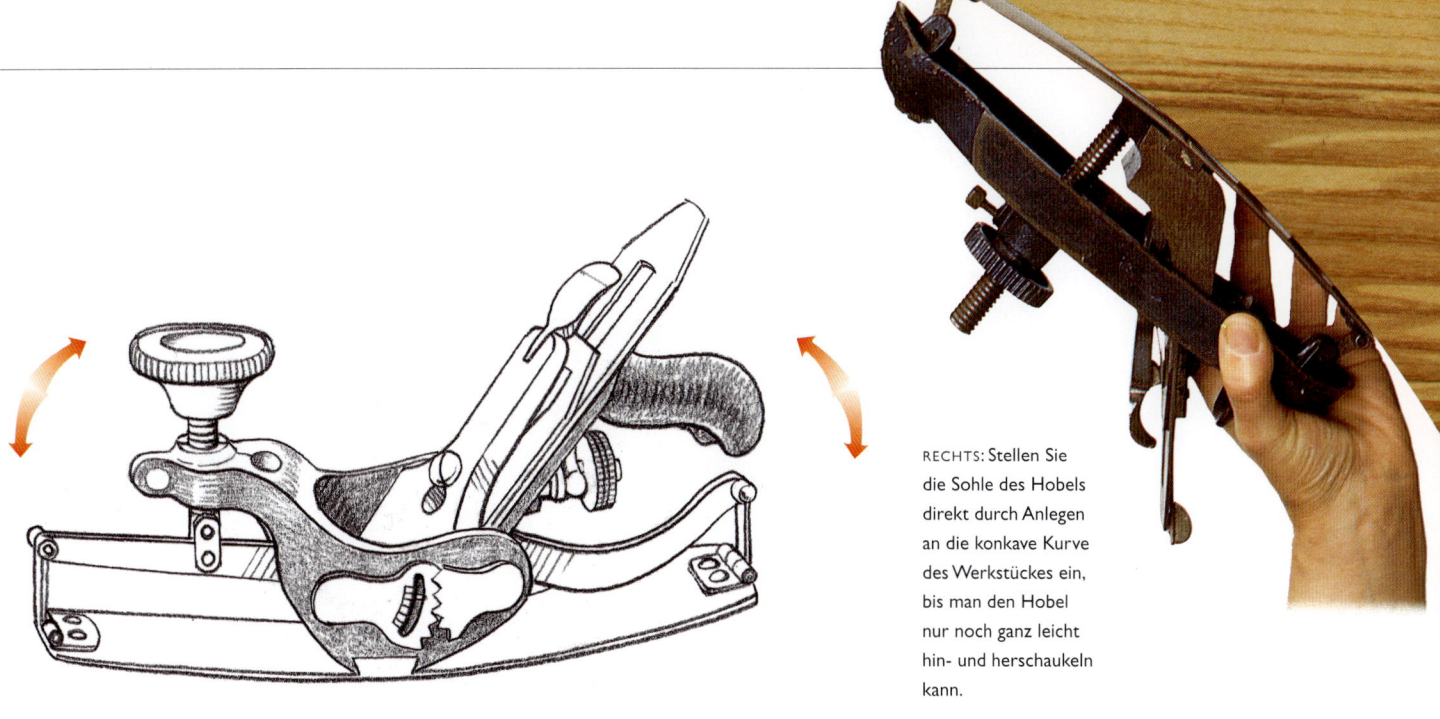

RECHTS: Stellen Sie die Sohle des Hobels direkt durch Anlegen an die konkave Kurve des Werkstückes ein, bis man den Hobel nur noch ganz leicht hin- und herschaukeln kann.

OBEN: Ein anderer Typ eines Schiffhobels: Beide Enden der Sohle können nach oben und unten bewegt werden und werden durch mit der Einstellschraube verbundene Hebel justiert.

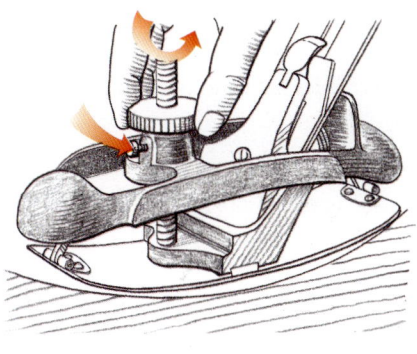

OBEN: Einstellung der Sohle. Wenn Sie mit der Einstellung zufrieden sind, ziehen Sie die Feststellschraube an.

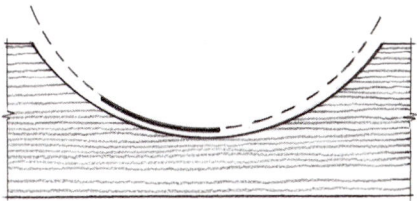

OBEN: Bei der Bearbeitung von konkaven Formen ist die Sohle auf eine etwas stärkere Krümmung als das Werkstück einzustellen.

Arbeit mit dem Schiffhobel

Vor dem Einsatz des Schiffhobels ist das grobe Profil mit einer Bügelsäge auszusägen. Dann spannen Sie das Werkstück mit der gewölbten Seite nach oben in einen Schraubstock. Nehmen Sie den Hobel und ziehen Sie das Hobeleisen zurück, so dass nichts beschädigt werden kann. Setzen Sie den Hobel in die Rundung und passen Sie die Wölbung der Sohle mit Hilfe der Einstellschraube an. Bei der Bearbeitung konkaver Wölbungen ziehen es manche Holzbearbeiter vor, die Sohle etwas stärker zu wölben als die Rundung im Holz, so dass der Hobel sich in Längsrichtung leicht schaukeln lässt. Wenn Sie mit der Einstellung der Sohle zufrieden sind, arretieren Sie die Feststellschraube und beginnen mit der Arbeit. Überprüfen Sie die Richtung der Fasern und achten Sie darauf, dass Sie immer mit der Faser und nicht dagegen hobeln. Obwohl das alles ziemlich einfach und klar erscheint, machen die meisten Anfänger jedoch den Fehler, dass Sie den Schiffhobel schräg stellen oder verdrehen wie einen Schlichthobel. Der Schiffhobel muss jedoch gerade geführt werden, mit ihm werden keine Scherschnitte oder schrägen Schnitte ausgeführt. Außerdem versuchen Anfänger häufig,

die gesamte Wölbung in der gleichen Richtung zu bearbeiten. Beim Bestoßen der Kante einer runden Tischplatte beginnen sie beispielsweise in der 12-Uhr-Position und arbeiten im Uhrzeigersinn um die ganze Platte herum. Sieht man sich jedoch den Faserverlauf eines kreisförmigen Holzstückes genau an, erkennt man, dass sich die Richtung der Fasern nach jedem Viertelzirkel ändert, also auch die Hobelrichtung geändert werden.

HÖLZERNE PROFILHOBEL

Profilhobel verwendet man zur Formung dreidimensionaler, von der klassischen Architektur inspirierten Profile. Die gewölbten Profile entlang der Kante einer Tischplatte, ausgefallene Archivolten um Türen und Fenster, Rundungen an Treppengeländern usw. sind alles Formen, die ihre Wurzeln in der klassischen griechischen und römischen Architektur haben. Deshalb haben viele der Profile lateinische Namen, wie zum Beispiel Ogee, Astragal usw. Seit frühester Zeit bis zu Beginn des 20. Jahrhunderts wurden alle Profile in Holzwerkstücken mit Holzhobeln hergestellt. Da jedes Profil in verschiedenen Größen vorkam, können wir schätzen, dass jeder Tischler im 19. Jahrhundert etwa 40 bis 50 verschiedene Profilhobel besaß. Die meisten dieser Profilhobel werden nicht mehr hergestellt und können nur noch gebraucht erworben werden.

Hohlkehl- und Stabhobel

Hohlkehl- und Stabhobel wurden in England oft in Paaren gefertigt, wobei der Stabhobel mit runder Sohle ein hohles oder konkaves Profil schneidet und der Hohlkehlhobel mit hohler Sohle ein rundes oder konvexes. Die Breite des Hobeleisens an der Schneide entspricht immer dem Radius der Krümmung. Beispielsweise schneidet ein Hobel mit einer hohlen Sohle, die 15 mm breit ist, ein Profil, das einem Kreis mit 30 mm Durchmesser entspricht.

Spund- und Nuthobel

Eigentlich sind Spund- und Nuthobel keine wirklichen Profilhobel, denn das resultierende Profil ist eher funktionell als dekorativ. Trotzdem sind sie hinsichtlich ihres Aufbaus und der Wirkung nahe Verwandte der Profilhobel. Sie wurden entweder in Paaren gefertigt oder als Kombihobel mit zwei Funktionen.

Rundstabhobel

Rundstabhobel verwendet man zum Schneiden von Rundstäben an den Seitenkanten von Brettern. Da ein Rundstab sich sehr gut dafür eignet, eine Verbindung zu verdecken – entweder eine Ecke oder die Fügestelle zweier Bretter – kamen diese Hobel recht häufig vor. Sie wurden entweder als einzelne Hobel oder in Sätzen verkauft. Die besten Hobel dieses Typs hatten an den verschleißgefährdeten Stellen der Sohlen Einsätze aus Buchsbaumholz. Stabhobel werden ähnlich wie Falzhobel entlang der Kante eines Brettes gestoßen.

Karnieshobel

Mit dem Karnieshobel formt man ein Profil, das im späten 18. und frühen 19. Jahrhundert sehr beliebt war. Es besteht es aus einer konvexen und einer konkaven Krümmung, die zusammen eine flache S-Form bilden. Manchmal befindet sich zwischen beiden Krümmungen noch eine Nut. Bei Qualitätshobeln – wie in der Abbildung – besteht die Leiste, mit der die tiefe Nut in der Mitte des Profils ausgeschnitten wird, aus Buchsbaumholz.

OBEN: Ein Paar Hohlkehl- und Stabhobel

OBEN: Kombinierter Spund- und Nuthobel

Viertelstabhobel

Der Viertelstabhobel wurde im 18. und 19. Jahrhundert sehr häufig verwendet, er produzierte ein Viertelkreisprofil mit einem kleinen Absatz unten und oben. Zu dieser Zeit maß man in England den Proportionen der Werkstücke sehr große Bedeutung bei und deshalb gab es verschieden große Viertelstabhobel, die bestimmten Holzdicken entsprachen.

Plattbank

Zwar ist dieser Hobel nicht eindeutig zu den Profilhobeln zu rechnen, er wird jedoch sehr häufig zusammen mit Profilhobeln gebraucht und hat einen sehr ähnlichen Aufbau. Eine Plattbank wird zum Herausheben einzelner Partien an Füllungen verwendet, die sich wie Plateaus gegen die breite, tiefer gelegte Fläche abheben. Plattbänke haben einen verstellbaren Tiefenanschlag, einen feststehenden oder verstellbaren Seitenanschlag und ein schräges Hobeleisen. Sollten damit abfallende Abplattungen gehobelt werden, wurde die Plattbank mit einer schrägen Sohle gebaut.

Kehlhobel

Mitte des 19. Jahrhunderts war es sehr in Mode gekommen, zwei, drei, vier oder mehr Rundstäbe nebeneinander zu setzen, besonders an und um Türrahmen und Fenster. Dazu benutzte man entsprechend geformte Kehlhobel. Die besten Hobel dieser Art haben eine Sohle aus Buchsbaumholz, die durch eine Gratverbindung im Hobelkörper aus Buche befestigt war.

LINKS: Karnieshobel mit dem charakteristischen flachen S-förmigen Profil und dem eingelegten Streifen aus Buchsbaumholz.

RECHTS: Kehlhobel – ein hochwertiger Hobel mit einer Buchsbaumsohle.

LINKS: Rundstabhobel zum Schneiden eines Rundstabes an der Seite eines Brettes.

RECHTS: Viertelstabhobel

LINKS: Plattbank mit schrägem Hobeleisen und verstellbarem Anschlag.

DER KOMBINATIONS- ODER MULTIHOBEL

Gegen Ende des 19. Jahrhunderts waren Mehrzweckhobel aus Eisen ganz groß im Kommen. Zu dieser Zeit benötigte der qualifizierte Holzbearbeiter eine Vielzahl ganz spezieller Holzhobel – einen Satz Nuthobel, einen Satz Schiffhobel für konvexe und konkave Formen und so weiter. Deshalb kam den Werkzeugherstellern die großartige Idee, einen Hobel zu entwerfen, der in der Lage war, alle diese Arbeiten zu erledigen. In einem längeren Entwicklungsprozess entstanden verschiedene Universalhobel, die man Multi- oder Kombinationshobel nannte. Der erste Hersteller war die Firma „Stanley" in Amerika, später wurden diese Hobel auch von der englischen Firma „Record" hergestellt. Die besten Hobel dieser Art sind der „Stanley 45" und der „Record 405", der eine Kopie des „Stanley 45" war, sowie der legendäre „Stanley 55". Diese Hobel haben einen Grundkörper mit einem Griff, eine Messerklappe und einen Tiefenanschlag, zwei Führungsstangen, die mit Schrauben am Grundkörper befestigt sind, einen Mittelteil mit integriertem Griff und eine Gleitsohle, die auf den Führungsstangen sitzt und außerdem einen Anschlag und/oder einen weiteren Griff, der ebenfalls auf die Führungsstangen geschoben wird.

Je nach Einsatz wählt man das entsprechende Hobeleisen aus und montiert es, schiebt den verstellbaren Mittelteil dicht an das Hobeleisen und stellt den Seiten- und Tiefenanschlag ein. Das Hobeleisen wird auf feinen Schnitt zugestellt und dann wird der Hobel fast genauso wie ein Nut- oder Falzhobel geführt.

Multihobel sind faszinierende Werkzeuge und waren sehr erfolgreich. Obwohl die „Stanley"- und „Record"-Hobel schon lange nicht mehr hergestellt werden, kann man mit etwas Glück noch einen Gebrauchten finden und außerdem gibt es auch wieder Hersteller, die ähnliche Modelle fertigen.

OBEN: Der klassische Stanley 45 in Aktion. Die Pfeile zeigen die Stoßrichtung.

Einstellschrau für Tiefenansch

Justierschraube

Gleitsohlen

Griff aus Rosenholz

Schraube zur Feineinstellung des Seitenanschlags

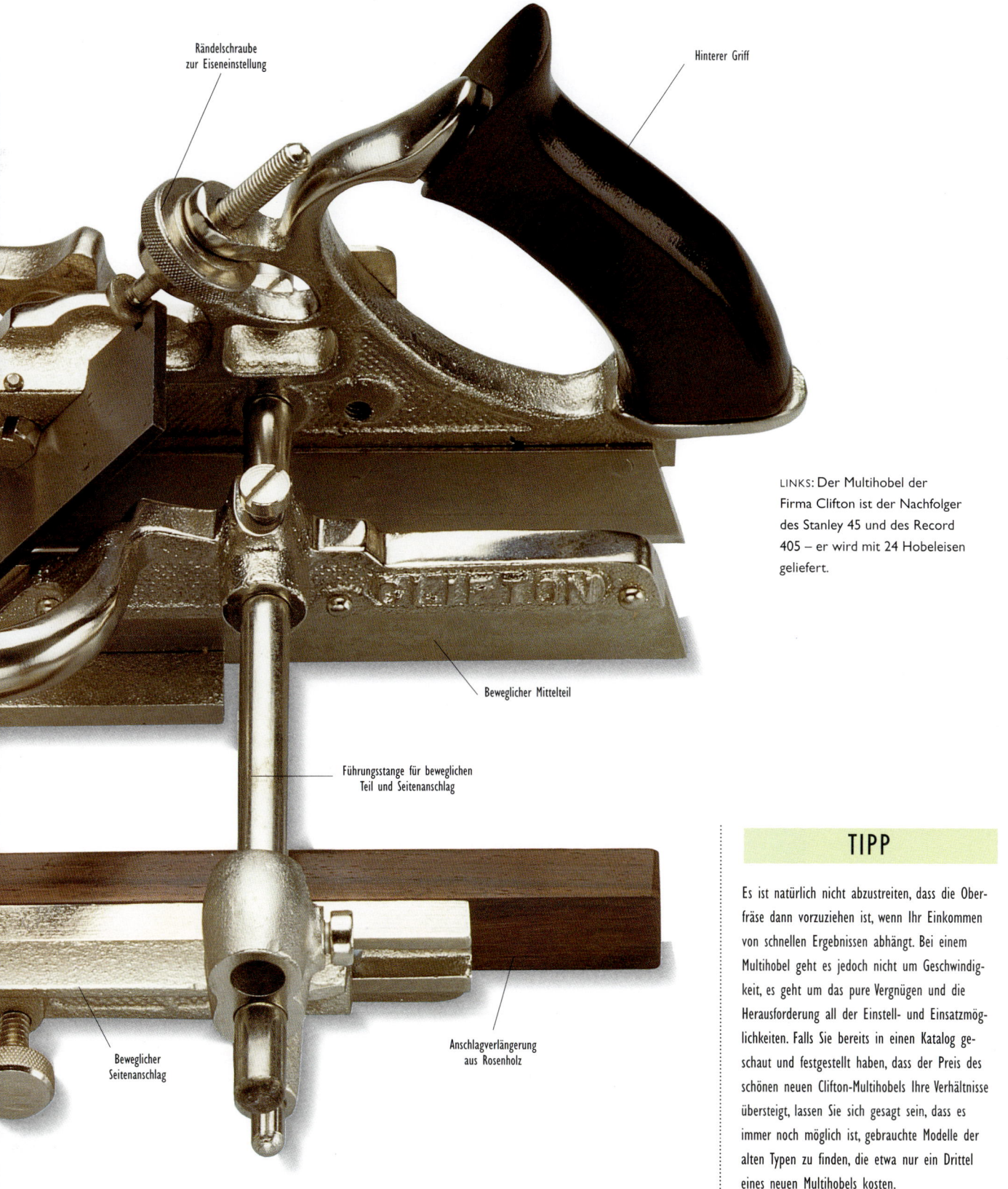

Rändelschraube
zur Eiseneinstellung

Hinterer Griff

LINKS: Der Multihobel der
Firma Clifton ist der Nachfolger
des Stanley 45 und des Record
405 – er wird mit 24 Hobeleisen
geliefert.

Beweglicher Mittelteil

Führungsstange für beweglichen
Teil und Seitenanschlag

Beweglicher
Seitenanschlag

Anschlagverlängerung
aus Rosenholz

TIPP

Es ist natürlich nicht abzustreiten, dass die Ober-
fräse dann vorzuziehen ist, wenn Ihr Einkommen
von schnellen Ergebnissen abhängt. Bei einem
Multihobel geht es jedoch nicht um Geschwindigkeit, es geht um das pure Vergnügen und die
Herausforderung all der Einstell- und Einsatzmög-
lichkeiten. Falls Sie bereits in einen Katalog ge-
schaut und festgestellt haben, dass der Preis des
schönen neuen Clifton-Multihobels Ihre Verhältnisse
übersteigt, lassen Sie sich gesagt sein, dass es
immer noch möglich ist, gebrauchte Modelle der
alten Typen zu finden, die etwa nur ein Drittel
eines neuen Multihobels kosten.

HANDHABUNG DES KOMBINATIONSHOBELS „STANLEY 45"

Die Arbeit mit einem Kombinationshobel wird Ihnen sicher großes Vergnügen bereiten, vorausgesetzt, dass der Hobel perfekt eingestellt ist. Dabei sollen Ihnen die folgenden Hinweise helfen.

Hobeleisen

Die Schneiden der Hobeleisen müssen rasiermesserscharf sein. Sie sind auf einen Winkel von 35 ° anzuschleifen und dann ist die Kante auf einen etwas größeren Winkel abzuziehen.

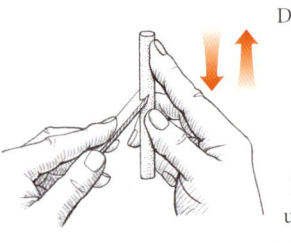

Das ist bei Hobeleisen mit rechteckiger Schneide relativ einfach, sie müssen lediglich plan geschliffen und dann auf einem flachen Stein abgezogen werden. Hobelmesser mit besonderen Formen sollten am besten mit kleinen Abziehsteinen in Form der Klinge abgezogen werden – so wie Stecheisen und Schnitzmesser. Vergessen Sie nicht, beim Abziehen den entstehenden Grat mit einem Lederriemen zu entfernen.

OBEN: Schärfen der Hobeleisen

Tiefeneinstellung

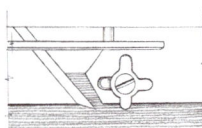

OBEN: Der Vorschneider ist so einzustellen, dass er die Schnittlinie vorbereitet.

Das Eisen ist immer nur so tief zu stellen, dass ganz feine Späne abgehoben werden. Dazu drehen Sie die Stellschraube erst einmal soweit zurück, dass das Hobeleisen ganz im Hobelmaul verschwindet und dann Stück um Stück wieder

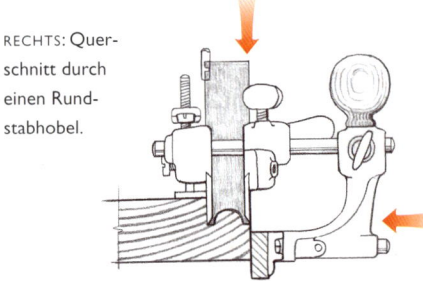

RECHTS: Querschnitt durch einen Rundstabhobel.

vorwärts bis der erste hauchdünne Span abgehoben wird. Sollte das Hobeln Ihnen trotzdem Schwierigkeiten bereiten, ist entweder die Schneide stumpf oder das Holz knotig, grobfaserig oder feucht.

Einstellung der Vorschneider

Die Vorschneider haben die Aufgabe, die Holzfasern zu schneiden, wenn Sie quer zur Faser hobeln. Sie trennen die wegzunehmenden Holzfasern bevor sie vom Hobeleisen erfasst werden, damit die Fasern nicht ausreißen und eine unsaubere Kante entsteht. Sie sollten den Schnitt immer mit einer ziehenden Bewegung von der entfernten Kante des Brettes beginnen. Denken Sie daran, dass die Vorschneider von Zeit zu Zeit neu abgezogen werden müssen.

Einstellung des Seitenanschlags

Der metallische Seitenanschlag ist mit zwei Bohrungen versehen, so dass man dort eine Leiste aus Hartholz befestigen kann, um das Werkstück vor direktem Kontakt mit dem Metall zu schützen und die Gleiteigenschaften des Hobels zu verbessern. Es ist am besten, vor jedem Einsatz des Kombinationshobels den Seitenanschlag und die Metallsohlen mit einer weißen Kerze zu wachsen. Sie werden sehen, dass der Hobel danach doppelt so gut gleitet.

Arbeitshaltung

Nachdem Sie den Hobel eingestellt, die Sohle und den Anschlag gewachst und ein geradfaseriges Holzstück ausgewählt haben, spannen Sie dieses fest in den Schraubstock oder befestigen es mit Zwingen auf der Werkbank. Sorgen Sie dafür, dass Sie in einem Zug von einem Ende des Werkstückes bis zum anderen arbeiten können, ohne dass der Hobelkörper oder der Anschlag dabei auf irgendwelche Hindernisse trifft. Am besten ist es, dass Holz so einzuspannen, dass die zu bearbeitende Seite über die Kante der Werkbank steht, so dass genügend Platz für die Hand, die den Seitenanschlag hält und stützt, bleibt. Halten Sie den Hobelkörper aufrecht, drücken Sie den Seitenanschlag fest gegen die Brettkante und führen Sie dann den ersten Schnitt aus. Lassen Sie dabei das Gewicht des Hobels für sich arbeiten und achten Sie

darauf, dass der Seitenanschlag immer fest an der Kante des Brettes anliegt.

1 Überprüfen Sie, ob alle Einzelteile in Ordnung sind.

2 Setzen Sie das gewünschte Hobeleisen ein und achten Sie darauf, dass es mit der Rändelschraube zur Eiseneinstellung verbunden ist.

3 Schieben Sie die zweite bewegliche Sohle auf die Führungsschienen und richten Sie diese sorgfältig an der Seite des Hobeleisens aus.

4 Schieben Sie nun den Anschlag auf die Führungsschienen und verwenden Sie ein Lineal um den gewünschten Abstand einzustellen.

5 Setzen Sie den Hobel am hinteren Ende des Werkstückes an und führen Sie den ersten Schnitt aus. Drücken Sie dabei mit der linken Hand den Seitenanschlag fest gegen das Werkstück.

6 Nachdem Sie den Hobel einmal mit mehreren kurzen Zügen über die gesamte Länge des Werkstücks geführt haben, sollten Sie das Profil mit mehreren durchgehenden Zügen herausarbeiten.

7 Haben Sie alles richtig gemacht, wird das Rundstabprofil glatt und fast wie poliert aussehen.

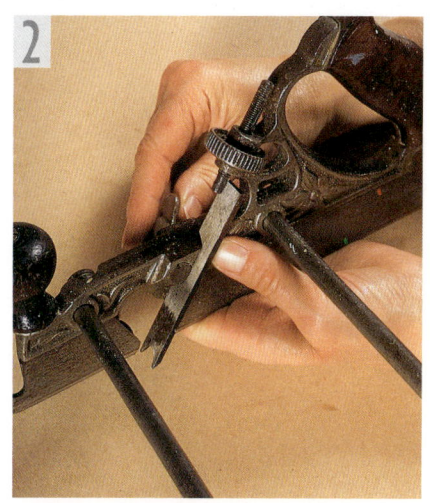

Bohren

Die Holzbearbeitung erfordert häufig das Bohren von Löchern, zum Beispiel für Schrauben, Dübel, Nägel und für viele andere Zwecke. Die traditionelle Bohrwinde wird seit Erfindung der elektrischen Handbohrmaschine nur noch selten eingesetzt. Zum Bohren großer Löcher mag eine elektrische Bohrmaschine ja durchaus vorzuziehen sein, darüber hinaus können jedoch fast alle anderen Bohrarbeiten mit einer Bohrwinde oder einem anderen Handbohrer genauer, feinfühliger und schneller ausgeführt werden. Wenn Ihnen an optimaler Führung des Bohrwerkzeuges bei minimaler Anstrengung liegt, sollten Sie sich ein oder zwei manuelle Bohrwerkzeuge kaufen, die im Übrigen nicht sehr teuer sind, und ein paar leicht zu erlernende Bohrtechniken ausprobieren.

BOHRWINDE

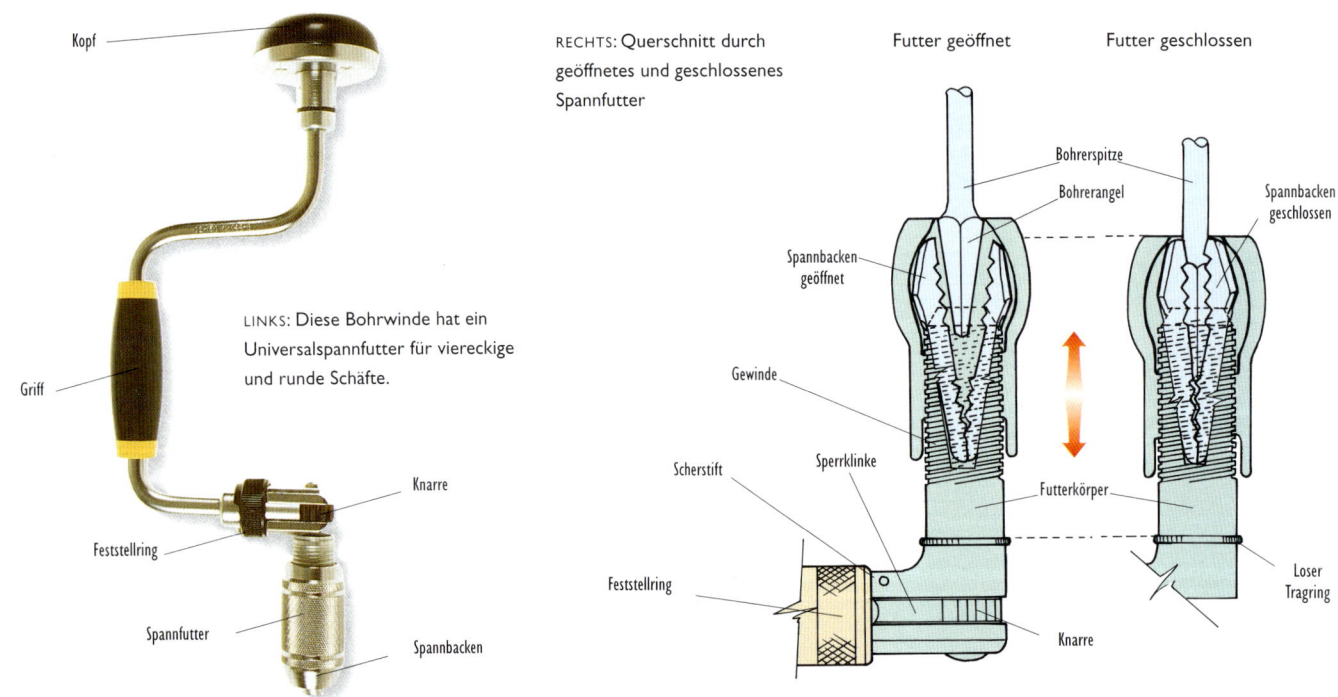

Kopf

Griff

LINKS: Diese Bohrwinde hat ein Universalspannfutter für viereckige und runde Schäfte.

Knarre

Feststellring

Spannfutter

Spannbacken

RECHTS: Querschnitt durch geöffnetes und geschlossenes Spannfutter

Futter geöffnet

Futter geschlossen

Bohrerspitze

Bohrerangel

Spannbacken geöffnet

Spannbacken geschlossen

Gewinde

Scherstift

Sperrklinke

Futterkörper

Feststellring

Knarre

Loser Tragring

Bohrwinden gibt es in unterschiedlichen Ausführungen bereits seit etwa 400 Jahren. Sie wurden für das Bohren in Holz verwendet und ihre Bedienung ist relativ unkompliziert. Eine Bohrwinde ist ein kurbelförmiges Werkzeug mit einem Kopf, auf den Druck ausgeübt wird, einem drehbaren Griff in der Mitte und einem Futter mit Spannbacken zur Aufnahme des Bohrers.

Das Funktionsprinzip ist einfach: Die Kurbel überträgt die Drehbewegung über den Bügel auf den Bohrer.

Ausladung der Kurbel

Die Ausladung, d. h. der Abstand zwischen dem Mittelpunkt des Bohrfutters und dem des Griffes bestimmt die Effizienz des Bohrvorganges. Je größer dieser Radius ist, um so einfacher lässt es sich bohren. Zum Bohren größerer Löcher sollten Sie deshalb Bohrwinden

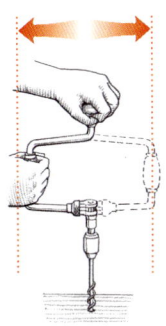

mit großer Ausladung verwenden. Beim Kauf ist darauf zu achten, dass die Größe der Bohrwinde manchmal nach dem Radius, manchmal jedoch auch nach dem Durchmesser des von der Kurbel beschriebenen Kreises angegeben wird.

OBEN: Durchmesser des von der Kurbel beschriebenen Kreises.

Feststellring und Knarre

Feststellring und Knarre bzw. Ratsche bilden einen raffinierten kleinen Mechanismus, mit dessen Hilfe man die Drehrichtung des Bohrers verändern kann. Zum Bohren wird der Feststellring in Uhrzeigerrichtung bis zum Anschlag gedreht, wenn man den Bohrer herausziehen möchte, wird in entgegengesetzter Richtung gedreht. Die Knarre ermöglicht es, die Kurbel mehrere Male hintereinander nur ein Stück

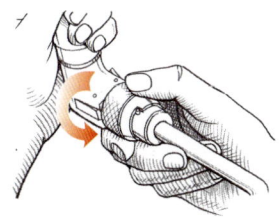

RECHTS: Einstellung des Feststellrings

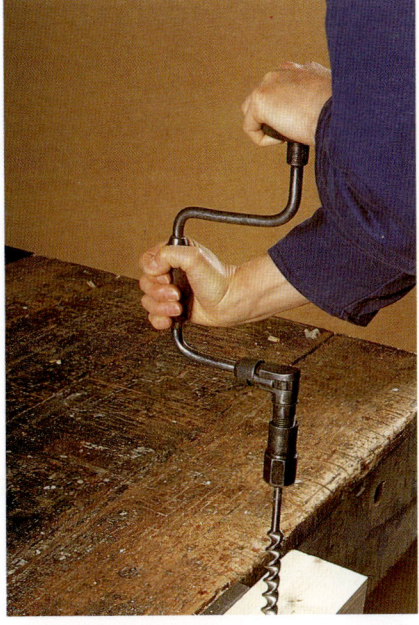

vorwärts und dann wieder zurück zu drehen, so dass man eine Bohrung ausführen kann ohne mit der Kurbel einen vollen Kreis zu beschreiben. Das ist besonders wichtig bei beengten Platzverhältnissen, zum Beispiel beim Bohren in den Ecken eines Rahmens.

Spannfutter und Spannbacken

Die meisten traditionellen Bohrwinden sind mit Spannbacken für Bohrer mit sich verjüngender Vierkantangel ausgestattet. Zum Einspannen wird der Feststellring auf die mittlere Position gestellt, die Spannbacken werden weit geöffnet und der Bohrer wird eingesetzt. Dann überprüfen Sie, ob der Bohrer gerade steht und schließen die Spannbacken.

Vertikales Bohren

Nehmen Sie zuerst eine Ahle, einen Vorstecher oder kleinen Bohrer um den Mittelpunkt der

Bohrung anzureißen. Zum Bohren drehen Sie die Knarre in Uhrzeigerrichtung bis zum Anschlag, setzen den Bohrer in das vorgestochene Loch, drücken auf den Kopf der Bohrwinde und achten darauf, dass die Bohrwinde senkrecht steht. Dann drehen Sie die Kurbel in Uhrzeigerrichtung, bis das Loch tief genug ist. Um den Bohrer herauszuziehen wird die Knarre entgegengesetzt der Uhrzeigerrichtung bis zum Anschlag gedreht und die Kurbel dann ebenfalls in diese Richtung bewegt.

Horizontales Bohren

Nach dem Vorstechen des Mittelpunktes und der Einstellung der Knarre wird der Bohrer wie oben beschrieben angesetzt und der Kopf der Bohrwinde mit Hand und Körper abgestützt. Beim Bohren drücken Sie mit dem ganzen Gewicht Ihres Körpers auf den Kopf und achten gleichzeitig darauf, dass die Bohrung gerade verläuft.

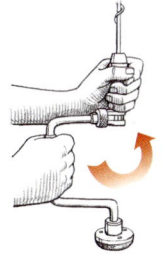

LINKS: Zum Einspannen halten Sie das Bohrfutter und drehen an der Kurbel.

TIPP

Die meisten traditionell arbeitenden Tischler versuchen zwar ohne Elektrowerkzeuge auszukommen, die Tischbohrmaschine bildet jedoch eine Ausnahme von dieser Regel. Müssen Sie zum Beispiel eine Reihe von sauberen, blinden Löchern mit flachem Grund bohren, dann gibt es dazu kein besseres Werkzeug als einen Forstnerbohrer in einer Tischbohrmaschine.

SCHLANGENBOHRER UND ZENTRUMSBOHRER

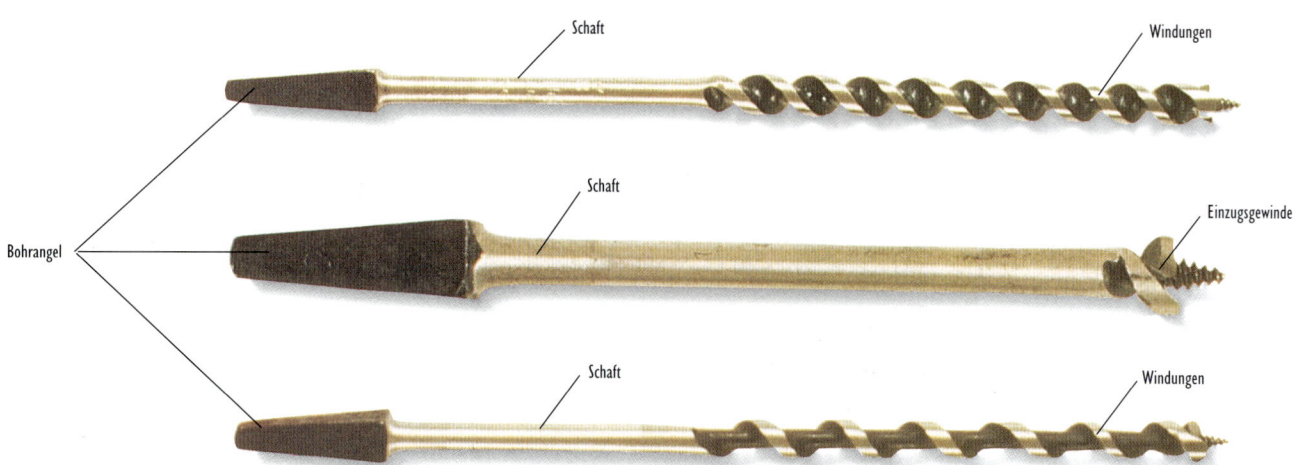

OBEN: In einer traditionellen Bohrwinde können Schlangenbohrer der Form „Douglas" und „Irwin" sowie Zentrumsbohrer verwendet werden.

Schlangenbohrer eignen sich vor allem zum Bohren tiefer Löcher. Das Einzugsgewinde zieht den Bohrer dabei in das Holz. Die folgenden Hinweise und Erklärungen werden Ihnen helfen, die Wirkungsweise der Schlangen- und Zentrumsbohrer besser zu verstehen und diese in gutem Zustand zu halten.

Einzugsgewinde

Mit der Gewindespitze wird der Bohrer im vorgestochenen Mittelpunkt positioniert. Beim Bohren schneidet zuerst das Einzugsgewinde in das Holz und zieht dann den Bohrer mit kontrollierter Geschwindigkeit nach. Es gibt drei Arten von Gewindespitzen, zum Bohren mit niedriger, mittlerer oder hoher Geschwindigkeit. Je schneller sich das Einzugsgewinde dreht, um so schneller dringt der Bohrer in das Holz ein und um so rauer werden die Kanten des Bohrloches. Sie müssen also entscheiden, ob Sie lieber schnell bohren möchten und dafür ein Loch mit ausgefransten Kanten in Kauf nehmen oder langsam arbeiten um saubere Bohrlöcher mit glatten Wandungen zu erhalten.

Vorschneider

Nachdem die Gewindespitze in das Holz eingedrungen ist, kommt die Oberfläche des Holzes mit den Vorschneidern in Kontakt. Schlangenbohrer können unterschiedliche Arten von Vorschneidern haben, deren Funktion ist jedoch immer dieselbe: die Holzfasern am Bohrungsumfang zerschneiden und so den Durchmesser des Bohrloches festlegen.

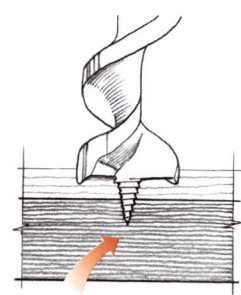

OBEN: Die Gewindespitze zieht den Bohrer in das Holz.

Spanabheber

Nachdem der Vorschneider den Durchmesser der Bohrung festgelegt hat, dringen die Spanabheber in das Holz und schneiden den Abfall heraus.

Spiralwindungen

Durch die Spannut der Spiralwindung werden die vom Spanabheber produzierten Späne an die Oberfläche transportiert. Die Wangen der Spannuten erleichtern dabei die Führung des Bohrers.

Schaft und Bohrerangel

Als Schaft wird das Metallstück zwischen der Oberkante der Spiralwindung und dem Anfang der Angel bezeichnet. Die Angel ist das sich verjüngende viereckige Ende des Bohrers, dass in die Spannbacken des Spannfutters gesteckt wird.

UNTEN: Die Spanabheber schneiden Lage für Lage den Abfall heraus.

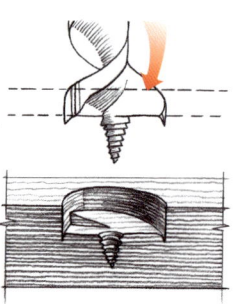

Schärfen eines Schlangenbohrers

Ein Schlangenbohrer ist einfach zu handhaben, hält ewig und eignet sich besonders zum Bohren tiefer Löcher, vorausgesetzt, er wird pfleglich behandelt und regelmäßig geschärft wie jedes andere Schneidwerkzeug auch. Bohrer sollten vor allem nicht einfach durcheinander in eine Kiste geworfen werden, in der sie vor sich hin rosten und stumpf werden. In diesem Falle kann man nicht erwarten, dass sie ordentlich bohren. Möglicherweise haben Sie ein paar ältere Schlangenbohrer, die etwas aufgearbeitet werden müssen. Dabei wird Ihnen die folgende Anleitung helfen.

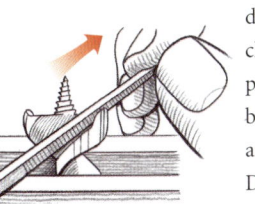

OBEN: Schärfen der Vorschneider eines Schlangenbohrers mit Hilfe einer Feile. Achten Sie darauf, dass die Spanabheber nur von der glatten Seite der Feile berührt werden.

Polieren

Der Schlangenbohrer sollte sauber und glänzend sein. Vielleicht ist er ja noch scharf, wenn er jedoch mit Rost besetzt ist oder eine stumpfe Oberfläche hat, wird er nicht einwandfrei bohren.

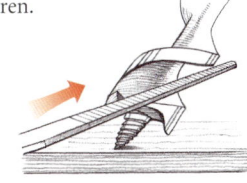

OBEN: Verwenden Sie zum Schärfen der Spanabheber des Schlangenbohrers eine Bohrerfeile.

Beginnen Sie, indem Sie den Bohrer mit Leichtbenzin reinigen und dann entfernen Sie mit ganz feiner Stahlwolle den Rost. Zum Schluss nehmen Sie eine Tuchscheibe oder ein Stück Stoff und polieren den Bohrer bis er glänzt.

Säubern des Einzugsgewindes

Vergessen Sie nicht, dass die Funktion des Schlangenbohrers von der Gewindespitze abhängt, die den Kopf des Bohrers in das Holz zieht. Deshalb ist es wichtig, dass die Rillen des Gewindes sauber und scharf sind. Achten Sie beim Säubern des Bohrers und

OBEN: Achten Sie beim Feilen der Spanabheber darauf, die Vorschneider nicht zu beschädigen.

beim Feilen der Vorschneider und Spanabheber darauf, dass Sie die Gewindespitze nicht verändern oder beschädigen.

Feilen der Vorschneider und Spanabheber

Spannen Sie den Schlangenbohrer mit der Spitze nach oben zwischen mit Holz belegte Schraubstockwangen, nehmen Sie eine kleine Feile – am besten eine Spezialfeile für Schlangenbohrer und feilen Sie die Innenseiten des Vorschneiders bzw. der Vorschneider. Seien Sie dabei vorsichtig, denn ein Schlangenbohrer ohne Vorschneider ist völlig nutzlos. Danach feilen Sie den Spanabheber, dazu spannen Sie den Bohrer jedoch mit der Spitze nach unten ein und arbeiten aufwärts, so dass sich die Fase auf der unteren Seite des Spanabhebers befindet.

Abziehen

Nachdem der Schlangenbohrer gesäubert und gefeilt ist, nehmen Sie einen kleinen Abziehstein und entfernen damit die Grate an den Schneiden des Vorschneiders und Spanabhebers. Dann reiben Sie den Bohrer mit einer weißen Wachskerze ein und polieren ihn bis er glänzt.

Verwendung eines Schlangenbohrers zum Bohren eines tiefen, geraden Loches

1 Spannen Sie das Werkstück so in den Schraubstock, dass sich das zu bohrende Loch in bequemer Höhe befindet und führen Sie einige Drehungen aus, bis Sie spüren, dass das Gewinde sich in das Holz schneidet.

2 Überprüfen Sie die Ausrichtung mit dem Auge und bitten Sie dann einen Helfer, die Richtung des Bohrers mit Hilfe eines Winkels zu kontrollieren.

3 Messen Sie die Tiefe der Bohrung mit einem Lineal oder einem markierten Holzdübel.

TIPP

Falls Sie gern sowohl mit Elektro- als auch mit Handwerkzeugen arbeiten, gibt es einen speziellen Schlangenbohrer, der in beiden Arten von Bohrmaschinen verwendet werden kann. Diese Bohrer schneiden ein tiefes, sauberes Loch, wobei der Abfall durch die zahlreichen Windungen schnell heraustransportiert wird.

HANDBOHRMASCHINE

Griff

Es gibt drei grundlegende Arten Bohrmaschinen für Spiralbohrer: die Handbohrmaschine, die Brustleier und den Drillbohrer. Die folgende Liste wird Ihnen helfen, die für Ihre Bedürfnisse passende Bohrmaschine zu finden.

Handbohrmaschine

Die Handbohrmaschine ist wahrscheinlich das am häufigsten verwendete Werkzeug dieser Gruppe. Sie hat in der Regel zwei hölzerne Griffe, ein einfaches Ritzel, ein großes Zahnrad und ein Spannfutter mit drei Spannbacken. Die Handbohrmaschine ist das ideale Werkzeug für kleine Löcher bis zu einem Durchmesser von 8 mm. Zum Einsetzen

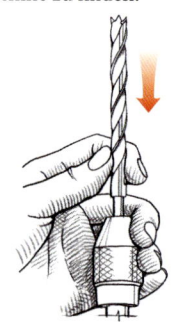

OBEN: Einsetzen des Bohrers in das Futter

des Bohrers wird das Futter per Hand geöffnet, der Bohrer zwischen die drei Spannbacken gelegt und das Futter wieder geschlossen und festgezogen. Zum Bohren hält man die Bohrmaschine mit einer Hand während die andere die Kurbel betätigt. Üben Sie nicht zu viel Druck aus und kurbeln Sie nicht all zu schnell.

Zahnrad

STANLEY 03-105 ENGLAND

Kurbel

Antriebswelle

Futter

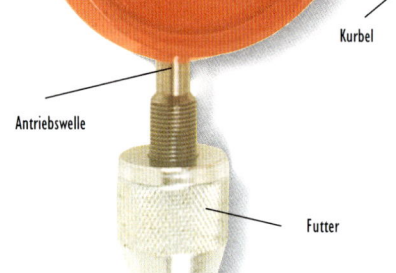

OBEN: Handbohrmaschine mit Zahnrad aus Druckguss

Brustleier

Die Brustleier ist eine größere Handbohrmaschine. Sie hat dieselbe Grundform, dazu jedoch eine sattelförmige Brustplatte, ein größeres Futter und ein großes Zahnrad mit zwei Gängen. Mit einer solchen Bohrmaschine kann man bedeutend größere Löcher bohren. Sie wird ebenfalls mit einer Hand gehalten, während die andere Hand an der Kurbel dreht. Um mehr Druck auszuüben, lehnt man sich auf die Brustplatte.

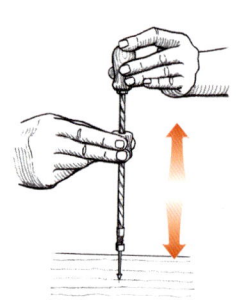

LINKS: Drillbohrer in Aktion

Drehgriff

Antrieb

Schraubfutter

OBEN: Ein Drillbohrer wird zum Bohren kleiner Löcher in dünnem Holz verwendet.

Drillbohrer

Der Drillbohrer ist das richtige Werkzeug zum Bohren kleiner Löcher in dünnes Holz und wird häufig zusammen mit einer Laubsäge verwendet. Mit dem Drillbohrer werden die Löcher gebohrt, durch die danach das Blatt der Laubsäge gesteckt wird. Zum Bohren wird der obere Griff mit einer Hand gehalten, während man den mittleren Griff mit der anderen Hand auf und ab bewegt, wodurch die Drehbewegung entsteht. Falls Sie vorhaben, Musikinstrumente, feine Laubsägearbeiten, kleine Spielzeugfiguren oder Ähnliches herzustellen, sollten Sie die Anschaffung eines Drillbohrers erwägen.

HANDHABUNG DES DRILLBOHRERS

1 Nachdem Sie das auszusägende Motiv auf das Holz gezeichnet haben, bohren Sie in die Mitte des Abfallstückes ein kleines Loch. Halten Sie den Bohrer aufrecht und führen Sie regelmäßige Bewegungen aus.

2 Stecken Sie das Ende des Sägeblattes durch die Bohrung und spannen Sie es in die Laubsäge ein. Achten Sie darauf, dass die Zähne nach unten, in Richtung Griff, zeigen.

3 Setzen Sie beim Sägen beide Hände ein: mit der einen halten und positionieren Sie das Werkstück so, dass das Sägeblatt immer entlang der vorgezeichneten Linie sägt und mit der anderen Hand sägen Sie.

HERSTELLUNG UND VERWENDUNG EINES TIEFENSTELLERS

1 Wählen Sie einen Ihrer Tiefensteller, beispielsweise den für Löcher mit einer Tiefe von einem halben Zoll (12,5 mm) und spannen Sie den Bohrer so in das Futter, dass er gerade 12,5 mm aus dem Tiefensteller schaut.

2 Beim Bohren sorgt der Tiefensteller nun dafür, dass alle Löcher nicht tiefer als 12,5 mm werden.

SPIRALBOHRER

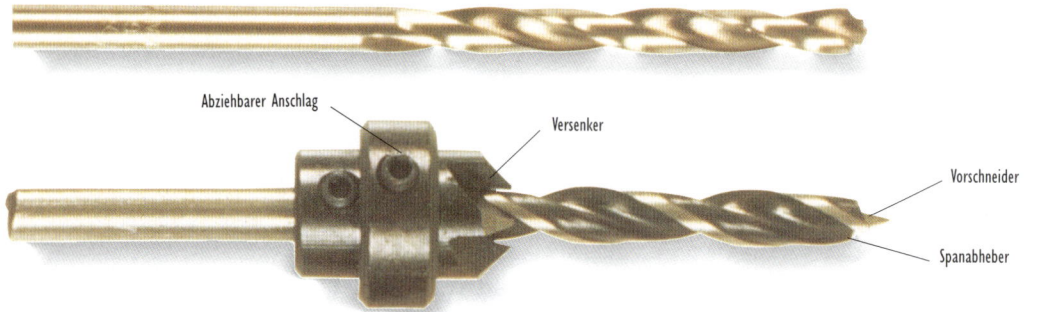

OBEN: Spiralbohrer

UNTEN: Spiralbohrer mit Aufstecksenker zum Bohren und Senken in einem Arbeitsgang.

Abziehbarer Anschlag

Versenker

Vorschneider

Spanabheber

Zur Holzbearbeitung gibt es zwei grundlegende Arten von Spiralbohrern – der Spiralbohrer mit Dachspitze, der zum Bohren in Holz und Metall verwendet werden kann und der Spiralbohrer mit Zentrierspitze, der nur für Holz geeignet ist.

Spiralbohrer mit Dachspitze

Obwohl der Spiralbohrer ursprünglich für das Bohren in Metall entwickelt wurde, ist er inzwischen der am häufigsten verwendete Holzbohrer. Mit seinem zylindrischen Schaft kann er in kleine Handbohrmaschinen eingespannt werden und eignet sich in erster Linie zum Bohren von kleinen Löchern bis zu einem Durchmesser von etwa 10 bis 12 mm. Für größere Bohrungen sollte vorzugsweise der Schlangenbohrer eingesetzt werden. Es gibt verschiedene Spezialformen des Spiralbohrers, allerdings werden diese in der Holzbearbeitung kaum eingesetzt.

1

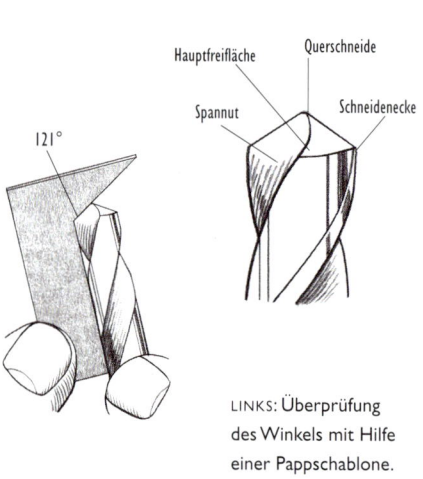

121°

Hauptfreifläche

Querschneide

Spannut

Schneidenecke

LINKS: Überprüfung des Winkels mit Hilfe einer Pappschablone.

2

3

Der Spiralbohrer mit Zentrierspitze

Der Spiralbohrer mit Zentrierspitze wurde speziell für das Bohren in Holz entwickelt. Alle Holzbearbeiter sind sich wohl darin einig, dass der Spiralbohrer mit Zentrierspitze zum präzisen Bohren von sauberen Löchern am besten geeignet ist. Die beiden seitlichen Vorschneider und die Spitze machen diesen Bohrer zum perfekten Werkzeug für Bohrungen in härtestes Holz.

Einpassen von Dübeln

1 Legen Sie die Position der beiden Dübellöcher fest und bohren Sie diese mit einem Spiralbohrer mit Zentrierspitze aus.

2 Nun stecken Sie die Zentriereinsätze aus Messing in die Dübellöcher.

3 Legen Sie jetzt das Gegenstück auf das Ende mit den eingesetzten Messingdübeln und schlagen Sie kurz mit dem Klüpfel darauf, um die Position der Dübellöcher im Gegenstück zu markieren.

4 Nachdem Sie die Dübellöcher in das Gegenstück gebohrt haben, bestreichen Sie die Dübel auf der einen Seite mit etwas Holzleim und stecken sie in das Brett.

5 Zum Abschluss bestreichen Sie die herausstehende Hälfte der Dübel ebenfalls mit Holzleim, setzen das Gegenstück auf und schlagen beide Bretter vorsichtig mit einem Klüpfel fest.

Schärfen von Spiralbohrern mit Zentrierspitzen

Viele Holzbearbeiter werfen Ihre Spiralbohrer weg, wenn sie nicht mehr scharf sind. Das kann man sicher mit billigen Bohrern tun, Qualitätsbohrer sollte man jedoch lieber schärfen.

Angenommen, Sie möchten einen Spiralbohrer mit Zentrierspitze mit einem Durchmesser von 12 mm schärfen. Stellen Sie zuerst fest, ob der Bohrer gerade ist. Rollen Sie den Bohrer auf einer ebenen Unterlage um zu sehen, ob er wirklich gerade ist. Wischen Sie den Bohrer mit einem in Waschbenzin getränkten Lappen ab, um eventuelle Harzreste zu entfernen. Spannen Sie den Bohrer mit der Spitze nach oben zwischen die mit Holz belegten Backen eines Schraubstockes und schärfen Sie die Innenseiten der Spannuten mit einer kleinen Feile oder einem kleinen zylinderförmigen Abziehstein, indem Sie die Hohlfläche zwischen der mittleren Spitze und dem äußeren Vorschneider bearbeiten. Wenn Sie keine entsprechend kleine Feile oder keinen passenden Abziehstein zur Hand haben, können Sie auch ein dünnes Stück Holz verwenden, um das Sie feinkörniges Schleifpapier wickeln.

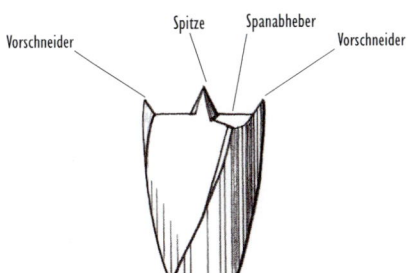

OBEN: Ein Spiralbohrer mit Zentrierspitze

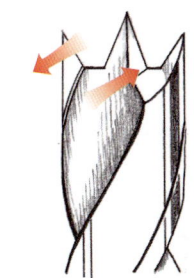

OBEN: Schärfen eines Spiralbohrers mit Zentrierspitze.

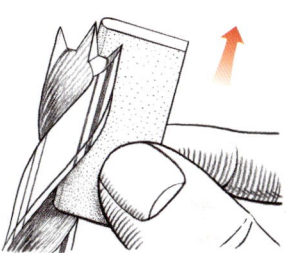

OBEN: Schärfen eines Spiralbohrers mit Zentrierspitze an einem Abziehstein.

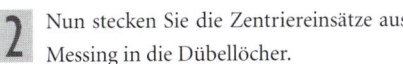

TIPP

Wir empfehlen, für kleine Löcher bis zu einem Durchmesser von 9 mm Spiralbohrer zu verwenden und große Löcher mit der Bohrwinde und einem Schlangenbohrer zu bohren. Möchten Sie lieber mit einer Tischbohrmaschine arbeiten, können Sie auch große Spiralbohrer mit Zentrierspitze für Löcher bis zu einem Durchmesser von 25 mm, Forstnerbohrer für flache Löcher bis zu einem Durchmesser von 75 mm und Flachbohrer für tiefe Löcher, die nicht unbedingt ganz glatt sein müssen, verwenden.

ZENTRUMSBOHRER MIT VERSTELLBARER SCHNEIDE

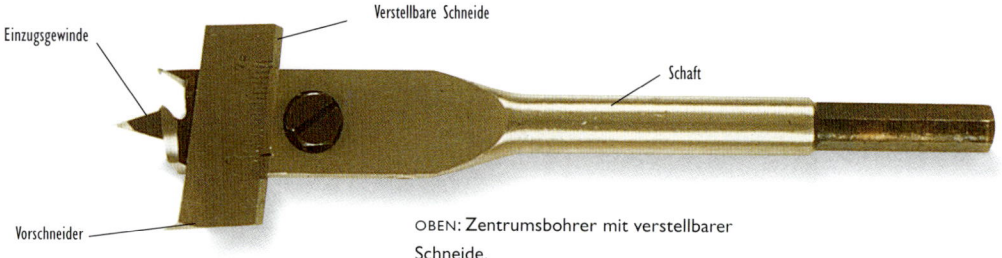

OBEN: Zentrumsbohrer mit verstellbarer Schneide.

Ein Zentrumsbohrer mit verstellbarer Schneide ist ein nützliches Werkzeug, wenn man Löcher bohren möchte, die größer als der größte verfügbare Schlangenbohrer (38 mm) sind. Mit einem Zentrumsbohrer mit verstellbarer Schneide kann man Löcher bis zu einem Durchmesser von 100 mm bohren. Er ist ähnlich geformt wie der Spiralbohrer mit Zentrierspitze, hat jedoch einen verstellbaren Vorschneider. Zum Einstellen des Bohrers wird die Schraube gelöst, der Vorschneider auf den gewünschten Durchmesser gestellt und dann die Schraube wieder angezogen.

Wenn Sie sich diesen Holzbohrer beim Bohren genau betrachten, werden Sie sehen, dass die Gewindespitze den Bohrer in das Holz zieht, die seitlichen Vorschneider den Umfang der Bohrung festlegen und der Spanabheber dann den Abfall wegnimmt. Beim Einsatz eines Zentrumsbohrers mit verstellbarer Schneide sollten Sie eine Bohrwinde mit größtmöglicher Ausladung verwenden und darauf achten, dass die Vorschneider und Spanabheber rasiermesserscharf sind.

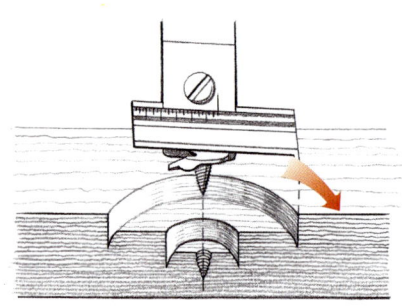

OBEN: Querschnitt durch einen Zentrumsbohrer mit verstellbarer Schneide.

REIBAHLEN, STUFENBOHRER

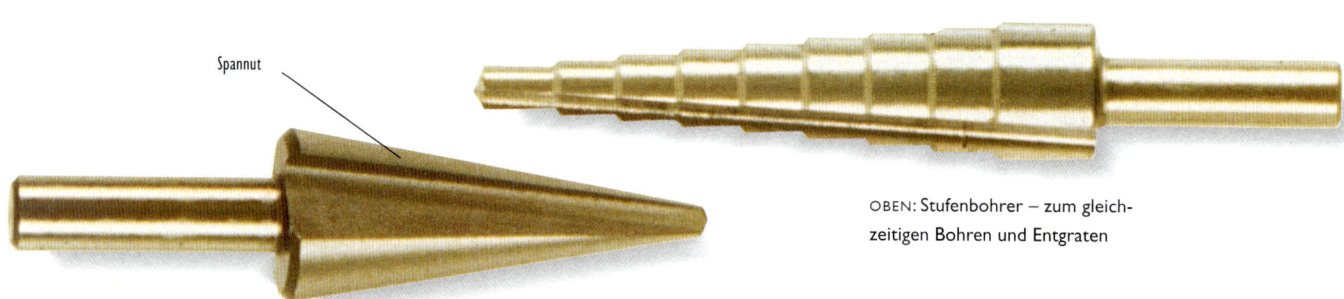

OBEN: Stufenbohrer – zum gleichzeitigen Bohren und Entgraten

OBEN: Konischer Schälbohrer

Es gibt eine Reihe von speziellen Bohrern und Reibahlen, die dazu dienen, ein bereits gebohrtes Loch zu säubern, zu entgraten oder zu erweitern. Die meisten davon können zusammen mit einer Bohrwinde verwendet werden. Die verschiedenen Typen wurden jeweils für spezifische Aufgaben entwickelt. Reibahlen

werden vor allem im Gitarren- und Geigenbau verwendet, wo man kleine, sich verjüngende Löcher für die Stimmwirbel benötigt und beim Bau von Stühlen für konische Löcher zum Einpassen der Stuhlbeine.

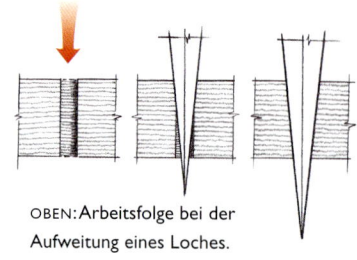

OBEN: Arbeitsfolge bei der Aufweitung eines Loches.

ENTGRATER/VERSENKER

RECHTS: Drei Versenker verschiedener Größe und Ausführung.

Kegelförmige Schneide

E in Versenker dient ähnlich wie ein Erweiterungsbohrer zum Schneiden einer schrägen oder konischen Vertiefung. Es gibt zwei grundlegende Typen, die Handentgrater, die im vorgebohrten Loch schnell hin- und hergedreht werden sowie Entgrater, die man in eine Bohrwinde einspannt. Das sind entweder konische Versenker oder die viel älteren flachen V-förmigen Entgrater. Generell gilt für diese Werkzeuge, dass die Wand der Bohrung umso glatter wird, je höher die Drehgeschwindigkeit ist und je mehr Schneiden der Entgrater hat.

OBEN: Drehen Sie den Handentgrater mehrmals schnell hin und her.

OBEN: Bei korrekter Anwendung passt der Schraubenkopf genau in die gebohrte Öffnung, sollte jedoch geringfügig tiefer liegen als die Holzoberfläche.

HOHL- ODER LÖFFELBOHRER

D er Hohl- oder Löffelbohrer hat im Längsschnitt die Form eines Hohleisens und ist an der Schnittkante wie ein Löffel gerundet. Er ist einer der ältesten Bohrertypen. Es gibt spezielle Hohlbohrer für traditionelle Berufe, wie zum Beispiel den Hohlbohrer des Bürstenmachers, den des Stuhltischlers und des Böttchers. Das Ungewöhnliche an einem Hohlbohrer ist, dass die Schneide nicht wie bei einem Schlangenbohrer in das Holz gezogen wird, sondern, dass der Schnitt durch den nach unten gerichteten Druck ausgeführt wird. Das macht den Hohlbohrer zu einem nützlichen Werkzeug für Holzbearbeiter, die Löcher in einem fla-

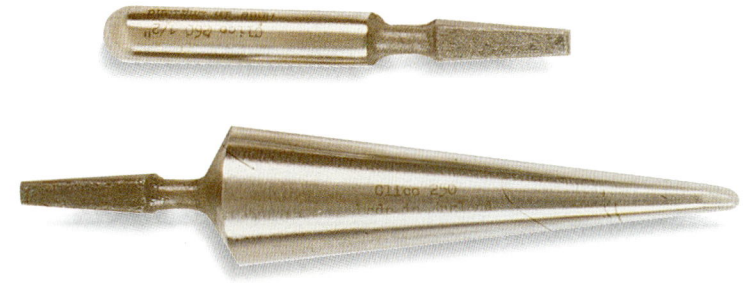

chen Winkel bohren und gleichzeitig die Geschwindigkeit der Bohrung beim Eindringen des Bohrers in das Holz und beim Austreten aus dem Holz genau kontrollieren müssen.

OBEN: Der Vorteil des Hohlbohrers ist, dass er vertikal als auch schräg eingesetzt werden kann.

Schleifen und Schaben

Schleifen ist die Verwendung verschiedener Schleifpapiere, Raspeln und Schaber zur Oberflächenbehandlung. Die meisten Holzbearbeiter verwenden Schleifpapier und Ziehklingen um eine besonders glatte Oberfläche zu erzielen, jedoch gibt es noch zahlreiche andere traditionelle Schleiftechniken zum Formen und Strukturieren von Holzoberflächen.

SCHLEIFPAPIER

OBEN: Eine Auswahl
verschiedener Schleifpapiere

Zweiseitiger Schleifblock mit einer weichen
Seite für kurvige Oberflächen

Hartschaumgummi

Kork

Velcro-Schleifpapier

OBEN: Handschleifblöcke

Schleifen

Beim Schleifen werden durch scharfkantige Schleifkörner dünne Späne abgetragen bis man schließlich eine sehr glatte Oberfläche erhält. Wie bei allen anderen Werkzeugen bestimmt auch bei den Schleifmitteln die Form und Art der Schneide die Geschwindigkeit und Qualität des Schnittes. Die Schneiden oder besser gesagt die Schneidezähne der Schleifmittel sind die Kristalle, aus denen das jeweilige Schleifmittel besteht. Schleifpapiere werden nach der Größe der Körnung verkauft – je kleiner die Korngröße um so feiner die Oberfläche. Die aufgezeigte Liste wird Ihnen helfen, das passende Schleifmittel für Ihre Zwecke zu finden.

OBEN: Atemschutzgerät

Sandpapier

Ursprünglich bezeichnete Sandpapier ein Stück Papier oder Stoff, das als Kornträger für aufgeleimten Sand diente. Heute werden häufig alle Schleifpapiere als „Sandpapier" bezeichnet.

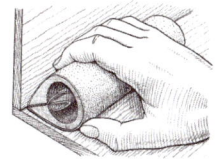

OBEN: Handhabung eines Schleifklotzes mit tropfenförmigem Querschnitt.

Granatschleifpapier

Granatschleifpapier ist ein spezielles Schleifpapier für Holz. Es schleift schnell, hält lange und ergibt eine feine, weiche Oberfläche ohne Flecke. Es eignet sich besonders gut für harzhaltiges Holz.

Elektrokorund (Aluminiumoxidpapier)

Aluminiumoxidpapier ist härter und hält länger als Granatschleifpapier. Mit diesem Papier lässt es sich leichter schleifen und man erhält eine weiche, hochglanzpolierte Oberfläche.

LINKS: Scheibenschleifmaschine (Zubehör zur Drechselbank)

OBEN: Zusammengefaltetes Schleifpapier verhindert, dass zwei Oberflächen aufeinander zu liegen kommen. Dabei wird eine Kante bis zur Mitte eingerissen.

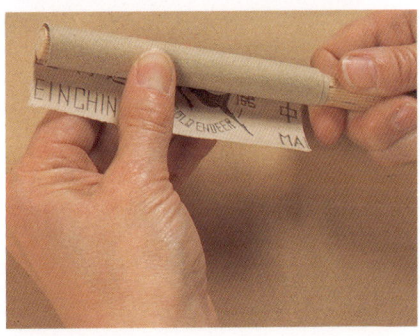

OBEN: Mit Hilfe eines Dübels kann man ein geeignetes Schleifwerkzeug für konkave Profile herstellen.

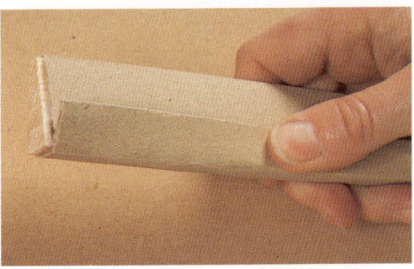

OBEN: Falls Sie irgendwo in einem engen Schlitz schleifen müssen, wickeln Sie einfach Sandpapier um ein Stück Sperrholz.

OBEN: Früher bauten sich Tischler bequeme Schleifblöcke oft aus Abfallstücken exotischen Hartholzes.

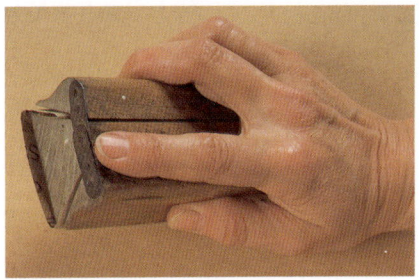

OBEN: Ein Schleifblock aus den fünfziger Jahren zum Einspannen eines Stück Sandpapiers.

Siliziumkarbidpapier

Siliziumkarbid ist zwar fast so hart wie Diamant, viele Holzbearbeiter sind jedoch der Ansicht, dass Siliziumkarbidpapier schneller reißt als Granatschleifpapier. Es wird nur zum Polieren extrem harter Hölzer und für bestimmte Oberflächenbehandlungen eingesetzt.

Stahlwolle

Stahlwolle eignet sich zum Säubern von Profilen und zum Mattieren von gestrichenen und lackierten Oberflächen, sie kann jedoch das Holz fleckig machen. Lässt man beispielsweise nur ein winziges Stückchen Stahlwolle auf einem Stück noch feuchten Eichenholzes zurück, erhält man einen schwer zu entfernenden schwarzen Fleck. Falls Sie Stahlwolle verwenden wollen – wenn auch nur um Ihre Werkzeuge zu säubern – sollten Sie unbedingt Edelstahlwolle kaufen.

Bimssteinpuder

Bimssteinpuder wird in erster Linie zum Abschleifen und Mattieren von bereits fertig bearbeiteten Holzoberflächen verwendet. Will man beispielsweise einem frisch gestrichenen Werkstück den Anschein von Abnutzung geben, mischt man Bimssteinpuder mit etwas Waschbenzin oder Wachs zu einer Paste und verwendet diese als extrem feines Schleifmittel. Bimssteinpuder wird vor allem für Schellackpolituren eingesetzt.

SURFORM-WERKZEUGE

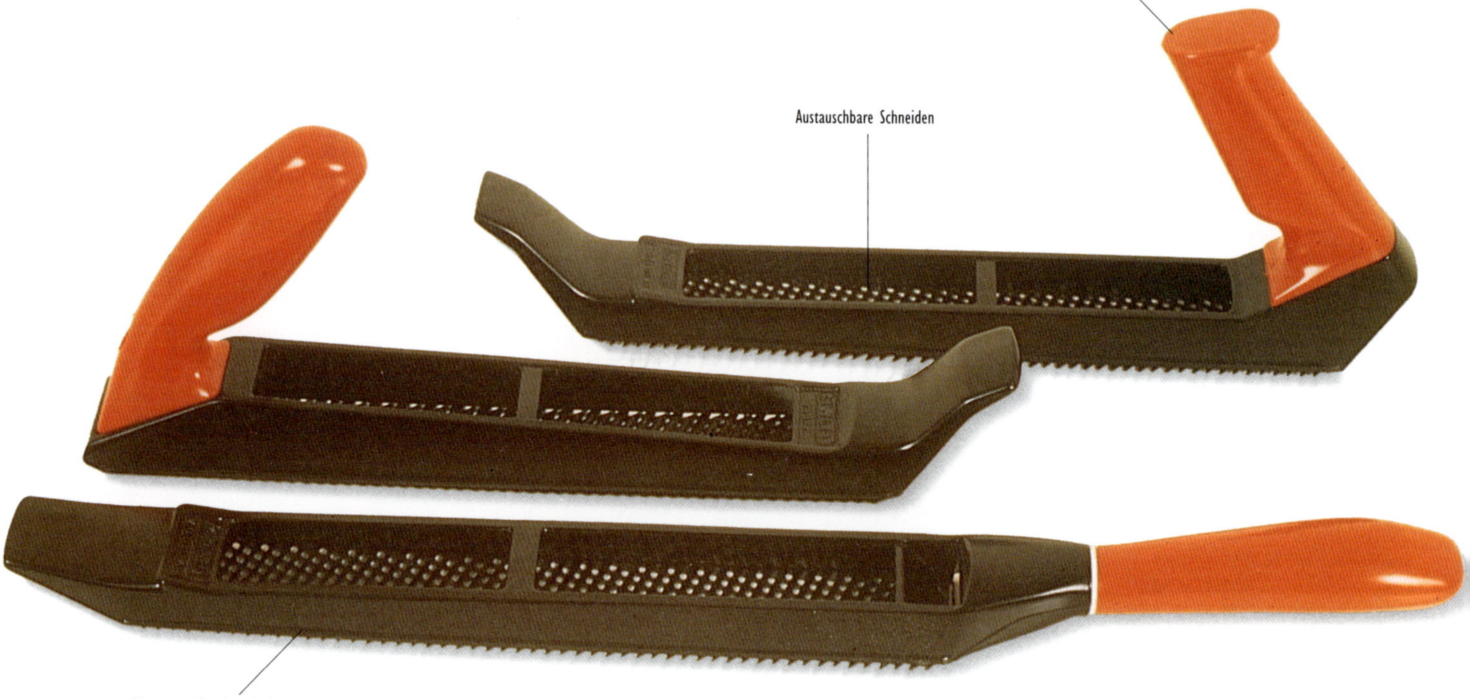

gegossener Kunststoffgriff

Austauschbare Schneiden

Körper aus Druckgusslegierung

OBEN: Standard-Raspel
(oben), Hobelraspel (Mitte)
und Flachraspel (unten)

Surform-Werkzeuge haben in manchen Werkstätten die traditionellen Raspeln und Feilen ersetzt. Sie sehen aus wie eine Kombination aus Feile und Hobel. Die durchbrochenen Blätter sorgen dafür, dass die Späne beim Raspeln austreten können. Dadurch kann man mit Surform-Werkzeugen schneller schneiden als mit einer normalen Raspel, das heißt aber auch, dass Surform-Werkzeuge mit Vorsicht und Feingefühl verwendet werden müssen.

UNTEN: Halten Sie
die Surform-Raspel in
beiden Händen.

LINKS: Ausgesägte Löcher oder Rundungen lassen sich mit einer röhrenförmigen Surform-Raspel sehr gut säubern, man muss jedoch stets darauf achten, nicht in das Hirnholz zu schneiden.

TIPP

Wenn Sie gern mit Elektrowerkzeugen arbeiten, ist die Elektrofeile vielleicht ein für Sie geeignetes Werkzeug. Sie ist ein Mittelding zwischen einer elektrischen Bohrmaschine und einem Schwingschleifer mit einem fingerförmigen Schleifbandträger und eignet sich zur Modellierung freier Formen.

RASPELN

Eine Raspel ist sozusagen die große Schwester der Feile. Feilen und Raspeln sehen sich sehr ähnlich, beide bestehen aus einem Stück Stahl verschiedener Länge und Form mit in die Oberfläche eingehauenen Spitzzähnen. Mit Feilen kann man sowohl Metall als auch Holz bearbeiten, Raspeln eignen sich dagegen nur zur Holzbearbeitung. Eine Raspel wird in beiden Händen gehalten, eine Hand umfasst den Schaft aus Holz oder Kunststoff, die andere Hand hält die Spitze. Dann wird die Raspel je nach Erfordernis gerade oder schräg über das Werkstück gezogen oder geschoben. Wie bei anderen Schneidwerkzeugen erzielt man die besten Resultate, wenn man entweder mit der Faser oder leicht schräg zur Faser raspelt. Raspeln sind besonders beim Schnitzen sehr nützlich.

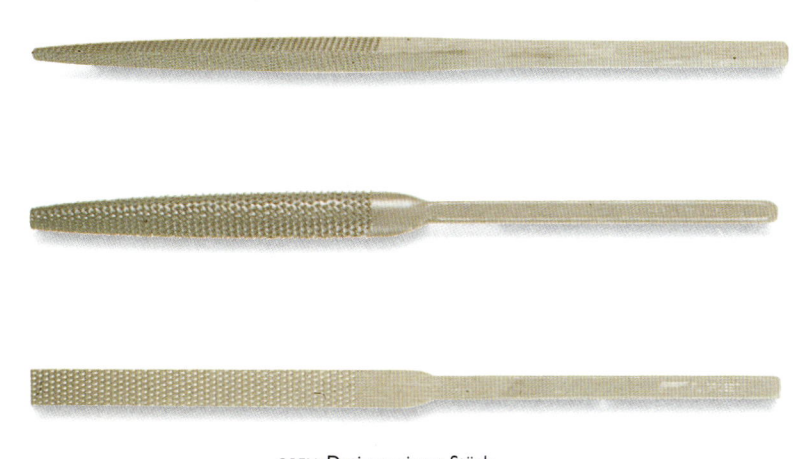

OBEN: Drei aus einem Stück geschmiedete Raspeln eines Holzschnitzers.

RIFFELFEILEN UND RIFFELRASPELN

Riffelraspeln sind kleine doppelendige Raspeln mit einer Länge zwischen 170 und 200 mm. Beide Enden haben dieselbe Form, denselben Querschnitt und dieselbe Zahnung. Riffelraspeln oder Riffelfeilen werden oft beim Holzschnitzen eingesetzt. Mit den spitzen, hakenförmigen Enden kann man auch in Ecken und schwer zugänglichen Stellen arbeiten. Sie sind besonders beim Reliefschnitzen für die Bearbeitung des tiefer gelegten Grundes nützlich.

Riffelfeilen oder -raspeln werden in der Mitte gehalten, der Zeigefinger wird dabei auf die Klinge gelegt. Mit den unterschiedlich geformten Riffeleisen (rund, oval, rechteckig, dreieckig und messerschneidenförmig) und durch variierende Arbeitsrichtung kann man zahlreiche unterschiedliche Effekte erzielen. Allerdings sollten Sie darauf achten, dass Sie nicht zu viel mit Riffelfeilen arbeiten, denn dann besteht die Gefahr, dass die scharfen Kanten des Motivs zu sehr verwischt werden.

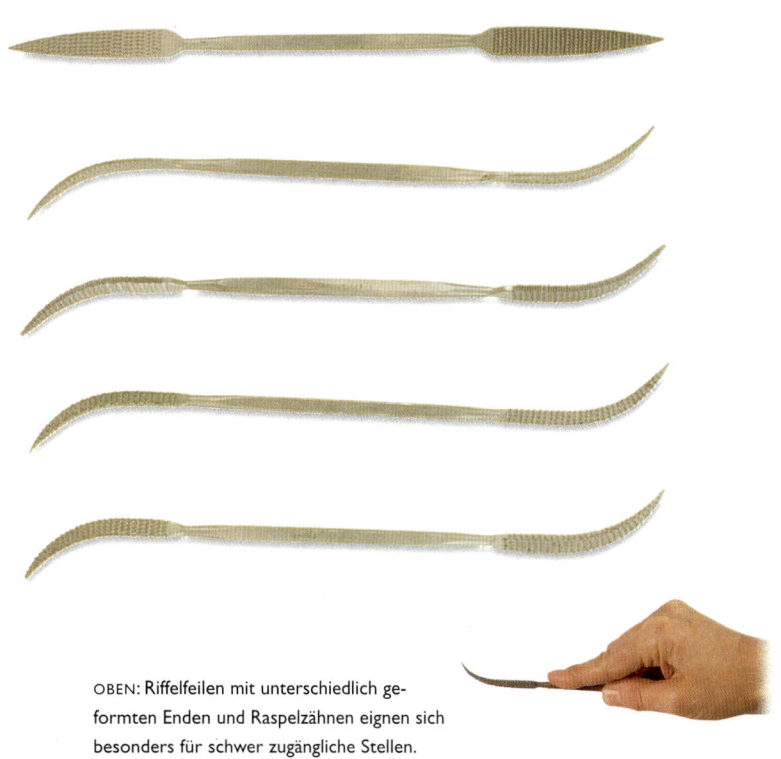

OBEN: Riffelfeilen mit unterschiedlich geformten Enden und Raspelzähnen eignen sich besonders für schwer zugängliche Stellen.

ADERNSCHNEIDER

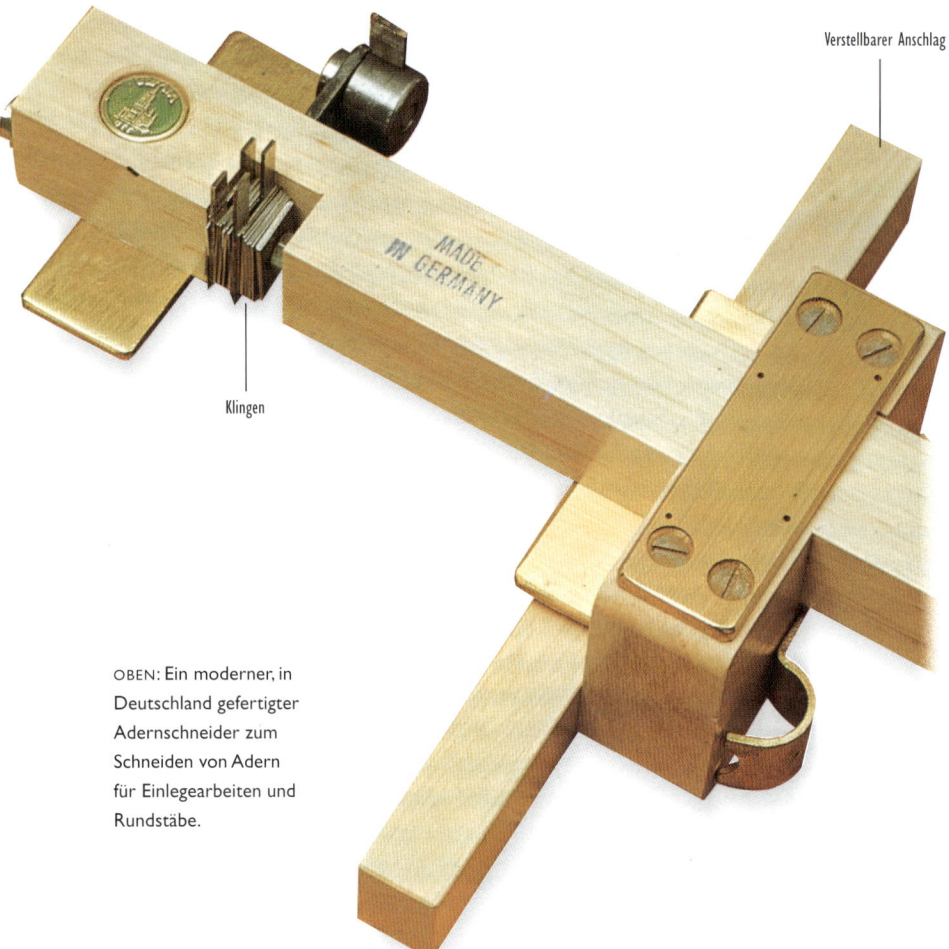

Verstellbarer Anschlag

Klingen

OBEN: Ein moderner, in Deutschland gefertigter Adernschneider zum Schneiden von Adern für Einlegearbeiten und Rundstäbe.

Der Adernschneider ist in der Regel ein selbst gefertigtes Werkzeug zum Formen von kleinen Rundstäben, Profilen und zum Schneiden von Nuten. Er besteht aus zwei zusammengeschraubten L-förmigen Holzteilen sowie einer Klinge. Die Klinge wird entsprechend dem zu formenden Profil geschliffen. Viele Holzbearbeiter stellen sich Adernschneider aus alten Streichmaßen her.

Zum Formen eines Profils oder zum Schneiden einer Nut wird der hölzerne Anschlag fest gegen die Kante des Werkstückes gedrückt und die Klinge dann abwechselnd nach vorn und hinten gezogen. Ein Adernschneider ist das perfekte Werkzeug zum Schneiden von Nuten für Einlegebänder und zur Formung kurzer Profilstücke mit geringem Querschnitt.

1 Nachdem ein altes Streichmaß entsprechend umgebaut und ein Stück Federstahl in die gewünschte Form geschliffen wurde, setzen Sie dieses in den dafür vorgesehenen Schlitz und spannen es mit Hilfe einer Schraube fest ein.

2 Ziehen Sie den Adernschneider an der Kante des Werkstückes entlang bis das Profil ausgeschnitten ist.

TIPP

Da der Adernschneider meist ein selbst gefertigtes Werkzeug ist, das für einen ganz bestimmten Zweck gebaut wurde, beispielsweise zum Formen einiger Zentimeter eines ungewöhnlichen Profiles an einem zu restaurierenden antiken Möbelstück, stellt der elektrische Nuthobel keine mögliche Alternative dar. Die Klingen für den Adernschneider sollte man jedoch am besten an einem rotierenden Werkzeug mit Hilfe eines Rubin- oder Diamantschleifsteines formen.

KRATZKLOTZ

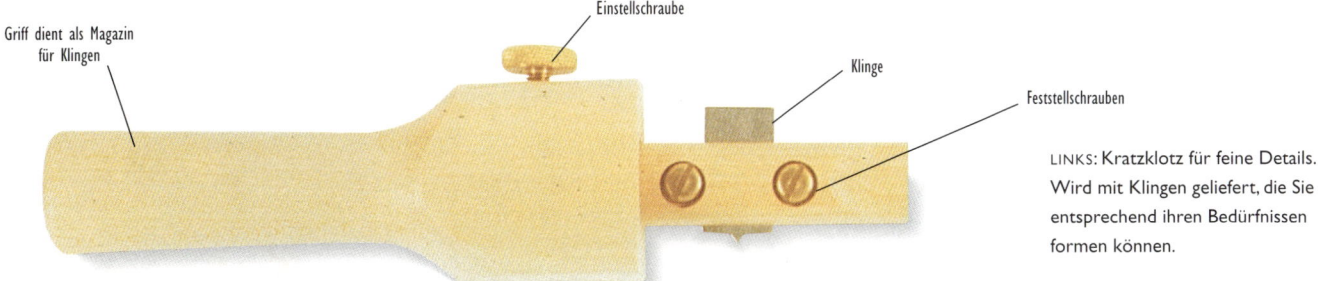

Griff dient als Magazin
für Klingen

Einstellschraube

Klinge

Feststellschrauben

LINKS: Kratzklotz für feine Details.
Wird mit Klingen geliefert, die Sie
entsprechend ihren Bedürfnissen
formen können.

D er Kratzklotz ist eine Art Kreuzung zwischen Streichmaß und Adernschneider. Es besteht aus einem Griff mit einem Kopf oder Anschlag und einer ausziehbaren Schiene in der die Klinge befestigt ist.

Spannen Sie die gewünschte Klinge zwischen zwei Feststellschrauben und stellen Sie dann den Anschlag ein. Nun drücken Sie das Werkzeug fest gegen die Kante des Werkstückes und arbeiten abwechselnd auf Schub und Zug.

1 Spannen Sie die gewünschte Klinge ein, wobei darauf zu achten ist, dass diese genau ausgerichtet und die eingestellte Tiefe korrekt ist.

2 Setzen Sie das Werkzeug auf das zu bearbeitende Holz, stellen Sie die Klinge leicht schräg, bis sie zu schneiden beginnt und führen Sie dann mehrere Züge aus, bis die Klinge nicht mehr schneidet.

3 Wenn Sie alles richtig gemacht haben, ist das geformte Profil sauber und glatt.

OBEN: Halten des Kratz-
klotzes mit beiden Händen.

ZIEHKLINGEN

Universell einsetzbare Schneide

OBEN: Schwanenhals-
ziehklinge

OBEN: Ziehklingen sind nützliche Werkzeuge zur Bearbeitung
grobfasriger Stellen auf einer ansonsten glatten Oberfläche.

Ziehklingen werden wie Sägeblätter aus Federstahl hergestellt und zur Bereinigung der Holzoberfläche vor der endgültigen Oberflächenbehandlung eingesetzt. Es gibt zwei grundlegende Formen: rechteckige Ziehklingen, die etwa 150 mm lang und 75 mm breit sind zur Bearbeitung flacher Oberflächen und die Schwanenhalsziehklingen zur Endbearbeitung konkaver Rundungen. Eine Ziehklinge wird mit beiden Händen gehalten, leicht mit den Daumen gebogen und dann entweder mit der Faser gezogen oder geschoben, manchmal in schrägem Winkel. Viele Holzbearbeiter arbeiten lieber mit Ziehklingen als mit Schleifpapier wenn Sie eine glatte Oberfläche erhalten möchten.

OBEN: Verwenden Sie eine Flachfeile um die Schmalflächen winkelgenau abzurichten.

OBEN: Halten Sie die Ziehklinge mit einem Lappen fest, so dass Sie sich nicht in die Hand schneiden und ziehen Sie die gefeilte Schneide auf einem Wasserstein mittlerer Körnung ab.

TIPP

Falls Sie gern mit Ziehklingen arbeiten, mit dem Schärfen jedoch noch nicht so zurechtkommen, dann sollten Sie wissen, dass es auch Ziehklingengratzieher zu kaufen gibt, die diese Prozedur sehr erleichtern.

Schärfen einer Ziehklinge

Das Schwierige an einer Ziehklinge ist nicht so sehr ihre Handhabung, die lernt man durch Ausprobieren relativ schnell, sondern das Schärfen. Wenn Sie sich eine Ziehklinge ganz genau anschauen, werden Sie sehen, dass der Schnitt durch einen aufgeworfenen Grat an der Spitze der Klinge ausgeführt wird. In dem Maße, wie dieser Grat runder wird, stumpft die Ziehklinge ab. Zum Schärfen einer Ziehklinge spannen Sie diese in den Schraubstock und richten sie mit einer Flachfeile ab. Als Nächstes setzen Sie die Schneide der Ziehklinge im rechten Winkel auf einen Abziehstein und fahren damit hin und her bis die gefeilte Klinge gerade und sauber ist. Im Anschluss daran ziehen Sie die Breitflächen fein ab, um den leichten Grat, der beim vorhergehenden Arbeitsschritt entstanden ist, zu entfernen. Schließlich spannen Sie die Ziehklinge mit der Schneide nach oben in einen Schraubstock, nehmen Sie einen Ziehklingen-Abziehstahl oder ein anderes Werkzeug mit rundem Querschnitt, wie zum Beispiel den Rücken eines runden Hohleisens und fahren damit wiederholt über die Kante der Schneide um den Grat aufzuwerfen. Dieser Vorgang ist an der anderen Kante der Schneide zu wiederholen.

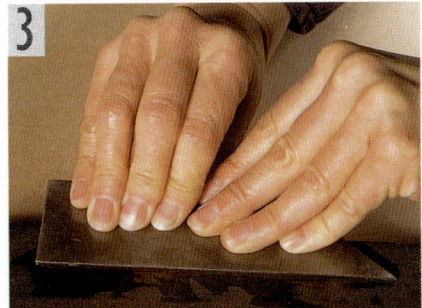

3 Ziehen Sie auch die Breitflächen fein ab, so dass der kleine Grat entfernt wird.

4 Fahren Sie mit einem rundem Abziehstahl über die Klinge, um einen scharfen Grat aufzuwerfen.

5 Mit einer gut geschliffenen Ziehklinge erzielt man die besten Oberflächen – sie werden viel glatter als bei der Bearbeitung mit einem Hobel oder mit Sandpapier.

OBEN: Biegen Sie die Ziehklinge leicht mit den Fingern, bis sie zu schneiden beginnt.

ZIEHKLINGENHOBEL

Griff

Ziehklinge

Schraube zur Einstellung der Spannung

Schrauben zum Einspannen

OBEN: Mit einem Ziehklingenhobel kann man längere Zeit arbeiten, ohne dass die Hände dabei ermüden oder zu stark beansprucht werden.

Ein Ziehklingenhobel dient zur Planbearbeitung und zum Polieren von Holzoberflächen. Manche Holzbearbeiter sind im Umgang mit dem Ziehklingenhobel so geübt, dass sie ihn direkt nach dem Schlichthobel einsetzen, ohne die Oberfläche mit Schleifpapier zu bearbeiten. Ein gut geschärfter und eingestellter Ziehklingenhobel produziert superfeine Späne und hinterlässt eine spiegelglatte Oberfläche. Das Werkzeug wird wie ein Schabhobel mit beiden Händen gehalten und dann in Richtung der Fasern geführt, wobei die Schneide leicht schräg zur Holzoberfläche stehen sollte. Der Ziehklingenhobel eignet sich insbesondere zur Bearbeitung von hartem, dichtem Holz.

UNTEN: Ziehklingenhobel in Gebrauch

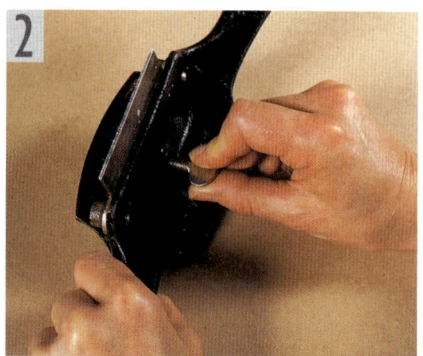

Handhabung eines Ziehklingenhobels

1 Setzen Sie die Klinge so ein, dass sie rechtwinklig zum Hobelmaul liegt und etwas übersteht, dann ziehen Sie die beiden Spannschrauben an.

2 Spannen Sie die mittlere Schraube, bis sich die Klinge leicht wölbt.

3 Spannen Sie das Werkstück ein, setzen Sie den Ziehklingenhobel so auf, dass die abgerundete Kante nach vorn weist und führen Sie den ersten Schnitt aus.

ANDERE SCHABWERKZEUGE

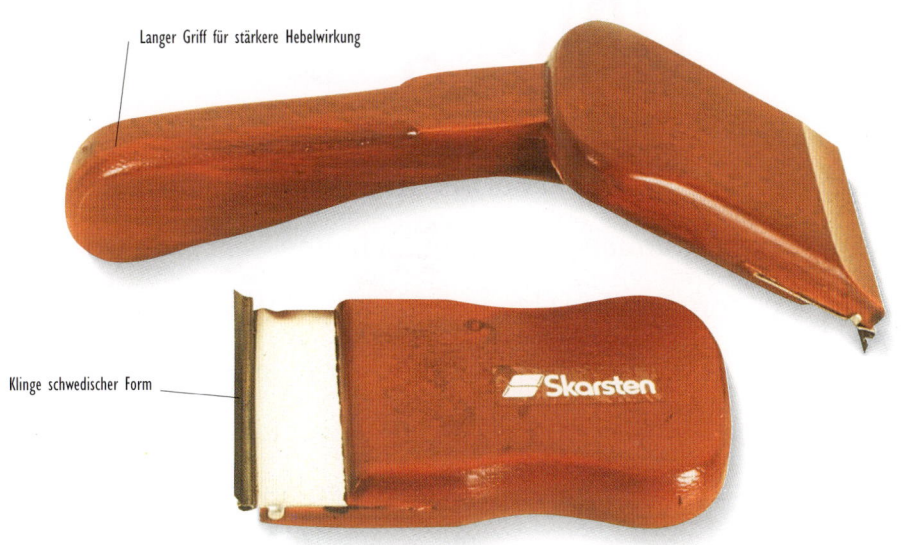

Langer Griff für stärkere Hebelwirkung

Klinge schwedischer Form

LINKS: Schaber mit abgewinkeltem Griff sind besonders günstig, wenn Sie starken Druck ausüben müssen.

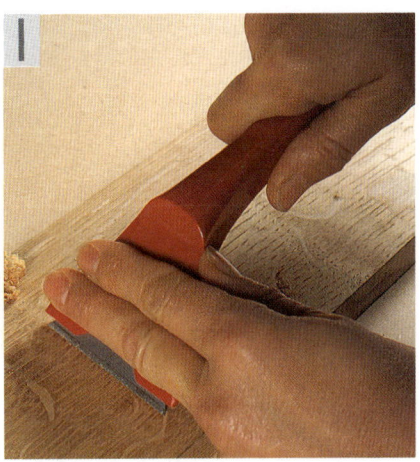

OBEN: Der Wegwerfschaber ist eigentlich so konstruiert, dass er auf Schub schneidet, man kann damit aber auch auf Zug arbeiten.

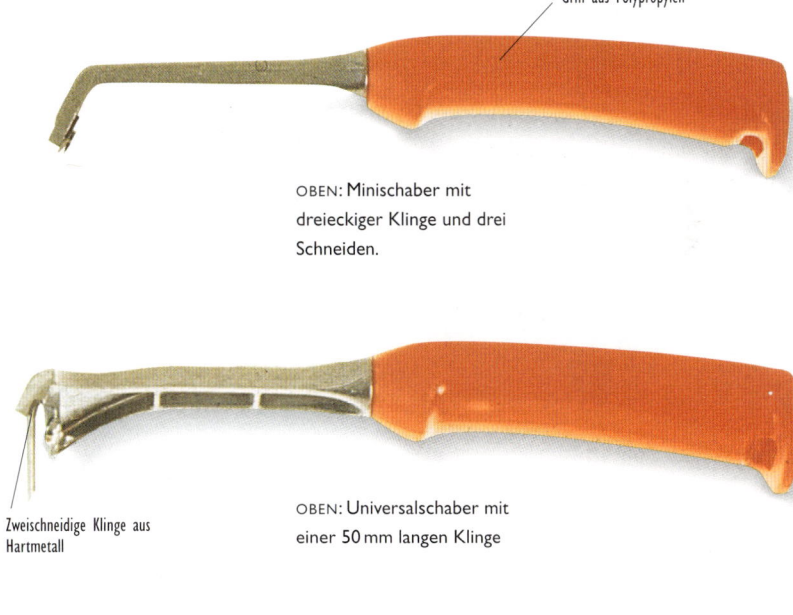

Griff aus Polypropylen

OBEN: Minischaber mit dreieckiger Klinge und drei Schneiden.

Zweischneidige Klinge aus Hartmetall

OBEN: Universalschaber mit einer 50 mm langen Klinge

TIPP

Anfänger, die ihre Werkzeugsammlung um einige gute traditionelle Werkzeuge erweitern möchten, sollten sich unbedingt einen Ziehklingenhobel zulegen. Die meisten neuen Ziehklingenhobel sind um Vieles teurer als die alten, deshalb sind gegebenenfalls gebrauchte Modelle vorzuziehen.

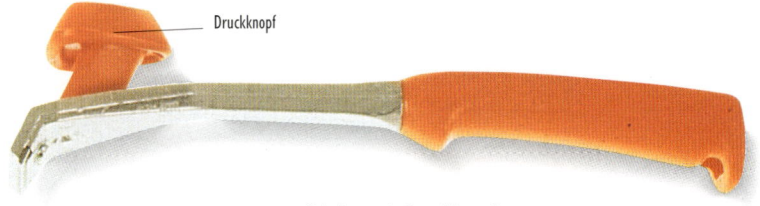

Druckknopf

OBEN: Schaber mit Druckknopf

Montage

Obwohl jeder weiß, wie wichtig es bei der Holzbearbeitung ist, das Werkstück fest einzuspannen und sicher zu halten, scheitern doch viele Projekte in der Montagephase bzw. werden viele Werkstücke dort verdorben, weil der Holzbearbeiter oft meint, er braucht sich über die verschiedenen Montage- und Spanntechniken keine Gedanken zu machen. Dann passiert es aber beim Nageln, Verleimen oder bei anderen Montagearbeiten, dass das Werkstück reißt, sich verbiegt, dass Flecken entstehen oder die Qualität auf andere Weise gemindert wird. Heute gibt es mehr ausgeklügelte Montagetechniken und Hilfsmittel als je zuvor und das folgende Kapitel wird Sie mit einigen davon vertraut machen.

SCHRAUBENDREHER

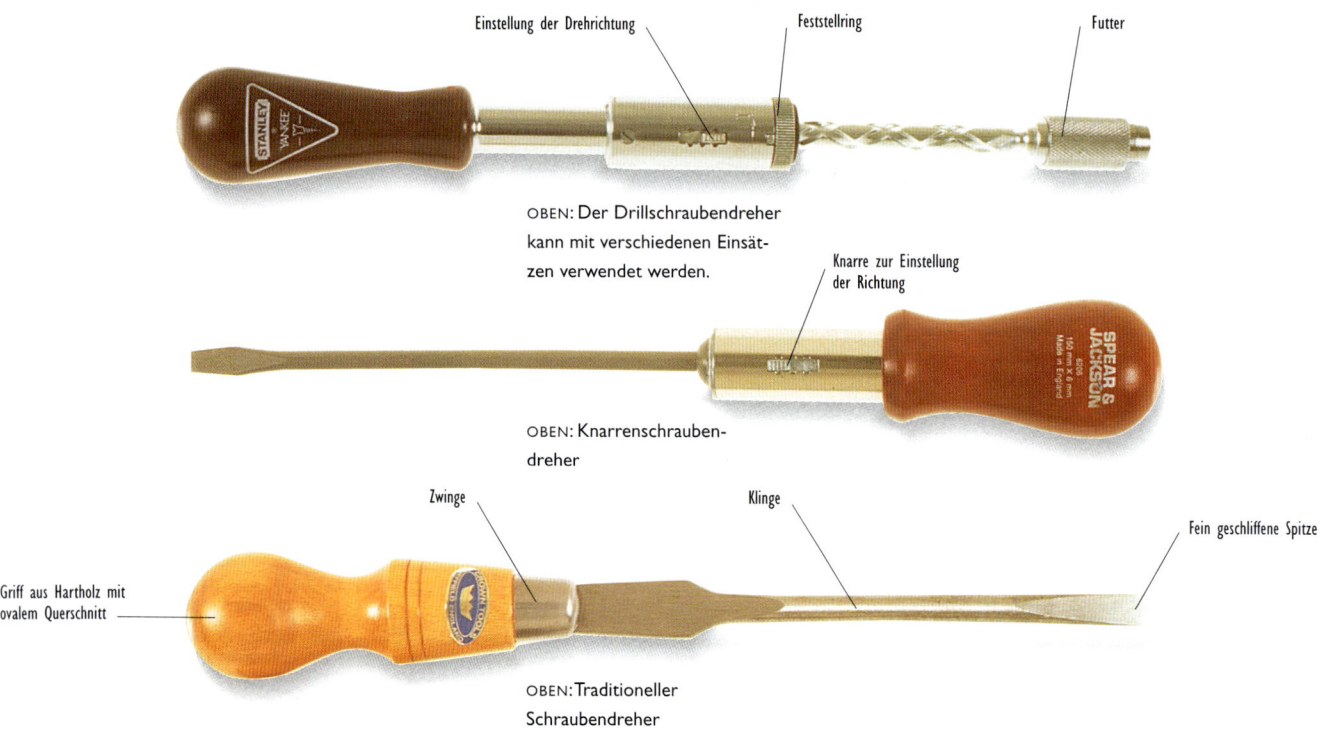

Einstellung der Drehrichtung   Feststellring   Futter

OBEN: Der Drillschraubendreher kann mit verschiedenen Einsätzen verwendet werden.

Knarre zur Einstellung der Richtung

OBEN: Knarrenschraubendreher

Zwinge   Klinge   Fein geschliffene Spitze

Griff aus Hartholz mit ovalem Querschnitt

OBEN: Traditioneller Schraubendreher

Obwohl der Schraubendreher eines dieser Werkzeuge ist, dass für alle möglichen und unmöglichen Tätigkeiten benutzt wird, angefangen vom Farbe umrühren bis zum Ausstechen von Zapfenlöchern, sollte man seinen Einfluss auf die Qualität der fertigen Arbeit nicht unterschätzen. Mit dem falschen Schraubendreher kann man sehr schnell entweder die Schraube beschädigen oder das Werkstück zerkratzen bzw. auch beides.

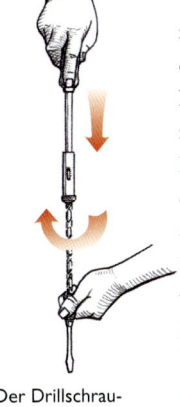

LINKS: Die Klinge des Schraubendrehers sollte so breit sein, dass sie genau in die entsprechende Nut der Schraube passt.

Arten von Schraubendrehern

Die beiden wichtigsten Voraussetzungen für eine erfolgreiche Arbeit mit dem Schraubendreher sind die richtige Breite der Klinge und ein gut in der Hand liegender Griff. Die meisten Holzbearbeiter verwenden am häufigsten die alte Form des Schraubendrehers mit dem ovalen Holzgriff. Allerdings gibt es inzwischen so viele unterschiedliche Arten

OBEN: Der Drillschraubendreher mit Spannfutter und verschiedenen Einsätzen ist ein praktisches Universalwerkzeug.

von Schraubendrehern auf dem Markt, wie zum Beispiel Phillips-Kreuzschlitz-Schraubendreher, Pozidriv-Kreuzschlitz-Schraubendreher und Kraftschraubendreher, um nur einige zu nennen, dass es wahrscheinlich die beste Lösung ist, für Schlitzschrauben Schraubendreher der alten Form und für alle anderen Schrauben einen Drillschraubendreher mit Futter und verschiedenen Einsätzen zu verwenden. Die Spitze des Schraubendrehers sollte immer genau in den Schlitz der Schraube passen, weder überstehen, wodurch das Werkstück zerkratzt werden könnte, noch zu schmal sein, so dass beim Drehen der Schlitz der Schraube beschädigt wird.

EINDREHEN VON HOLZSCHRAUBEN

1 Bohren Sie ein kleines Führungsloch in das Holz.

2 Mit einem Bohrer, der der Größe der Schraube entspricht, bohren Sie nun das Loch entsprechend dem Durchmesser des Schraubengewindes.

3 Nun kommt der Versenker zum Einsatz, mit dem Sie das Bohrloch bis auf die Größe des Schraubenkopfes aufweiten.

4 Überprüfen Sie, ob das aufgeweitete Bohrloch ausreichend groß ist.

5 Tauchen Sie die Schraube in Bienenwachspolitur und drehen Sie sie ein.

TIPP

Wenn Sie sehr häufig Schrauben eindrehen müssen oder schwache Handgelenke haben bzw. gelegentlich gern mit Elektrowerkzeugen arbeiten, ist ein Akkuschrauber eine gute Option. Sie sollten nicht versuchen an den Kosten zu sparen, indem Sie nur einen Aufsatz für die Bohrmaschine kaufen. Es ist besser, sich einen separaten Akkuschrauber mit eigener Ladestation anzuschaffen.

HÄMMER

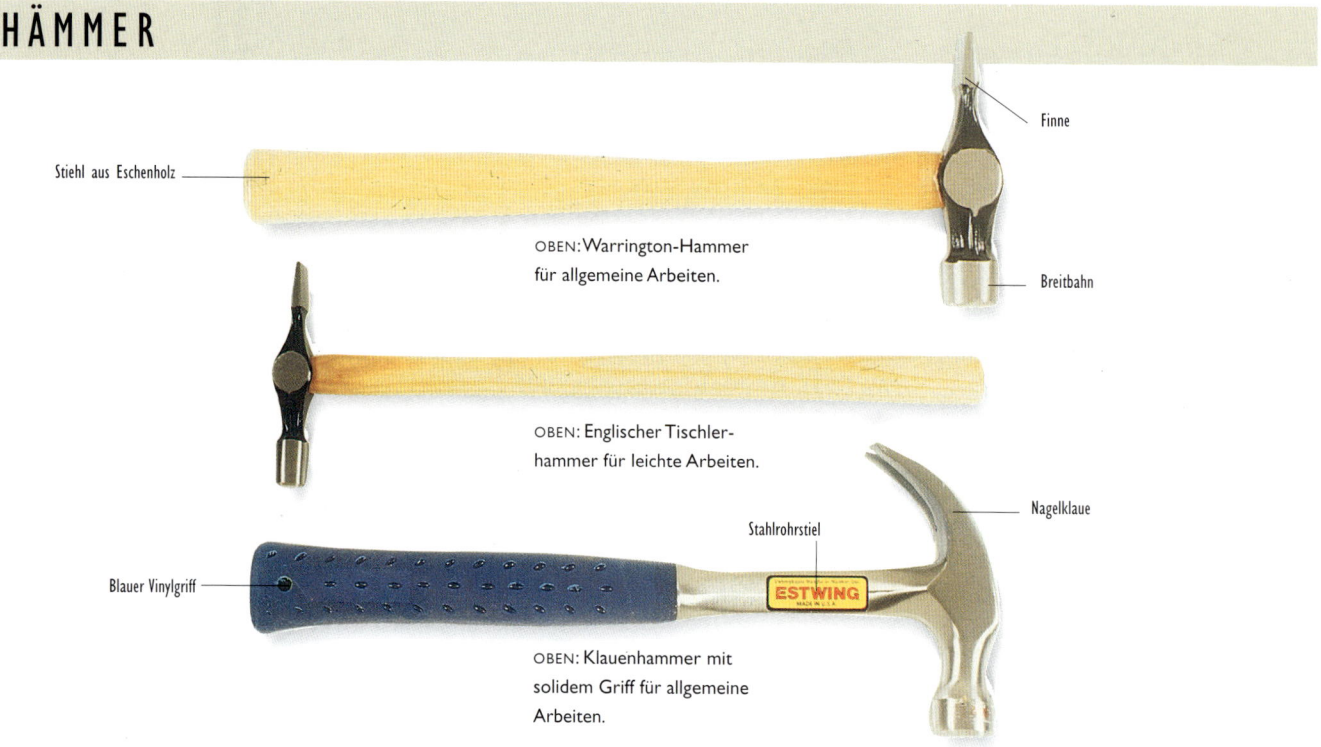

Stiehl aus Eschenholz

Finne

OBEN: Warrington-Hammer für allgemeine Arbeiten.

Breitbahn

OBEN: Englischer Tischlerhammer für leichte Arbeiten.

Nagelklaue

Stahlrohrstiel

Blauer Vinylgriff

OBEN: Klauenhammer mit solidem Griff für allgemeine Arbeiten.

Holzbearbeiter brauchen mindestens drei Hämmer, einen großen und einen kleinen Tischlerhammer, sowie einen Klauenhammer. Wie bei Hobeln, gibt es auch bei Hämmern für jede Arbeit einen speziellen Typ. Und natürlich gibt es schlechte und gute Hämmer. Hämmer werden oft sorglos behandelt und als Selbstverständlichkeit angesehen, doch ein guter Hammer kann einen entscheidenden Qualitätsunterschied des fertigen Werkstückes bewirken. Wenn Sie sich also einen guten Hammer anschaffen möchten, der Sie ein Leben lang begleitet und mit dem es eine Freude ist zu arbeiten, dann werden Ihnen die folgenden Hinweise sicher helfen.

UNTEN: Halten Sie den Hammer am Ende des Griffes um eine maximale Hebelwirkung zu erzielen.

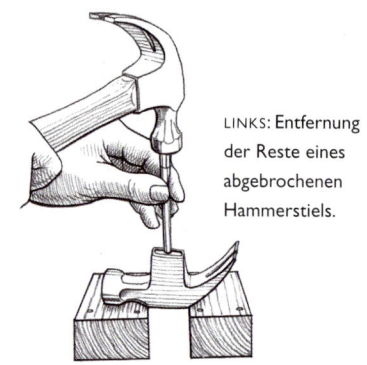

LINKS: Entfernung der Reste eines abgebrochenen Hammerstiels.

Klauenhammer

Der Klauenhammer, oft auch Zimmermannshammer genannt, wird zum Einschlagen großer Nägel verwendet. Diese Hämmer gibt es meist in drei verschiedenen Gewichtsklassen. Sie haben häufig einen Griff aus Hickoryholz, der den Schlag absorbiert, eine gehärtete und polierte Breitbahn und eine Nagelklaue, mit der man auch krumme Nägel wieder herausziehen kann. Wenn Sie die Wahl haben, kaufen Sie einen, bei dem der Stiel in einer Schutzhülse steckt. Die Griffe der Klauenhämmer bestehen entweder aus Holz, Stahl, glasfaserverstärktem Kunststoff oder anderen Materialien – die meisten Tischler bevorzugen jedoch Stiele aus Hickoryholz. Sie haben die Erfahrung gemacht,

dass dieses Holz die Schläge gut dämpft, dabei aber nicht übermäßig federt.

Tischlerhämmer

Englische Tischlerhämmer haben eine schmale, an der Spitze flach geschliffene Finne und eine geschmiedete Breitbahn. Es gibt sie in sechs verschiedenen Größen, von etwa 180 g bis 500 g, sowie eine kleinere Ausführung mit einem längeren, schlankeren Stiel für feinere Arbeiten, wie beispielsweise den Bau von Bilderrahmen, kleinen Spielzeugfiguren und ähnlichen Dingen.

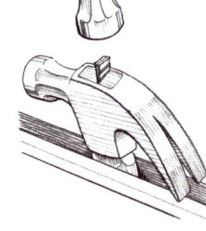

OBEN: Befestigung eines neuen Hammerstiels mit einem Keil.

HANDHABUNG EINES TISCHLERHAMMERS

1 Um einen kleinen Nagel in eine schmale Hohlkehle zu schlagen, setzen Sie den Nagel auf die gewünschte Stelle und treiben ihn mit vorsichtigen Schlägen der Breitbahn ein Stück in das Holz.

2 Dann drehen Sie den Hammer um und schlagen den Nagel mit ein paar gezielten Schlägen der Finne ganz ein.

HERAUSZIEHEN EINES NAGELS MIT EINEM KLAUENHAMMER

1 Um einen Nagel einzuschlagen, halten Sie den Klauenhammer am Ende des Griffes fest und schlagen mit mehreren gezielten Schlägen auf den Nagelkopf.

2 Zum Herausziehen des Nagels: Ziehen Sie den Nagel mit Hilfe der Nagelklaue ein Stück heraus.

3 Um eine größere Hebelwirkung zu erzielen und das Werkstück nicht zu beschädigen, legen Sie ein Stück Abfallholz unter den Hammerkopf.

VERLEIMEN VON VERBINDUNGEN

Leimtechniken

Viele Werkstücke müssen an Verbindungsstellen verleimt werden. Natürlich kann man Verbindungen auch mit Hilfe von Nägeln, Schrauben, Dübeln oder anderen neuartigen Hilfsmitteln herstellen, moderne Kleber trocknen jedoch so schnell, sind so leicht zu verarbeiten, zuverlässig und haltbar, dass Sie unbedingt auch etwas über die verschiedenen Leimtechniken wissen sollten. Welchen Kleber oder Leim sollte man verwenden? Bevorzugen Sie einen leicht zu verarbeitenden Leim, der es ermöglicht, das Werkstück irgendwann in der Zukunft auch einmal wieder auseinander zu nehmen? Oder liegt Ihnen an einer Verbindung, die für immer hält, die fester ist, als das Holz selbst? Die folgende Liste wird Ihnen bei der Auswahl des richtigen Leimes helfen.

Glutinleim (Heißleim)

Glutinleim wird aus tierischen Häuten und Knochen hergestellt, deren Eiweißstoffe dem Leim die Bindekraft verleihen und in einem Leimkocher aufgelöst werden muss. Er bindet schnell ab, ist transparent, nicht wasserbeständig, ungiftig, kann abgeschliffen werden und wird besonders bei der Möbelrestaurierung eingesetzt.

Glutinleim (Kaltleim)

Ebenfalls aus tierischen Eiweißstoffen gewonnen, kann dieser Kaltleim direkt aus der Tube oder Dose aufgetragen werden, bindet jedoch nur langsam ab. Er ist transparent, ungiftig, kann geschliffen werden und eignet sich gut für schwierig zu montierende Werkstücke.

Kaseinleim

Kaseinleim wird aus Milch hergestellt und muss vor der Verwendung mit kaltem Wasser verrührt werden. Er ist lichtundurchlässig, nicht giftig, sollte in einer kühlen Arbeitsumgebung und für ölige, exotische Harthölzer verwendet werden.

Weißleim

Weißleim ist ein Polyvinylacetatleim, der aus Petrochemikalien hergestellt wird. Er wird direkt aus der Plastikflasche aufgetragen, ist transparent, ungiftig und für Holzarbeiten im Innenbereich geeignet. Er lässt sich allerdings nicht gut schleifen, kann jedoch für viele allgemeine Heimwerkerarbeiten verwendet werden.

Gelbleim

Ebenfalls ein Polyvinylacetatleim und dem Weißleim ähnlich. Kann direkt aus der Tube oder Flasche aufgetragen werden, bindet schnell ab, ist fast transparent, nicht giftig, lässt sich gut schleifen und eignet sich für den Innen- sowie für den Außenbereich.

Harzkleber

In Pulverform erhältlich, das mit Wasser verrührt wird, und von brauner Farbe. Beachten Sie unbedingt, dass das Pulver giftig ist! Harzkleber tendiert zu Sprödigkeit, lässt sich jedoch gut schleifen und ist für viele allgemeine Arbeiten geeignet.

Vorbereitung des Werkstückes

Nachdem Sie den passenden Kleber ausgewählt und sich umfassend über die Mischung, Bindezeit, Arbeitsschutzmaßnahmen usw. informiert haben, sollten Sie alles für das Verleimen vorbereiten. Suchen Sie sich dazu eine saubere, staubfreie Arbeitsfläche in der Werkstatt, an der Sie ungestört arbeiten können. Überprüfen Sie, ob die zu verleimenden Oberflächen sauber und staubfrei sind und legen Sie sie dann aneinander. Legen Sie gegebenenfalls einen Hammer bereit. Denken Sie an die Abfallstücke, die Sie zum Einspannen benötigen, damit die Holzoberfläche nicht direkt in Kontakt mit den metallischen Spannbacken von Zwingen oder anderen Spannwerkzeugen usw. kommt. Probieren Sie aus, ob die zu verleimenden Teile mit den vorgesehenen Spanneinrichtungen auch sicher zusammengehalten werden. Überlegen Sie, ob Sie noch Gefäße, Schutzbekleidung oder Handschuhe benötigen und legen Sie diese gegebenenfalls bereit. Nachdem Sie die gesamte Checkliste abgearbeitet haben und sich über jeden Arbeitsschritt im Klaren sind, können Sie damit beginnen, die verschiedenen Elemente des Werkstückes zusammenzusetzen und zu verleimen.

LINKS: Entfernung eines Leimtropfens: Warten Sie bis der Leim eine gummiartige Konsistenz bekommt und heben Sie den Tropfen dann vorsichtig mit einem scharfen Stecheisen ab.

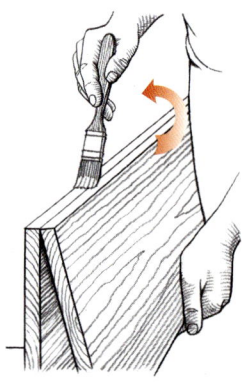

RECHTS: Halten Sie die zu fügenden Brettkanten gegeneinander, so dass Sie beide gleichzeitig mit Leim bestreichen können.

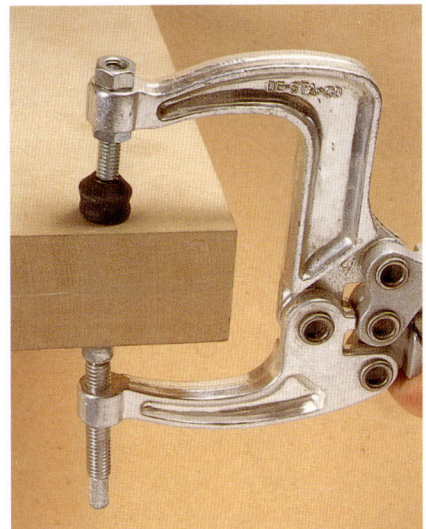

OBEN: Aluminiumzwinge mit verstellbaren Spannbacken und Gummiauflagen.

OBEN: Es gibt ein paar sehr ausgeklügelte Zwingen: Dieses Modell ist in der Lage, nicht parallel verlaufende
Flächen, wie zum Beispiel Keile, zusammenzuhalten.

OBEN: Diese Zwinge kann festgestellt werden, ohne
dass sich die Spannbacken dabei drehen.

OBEN: Druckstellen können durch Beilagen zwischen dem Druckteller der Klemme und dem Werkstück
vermieden werden.

OBEN: Auf ein Brett geschraubte Knebelklemmen.

TIPP

Sollten Sie zuviel Leim verwendet haben, so dass
er an den Seiten etwas herausläuft, ist es am
günstigsten eine Weile zu warten, bis der Leim
leicht abgebunden hat um ihn dann vorsichtig
mit einem Messer oder Stecheisen zu entfernen.
Wenn Sie den noch flüssigen Leim mit einem Tuch
aufwischen, wird er in die Holzporen gerieben und
diese Fläche lässt sich dann nicht mehr wachsen,
ölen, lasieren oder polieren.

FURNIEREN

Furnieren ist die Kunst des Aufleimens eines dünnen Blattes exotischen oder wertvollen Holzes auf einen Träger aus gewöhnlichem Holz um dem Auge vorzugaukeln, dass das Möbelstück, beispielsweise ein Tisch oder eine Trennwand, vollständig aus wertvollem Holz besteht. Andere Gründe für das Furnieren sind zum Beispiel der sparsame Umgang mit seltenen Holzarten oder strukturelle Gründe, denn manche Holzarten sehen zwar schön aus, sind für Massivkonstruktionen jedoch völlig ungeeignet. Beispielsweise würde man niemals ein Möbelstück aus massivem Ebenholz bauen, einfach weil es viel zu schwer wäre. Oder nehmen wir das Holz der Maserknollen des Nussbaums. Es ist ein sehr attraktives Holz, jedoch so spröde und instabil, dass es beim ersten Versuch der maschinellen Bearbeitung in Stücke brechen würde. Traditionell werden die Furnierblätter und/oder der Träger mit erhitztem Glutinleim bestrichen, aufeinandergelegt und dann wird das Furnier mit einem speziellen Furnierhammer aufgerieben, bevor es schließlich mit dem Ziehklingenhobel oder mit Schleifpapier bearbeitet und die endgültige Oberflächenbehandlung durchgeführt wird.

Es ist noch nicht so lange her, da galt das Furnieren mehr oder weniger als eine Technik, die angewandt wurde um schlechte Arbeit zu verdecken. Das Bemühen der Natur- und Umweltschützer um die Erhaltung seltener Holzarten hat zu neuem Interesse an der Technik des Furnierens geführt. Wie könnte man eine gefährdete Art besser schützen als durch Anwendung einer Technik, bei der wenig Material lange reicht? Wenn Sie also exotische Hölzer besonders schön finden, Geld sparen oder etwas für den Schutz seltener Bäume tun möchten, dann müssen Sie sich mit dem Furnieren beschäftigen.

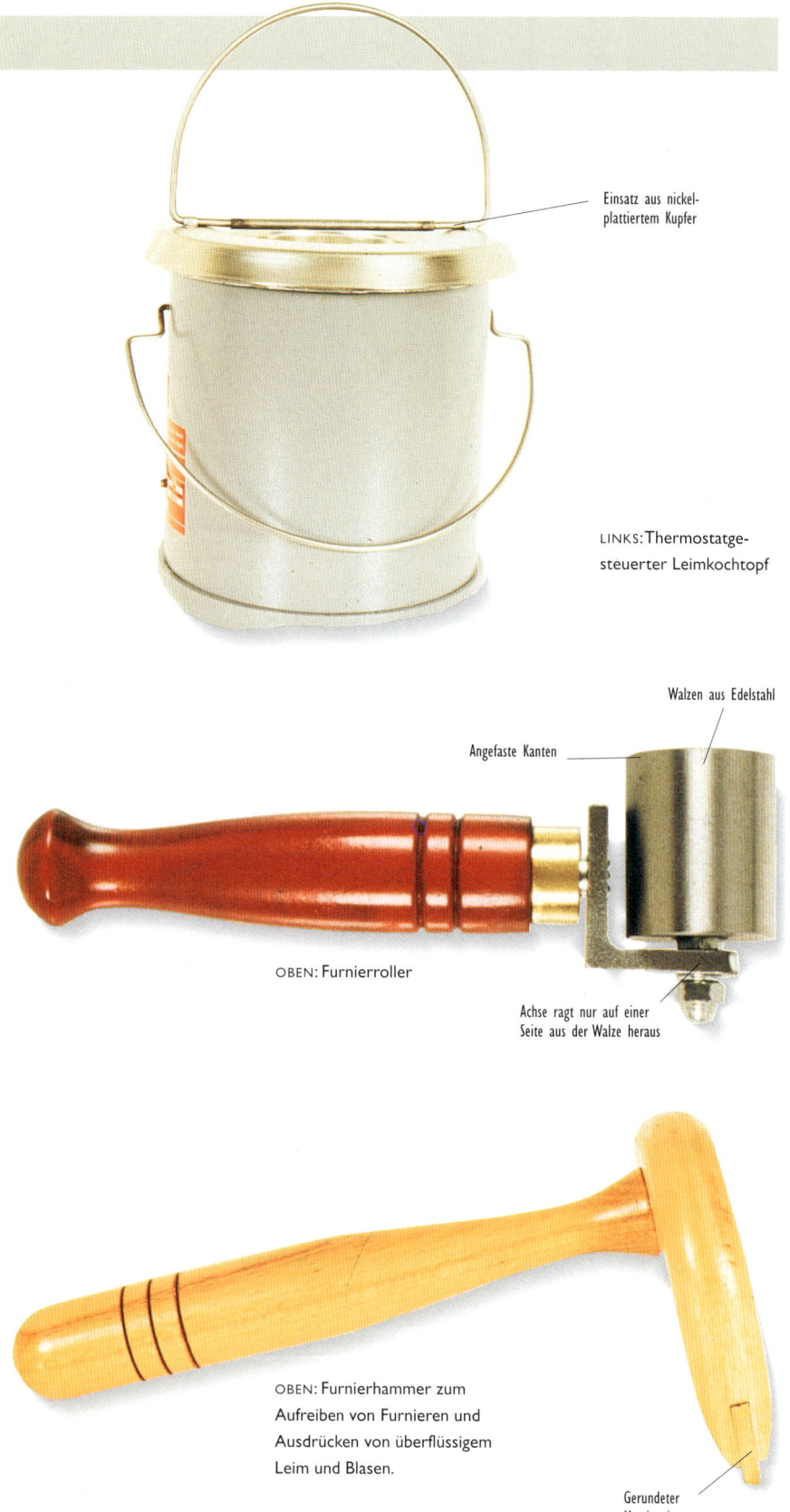

Einsatz aus nickelplattiertem Kupfer

LINKS: Thermostatgesteuerter Leimkochtopf

Walzen aus Edelstahl

Angefaste Kanten

OBEN: Furnierroller

Achse ragt nur auf einer Seite aus der Walze heraus

OBEN: Furnierhammer zum Aufreiben von Furnieren und Ausdrücken von überflüssigem Leim und Blasen.

Gerundeter Messingeinsatz

Furnieren mit PVA-Leim

Früher brauchte man zum Furnieren komplizierte Spannvorrichtungen, arbeitete mit Heißleim und hatte oft Probleme mit Furnierblättern, die zum Zerbrechen und Zusammenrollen neigten. Inzwischen hat das neu erweckte Interesse am Furnieren auch einige einfachere Techniken hervorgebracht. Beispielsweise kann man jetzt mit Kontaktkleber arbeiten, ohne die aufwendige Prozedur des Erhitzens im Wasserbad und des Andrückens, oder mit Kaltkleber, der direkt aus der Tube aufgetragen wird. Eine dritte Möglichkeit sind Furnierplatten mit thermoplastischen Leimfilmen, die mit Hilfe eines gewöhnlichen Bügeleisens aufgeleimt werden können. Viele der Schwierigkeiten, die mit dem geeigneten Furnierträger zu tun hatten, wurden durch die Erfindung einer unglaublich stabilen neuartigen Spanplatte, der MDF-Platte, gelöst. Die interessanteste Neuheit sind aber sicher die superdünnen, flexiblen Furniere, die man in Rollenform kaufen kann und die relativ einfach zu verarbeiten sind.

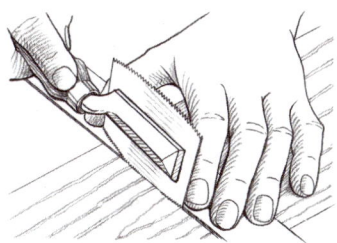

OBEN: Handhabung der Furniersäge

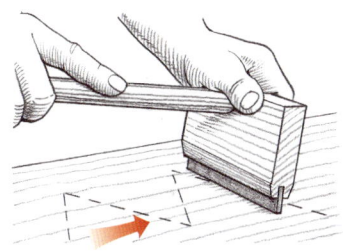

OBEN: Furnierhammer im Einsatz

Verarbeitung flexibler Furniere mit PVA-Leim

1 **Zuschneiden** – Nachdem Sie entschieden haben, in welcher Richtung das Furnier geklebt werden soll, schneiden Sie die Furnierstücke mit einem Metalllineal und einem spitzen Messer zu. Schneiden Sie dabei lieber etwas großzügiger! Nun legen Sie die Oberseite fest und feuchten diese mit Wasser an, damit sich das Furnier nicht zusammenrollt.

2 **Auftragen des Leims** – Streichen Sie den PVA-Leim gleichmäßig auf das Furnier, sowie auf den Furnierträger und lassen Sie ihn trocknen.

3 **Aufbügeln** – Nachdem der PVA-Leim vollständig getrocknet ist, legen Sie das Furnier auf den Träger und befestigen es provisorisch mit einigen Streifen Abdeckband. Mit einem heißen Bügeleisen bügeln Sie das Furnier nun auf den Träger.

4 **Kanten verschneiden** –Schneiden Sie die überstehenden Kanten mit einem spitzen, scharfen Messer ab und schleifen Sie die Oberfläche mit Sandpapier, bis alles glatt ist.

ZANGEN

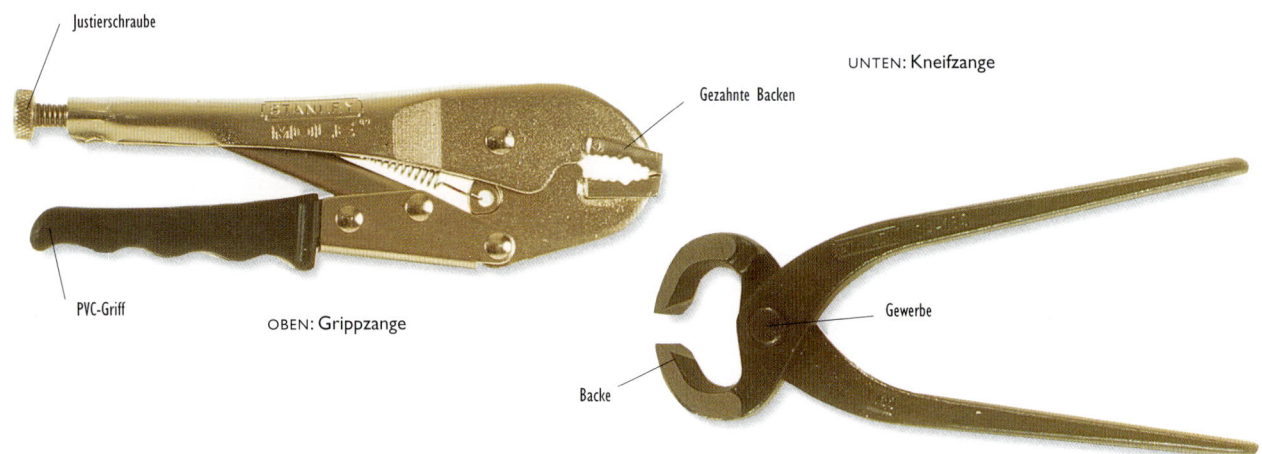

Justierschraube

Gezahnte Backen

UNTEN: Kneifzange

PVC-Griff

OBEN: Grippzange

Gewerbe

Backe

Bei der Holzbearbeitung braucht man häufig Zangen, um Stifte oder Nägel zu halten oder herauszuziehen, um ein Stück Draht in eine bestimmte Form zu bringen, Reparaturen an Werkzeugen auszuführen, etwas zu begradigen oder zu biegen. Man weiß eigentlich nie, welchen Zangentyp man im nächsten Moment benötigt, die folgende Liste stellt Ihnen auf jeden Fall einige Alternativen vor.

Kombizange

Zwei gute Kombizangen sind ein Muss für jeden Holzbearbeiter. Am besten Sie kaufen eine große, universell einsetzbare Kombizange zum Halten, Drehen und Biegen größerer Werkstücke und dazu eine mit länglichem, schmalem Kopf für das Arbeiten in engen Ecken und zum Herausdrehen abgebrochener Schrauben. Was die Qualität angeht, sollten Sie stets Zangen aus hochwertigem Kohlenstoffstahl kaufen.

Kneifzange

Kneifzangen gehören zu den ältesten und am häufigsten verwendeten Werkzeugen. Eine Kneifzange ist das ideale Werkzeug zum Herausziehen von Nägeln. Dazu klemmt man den Nagelkopf zwischen die Backen und rollt die gebogene Backe der Zange auf der Holzoberfläche ab, wodurch der Nagel herausgehebelt wird.

Grippzange

Grippzangen sind Zangen, die man nach Vorjustieren durch Druck auf den oberen Griff unter Spannung stellen kann und die somit von selbst halten. Sie sind sehr hilfreich als „dritte Hand". Der Klammermechanismus macht diese Zangen außerdem besonders nützlich zum Halten und Drehen von runden Objekten, wie beispielsweise Schrauben und Stangen, sowie zum Herausdrehen von abgebrochenen Schrauben.

Nageleisen

Nageleisen gibt es in verschiedenen Formen und Größen, einige mit Holzgriffen, die einem Schraubendreher ähneln und andere aus schwarzem Eisen, die aussehen wie ein kleiner Hühnerfuß. Beide Arten sind nützliche Werkzeuge zum Herausziehen von Nägeln, wenn Sie keinen Klauenhammer zur Hand haben oder dieser zu groß ist.

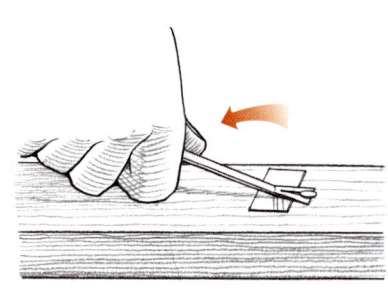

OBEN: Handhabung eines Nageleisens

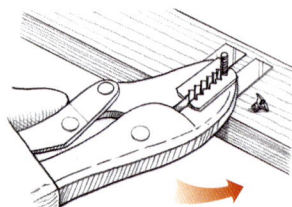

OBEN: Herausdrehen einer abgebrochenen Schraube mit Hilfe einer Grippzange.

Schraubenausdreher

Es gibt alle möglichen Spezialwerkzeuge zum Herausdrehen abgebrochener Schrauben. Bei den meisten muss man ein Loch in den Schaft der Schraube bohren, in welches man dann den Schraubenausdreher passender Größe eindreht. Da dieser ein Linksgewinde hat, dreht er sich in den Schraubenkopf, frisst sich dort fest und dreht schließlich die Schraube heraus.

Verstellbarer Maulschlüssel

Ein guter verstellbarer Schraubenschlüssel ist ein nützliches Werkzeug für den Holzbearbeiter, der zwar gelegentlich mit großen Maschinenschrauben zu tun hat, zu diesem Zweck jedoch nicht extra einen kompletten Satz Schraubenschlüssel kaufen möchte. Man benötigt beispielsweise bei älteren Drechselbänken einen großen Schraubenschlüssel um die Antriebswelle festzuhalten, während man das Vierbackenspannfutter löst. Manchmal muss man auch unter die Werkbank kriechen um die Muttern von den Schrauben zu lösen, mit de-

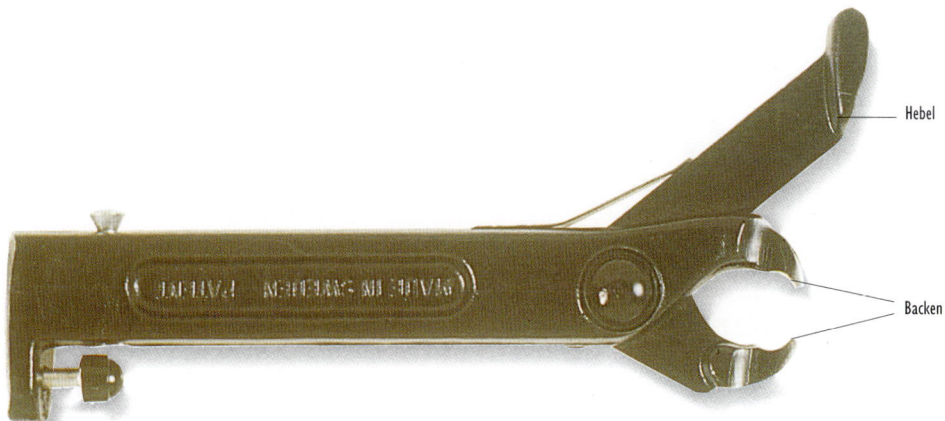

OBEN: Patentierter Nagelzieher,
der angefangen vom kleinsten
Stift bis zu einem 120 mm langen
Nagel alles herausziehen kann.

nen der Schraubstock befestigt ist. Deshalb sollte in jeder Werkstatt ein guter Schrauben-schlüssel vorhanden sein.

HINWEIS: Wenn Sie Zangen irgendwo an-setzen, wo keine Abdrücke entstehen sollen, schützen Sie das jeweilige Objekt indem Sie mehrere Lagen Abdeckband darum wickeln!

OBEN: Verstellbarer Maulschlüssel

OBEN: Greifen Sie den Nagel ganz dicht über dem Brett, so dass die Backe der Kneifzange auf dem Holz liegt.

OBEN: Wenden Sie die Zange so an, dass der Nagel durch Hebelwirkung herausgezogen wird.

OBEN: Manche Kneifzangen haben an einem Schenkelende eine Nagelklaue.

Spezialwerkzeuge

Holzbearbeiter waren schon immer bestrebt, sich spezielle Werkzeuge und Hilfsmittel anzufertigen, mit denen sie bestimmte Arbeiten schneller, einfacher, mit geringeren Kosten oder präziser ausführen können. Die neu erweckte Begeisterung für Handwerkzeuge hat auch zu einem Wiederaufleben des Interesses an alten und neuen Spezialwerkzeugen geführt. Sicher lohnt es sich auch für Sie, etwas über die verschiedenen Spezialwerkzeuge zu erfahren und sich vielleicht das eine oder andere anzuschaffen.

RIEGELLOCHEISEN

Dieses Spezialstemmeisen, bei dem die Enden jeweils im rechten Winkel gebogen sind und sich eine Schneide rechtwinklig zur anderen befindet, wurde zum Ausstemmen von Schlosskästen in den Vorderseiten von Schubladen und für andere Arbeiten an schwer zugänglichen Stellen, an denen man mit einem Stemmeisen normaler Länge nicht arbeiten kann, entwickelt. Beim Stemmen wird die Körperkraft mit einem Hammer oder Schreinerklüpfel vergrößert.

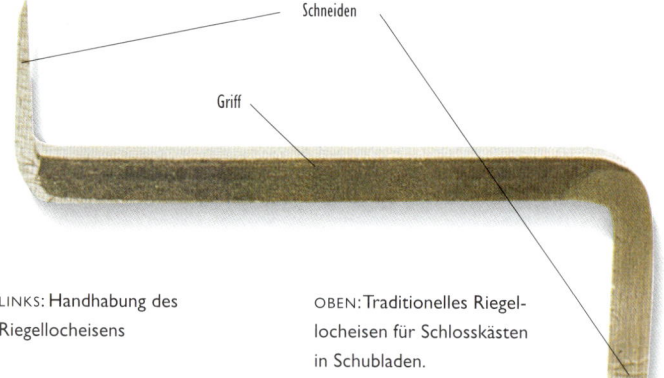

Schneiden

Griff

LINKS: Handhabung des Riegellocheisens

OBEN: Traditionelles Riegellocheisen für Schlosskästen in Schubladen.

SPANABHEBER

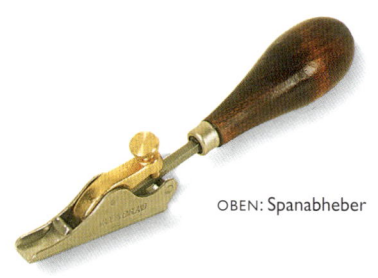

OBEN: Spanabheber

Mit diesem winzigen Hobel lässt sich das Problem der unsichtbaren Verwendung von Nägeln schnell lösen. Früher hob man mit einem Stecheisen einen Span ab, schlug den Nagel oder Stift in das entstehende Loch und klebte den kleinen Span wieder auf. Das hört sich einfach an, aber oft passierte es, dass entweder das Stecheisen abrutschte oder der Holzspan verloren ging. Mit diesem Spezialwerkzeug kann das nicht passieren. Es hebt einen Span bestimmter Dicke ab, der sich dann wie ein kleiner Deckel auf- und wieder zuklappen lässt. Mit dem Spanabheber kann man wirklich nichts falsch machen und die Anschaffung lohnt sich, wenn Sie häufiger Nägel einschlagen müssen, die nicht sichtbar sein sollen.

RUNDPROFILSCHNEIDER

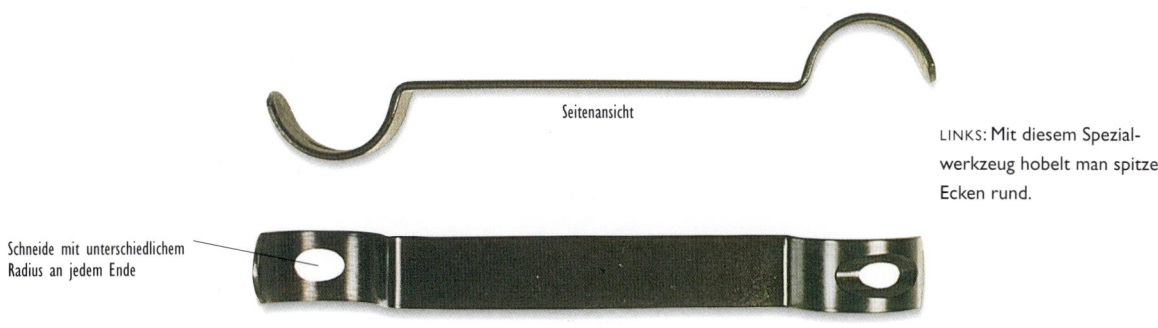

Seitenansicht

Schneide mit unterschiedlichem
Radius an jedem Ende

Draufsicht

LINKS: Mit diesem Spezialwerkzeug hobelt man spitze
Ecken rund.

Mit diesem einfachen Werkzeug hobelt man eine spitze Ecke rund. Die Funktionsweise ist ähnlich der eines kleinen Rundstabhobels oder Profilhobels. Das Werkzeug besteht aus einem Stück Flachstahl, der etwa 150 mm lang und 12 mm breit ist und an den Enden unterschiedlich großen Aussparungen zum Schneiden eines bestimmten Radius hat. Das Werkzeug wird auf die scharfe Ecke des Werkstückes gelegt und dann entweder gezogen oder geschoben, so dass die Klinge dünne Späne abhebt, bis der gewünschte Radius erreicht ist.

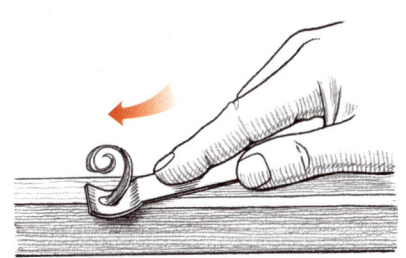

OBEN: Rundprofilschneider

Zwar sind diese Werkzeuge inzwischen wieder im Angebot, oft kann man sie aber auch auf Flohmärkten finden.

TIPP

Natürlich können Sie fragen, ob man eine solche Arbeit nicht besser mit einer Elektrofräse erledigen sollte. Die Antwort richtet sich danach, wie viele Ecken Sie abrunden möchten. Handelt es sich lediglich hin wieder um ein kurzes Stück, das abgerundet werden muss, kann man das durchaus mit einem manuellen Werkzeug tun. Möchten Sie jedoch eine ganze Fertigungslinie für eine größere Anzahl von Werkstücken mit abgerundeten Kanten aufbauen, dann ist die Elektrofräse wohl die günstigere Alternative.

BANKZWINGE FÜR HOLZSCHNITZER

Mit der Bankzwinge für Holzschnitzer kann man große Holzstücke oder Holzblöcke auf der Werkbank befestigen. Dazu wird zuerst ein Loch in die Unterseite des Werkstückes gebohrt und die Schraube fest eingedreht. Dann wird das andere Ende der Schraube durch ein Loch in der Werkbank gesteckt und von unten die Flügelmutter aufgeschraubt, bis das Holzstück fest auf der Bank sitzt. Die alten Bankzwingen für Holzschnitzer haben viereckige Aussparungen in den Flügeln der Mutter, so dass die Mutter durch Hebelwirkung noch fester angezogen werden kann.

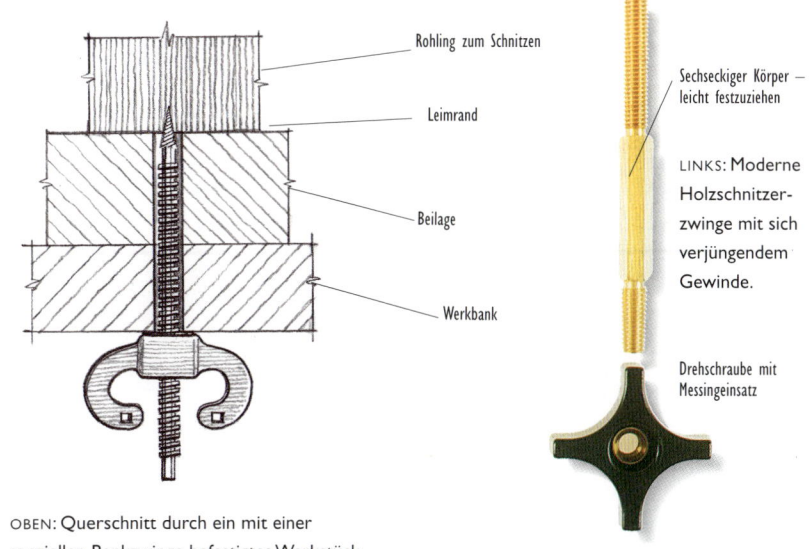

Rohling zum Schnitzen

Leimrand

Beilage

Werkbank

Sechseckiger Körper –
leicht festzuziehen

LINKS: Moderne
Holzschnitzer-
zwinge mit sich
verjüngendem
Gewinde.

Drehschraube mit
Messingeinsatz

OBEN: Querschnitt durch ein mit einer
speziellen Bankzwinge befestigtes Werkstück.

KANTENHOBEL

Griff

Schräg eingesetztes
Hobeleisen

Hobelkörper

LINKS: Der Kantenhobel
wird zum Bestoßen
von Brettkanten eingesetzt,
damit diese im rechten
Winkel zur Oberfläche des
Brettes verlaufen.

Der klassische metallene Kantenhobel wird oft nach der Raubank eingesetzt. Dazu wird das Brett flach auf die Werkbank gelegt, so dass die zu bearbeitende Kante übersteht. Dann setzt man den Hobel so auf das Brett, dass der vertikale Teil der Sohle fest an der zu bearbeitenden Kante anliegt und stößt ihn nach vorn. Wie bei den meisten Hobeln mit Anschlag hängt das Ergebnis der Arbeit in erster Linie davon ab, dass der Anschlag ganz dicht am Werkstück anliegt. In diesem Fall ist der Anschlag in der Sohle integriert und deshalb ist es wichtig, dass sowohl der horizontale als auch der vertikale Teil der L-förmigen Sohle fest am Werkstück anliegen. Mit dem schrägen 22–25 mm breiten Hobeleisen kann man Bretter, die stumpf verbunden werden sollen, präzise bestoßen. Beachten Sie dabei, dass es mit diesem Hobel viel einfacher ist, eine spitzwinklige Kante in einen rechten Winkel zu bringen als eine stumpfwinklige. Wenn Sie also ein Brett bearbeiten, das zwei gute Oberflächen hat, sollten Sie es so auf die Werkbank legen, dass die zu bearbeitende Kante leicht unterschnitten ist.

GEHRUNGSSÄGE

Die Gehrungssäge ist das ideale Werkzeug für Holzbearbeiter, die häufig Gehrungsschnitte ausführen müssen, zum Beispiel zur Herstellung von Bilderrahmen oder zum Schneiden von Profilen für Einfassungen von Türen und Fenstern. Im Wesentlichen ist die Gehrungssäge eine Gehrungslade mit einer dazugehörigen Säge oder zumindest mit einer entsprechenden Führung für die Säge. Zum Sägen wird das Werkstück gegen einen Anschlag geschoben und festgespannt. Die Säge wird in der Führung herumgeschwenkt und auf den gewünschten Winkel eingestellt. Dann wird der Schnitt ausgeführt. Dieses Spezialwerkzeug stellt zwei Dinge sicher: einen korrekten Schnittwinkel sowie die rechtwinklige Position des Sägeblattes zur Oberfläche des Werkstückes und macht somit das Schneiden von Gehrungen wesentlich einfacher.

Flexible Begrenzung
der Schnittlänge

Anschlag

Spannvorrichtung

Griff

Sägeblatt

OBEN: Die Gehrungssäge ist
das ideale Werkzeug für perfekte
Gehrungsschnitte, z. B. für Bilderrahmen.

BESÄUMER FÜR GEHRUNGEN

Mit dieser Maschine lassen sich ganz präzise 90°- und 45°-Schnitte ausführen. Wenn Sie schon einmal einen Bilderrahmen ganz genau betrachtet und sich gefragt haben, wie man es erreicht, dass die Ecken so genau zusammenpassen, dann kennen Sie jetzt die Antwort. Der Anschlag wird entweder auf 45° oder 90° eingestellt. Dann sägt man die entsprechende Leiste etwas größer als nötig zu und schiebt sie fest gegen den Anschlag. Als nächstes zieht man den Hebelarm nach unten, so dass durch die Scherwirkung ein dünner Span an der Gehrung abgetrennt wird. Das Ergebnis ist eine perfekte, spiegelglatte Schnittfläche.

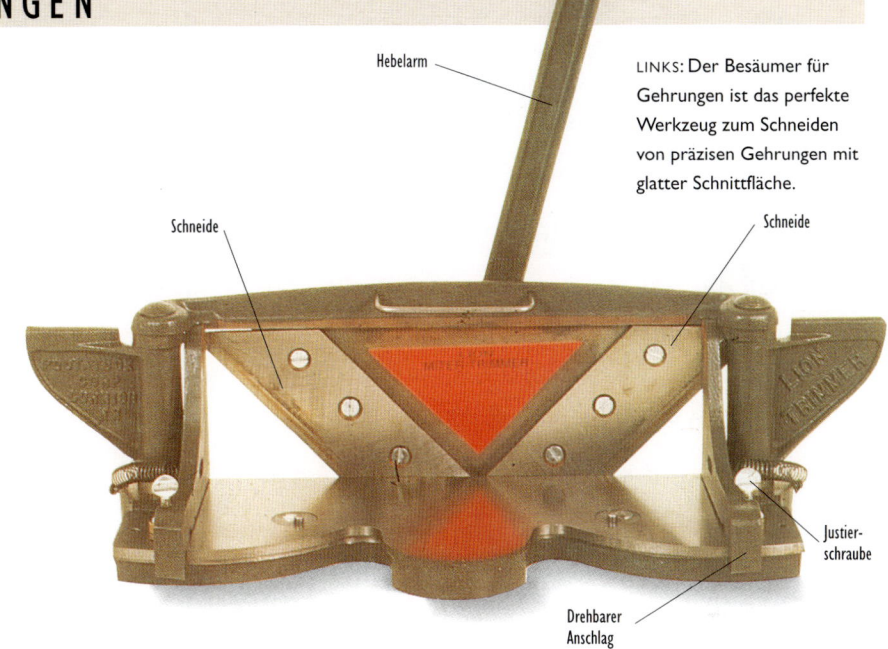

Hebelarm

Schneide

Schneide

Justierschraube

Drehbarer Anschlag

LINKS: Der Besäumer für Gehrungen ist das perfekte Werkzeug zum Schneiden von präzisen Gehrungen mit glatter Schnittfläche.

DIE WASSERWAAGE

Brauchen Holzbearbeiter eine Wasserwaage? Das hängt davon ab, ob ihre Tätigkeit auch den Einbau von Gegenständen oder Möbeln erfordert. Beispielsweise benötigt man für den Bau eines Bücherregals selbst keine Wasserwaage, man braucht sie jedoch auf jeden Fall, wenn man dieses Bücherregal in einem Zimmer aufstellen oder einbauen möchte. Mit Wasserwaagen kann man die horizontale und/oder vertikale Ausrichtung einer Ebene überprüfen. Dazu hebt man das eine oder andere Ende leicht an, bis die Blase sich genau in der Mitte befindet. Dann misst man den Abstand um festzustellen, um wie viel sich das Werkstück außerhalb der Horizontalen oder Vertikalen befindet.

OBEN: Traditionelle Wasserwaage aus Rosenholz, einer Messingplatte und Messingbeschlägen an den Enden. Eine Ebene befindet sich dann exakt in der Horizontalen, wenn die Blase genau in der Mitte des Sichtglases liegt.

WERKZEUG ZUR BESTIMMUNG EINES KREISMITTELPUNKTES

Mit diesem kleinen Werkzeug kann man den Mittelpunkt eines runden Ausschnittes bestimmen. Dazu legt man es an ein Ende des Ausschnittes und zieht eine Linie, dann dreht man es ein Stück weiter, zieht wieder eine Linie und wiederholt diesen Schritt noch ein oder zwei Mal. Der Schnittpunkt der Linien ergibt den Mittelpunkt des Kreisausschnittes. Ein nützliches Werkzeug vor allem für Drechsler.

OBEN: Der Absatz zwischen beiden Hälften hilft beim genauen Markieren.

Restaurieren alter Werkzeuge

Ob man mit einer Arbeitstechnik Erfolg hat hängt in hohem Maße von den Werkzeugen ab. Deshalb sollten Sie auf die Qualität Ihrer Werkzeuge großen Wert legen. Viele Holzbearbeiter favorisieren alte, traditionelle Handwerkzeuge, d. h. Werkzeuge, die in der ersten Hälfte des 20. Jahrhunderts hergestellt wurden. Sie sind der Ansicht, dass diese Werkzeuge nicht nur von besserer Qualität als moderne Werkzeuge sind, sondern dass die Formen und Materialien – beispielsweise Holzgriffe und viele Rundungen, die gut in der Hand liegen – die Arbeit viel angenehmer machen. Wie dem auch sei, ein weiterer Vorteil alter Handwerkzeuge ist jedenfalls ihr Preis. Oft kann man sie für den Bruchteil der Kosten von neuen Werkzeugen erstehen.

HOBEL

Säubern und Läppen eines Metallhobels

Angenommen, Sie haben einen gebrauchten Metallhobel erstanden, ihn auseinandergenommen, die Messerplatte, das Hobeleisen und alle beweglichen Teile geprüft und für gut befunden. Nur sind die Sohle und die Seiten etwas zerkratzt und verschmutzt. Dann sollten Sie Folgendes tun: Schrauben Sie das hölzerne Horn und den hinteren Griff ab. Säubern Sie die metallischen Teile mit Hilfe von Waschbenzin von Harz und Sägestaub. Falls der Hobel etwas rostig oder mit Farbe bespritzt ist, nehmen Sie etwas feine Stahlwolle und dünnflüssiges Öl und polieren damit die Metallteile. Kleben Sie ein Stück feinkörniges Silikonkarbidpapier auf eine vollständig ebene Oberfläche. Das ist die Voraussetzung für das „Läppen". Nehmen Sie nun einen blauen oder schwarzen Faserstift und malen Sie damit die gesamte Fläche der Sohle und der Wangen des Hobels aus. Dann setzen Sie die Sohle auf das Schleifpapier und ziehen den Hobel so lange hin und her bis Sie die gesamte Farbe entfernt haben und die Oberfläche sauber ist und glänzt. Wiederholen Sie diese Vorgehensweise auch für die beiden Wangen.

Läppen des Hobels

1 Mit einem Faserstift malen Sie die gesamte Sohle und die Wangenflächen des Hobels aus.

2 Fahren Sie mit dem Hobel wiederholt über das feinkörnige Silikonkarbidpapier bis die Farbe restlos entfernt ist.

SCHNITZWERKZEUGE

Restaurieren von Schnitzwerkzeugen

Beim Durchblättern eines Werkzeugkataloges werden Sie schnell feststellen, dass Holzschnitzwerkzeuge sehr teuer sind. Bei einem Bummel über den Flohmarkt können Sie jedoch alte Schnitzwerkzeuge oft für wenig Geld erstehen. Wahrscheinlich sind diese nicht mehr in sehr gutem Zustand, aber sie können durchaus wieder zum Leben erweckt werden. Beginnen Sie, indem Sie die Klinge mit Bienenwachspolitur abreiben und dann innen und außen mit feinster Stahlwolle polieren. Nun schleifen Sie die Klinge auf einem Ölstein plan. Schleifen Sie dabei nicht zu viel ab, nur so viel, dass eventuelle Kerben verschwinden. Halten Sie das Stecheisen gegen das Licht und ziehen Sie die Schneide ab, bis sie glänzt. Zum Schluss reinigen Sie die Messingzwinge mit einer Metallpolitur und reiben den Griff mit Wachs ab.

OBEN: Dasselbe Stecheisen vor und nach Reinigung und Schärfen.

Säubern eines Stecheisens

1 Bearbeiten Sie das Stecheisen mit Bienenwachs und feiner Stahlwolle bis das Metall wieder glänzt.

2 Mit einem Abziehstein schleifen Sie nun die Schneide plan und ziehen dann die Fase auf den erforderlichen Winkel ab.

3 Zum Schluss schleifen Sie die Innenseite der Klinge mit einem Formstein.

SÄGEN

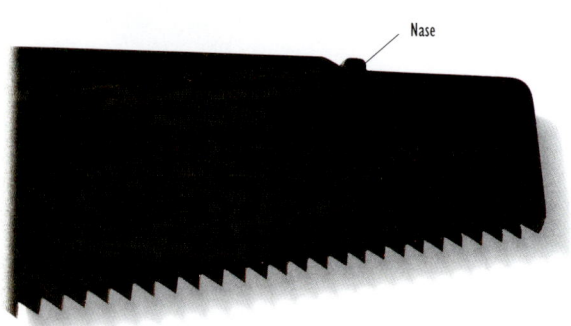

Nase

Messingrücken

LINKS: Die mysteriöse Nase auf dem Rücken alter Sägen englischen Fabrikats.

RECHTS: Ein Messingrücken und ein nach vorn schmaler werdendes Sägeblatt sind Hinweise dafür, dass Sie es mit einem Qualitätswerkzeug zu tun haben.

Alte Sägen mit einer Nase auf dem Rücken

Manche alte Sägen, besonders englische Fabrikate, haben auf dem Rücken eine kleine Nase über deren Sinn und Zweck niemand mehr so recht Bescheid weiß. Manche behaupten, dass damit der Schnitt begonnen wurde, andere meinen, daran wurde eine Holzleiste zum Schutz des Sägeblattes befestigt und Dritte sagen, dass die Nase nur dekorativen Zwecken diente.

Falls Sie eine solche Säge auf dem Flohmarkt finden, können Sie jedoch ziemlich sicher sein, ein Qualitätswerkzeug erstanden zu haben, das zu restaurieren sich in jedem Fall lohnt.

Rückensägen mit konischem Sägeblatt

Sollten Sie beim Stöbern in alten Werkzeugen auf dem Flohmarkt eine Rückensäge mit einem Messingrücken finden, deren Blatt zur Spitze hin schmaler wird und die eine Zahnweite

von etwa 1,8 mm hat, dann halten Sie mit großer Wahrscheinlichkeit eine Säge sehr guter Qualität in der Hand, die früher vor allem zum Aussägen von Verbindungen an Möbelteilen verwendet wurde. Also überlegen Sie nicht lange und greifen Sie zu!

WERKZEUGGRIFFE

UNTEN: Ein schön geformter Sägegriff ist eine Freude für das Auge und liegt beim Sägen gut in der Hand.

Geschlossener Griff, im korrekten Winkel zum Sägeblatt befestigt.

Die Rundungen liegen sehr gut in der Hand.

Hochwertige Griffe

Je älter eine Säge ist und je detaillierter ihr Griff gearbeitet wurde, desto höher ist im Allgemeinen ihre Qualität. Außerdem macht das Sägen mit einem Griff, der angenehm zu halten ist, besonderes Vergnügen.

Schäfte von Hohleisen

Ein wichtiger Anhaltspunkt für die Qualität alter Stechwerkzeuge ist die Form und das Material des Schaftes. Die Schäfte alter Hohleisen wurden häufig aus dem Holz von Obstbäumen, aus Rotbuche, Rosenholz, Ebenholz oder Mahagoni gefertigt, die besten jedoch aus Buchsbaumholz. Die teuersten Stechwerkzeuge in alten Werkzeugkatalogen hatten achteckige Schäfte, die aus Buchsbaumholz gedrechselt waren. Ein weiteres Kennzeichen für gute Qualität sind oft die Initialen des früheren Besitzers im Schaft.

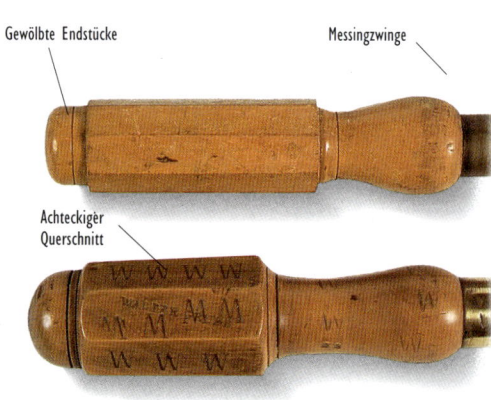

Gewölbte Endstücke

Messingzwinge

Achteckiger Querschnitt

OBEN: Der achteckige Griff ist leicht zu fassen und sorgt dafür, dass das Werkzeug nicht von der Werkbank rollt.

STECHEISEN

OBEN: Flaches Stecheisen
des Modelltischlers

OBEN: Stecheisen mit seitlichen Fasen

Auswahl von Stecheisen

Am häufigsten findet man auf Flohmärkten alte Stecheisen. Sie brauchen dabei nicht so sehr auf den Zustand der Griffe zu achten, denn die kann man ersetzen, konzentrieren Sie sich lieber auf die Qualität der Klinge. Zuerst sollten Sie überprüfen, ob vielleicht der Name des Herstellers darauf steht. Dabei sollten Sie vor allem Wert auf Eisen legen, die in Großbritannien oder Amerika hergestellt wurden. Dann sortieren Sie alle aus, die verbogen, gebrochen, stark von Rost zerfressen sind oder Risse aufweisen. Nachdem Sie ein paar Eisen ausgesucht haben, können Sie diese, wenn nötig, mit neuen Schäften versehen und wie bereits erläutert schleifen, abziehen und polieren.

OBEN: Stecheisen

OBEN: Schmales Stecheisen

BOHRER

Bohrer mit verstellbarem Vorschneider

Von allen alten Werkzeugen, die man auf Flohmärkten preisgünstig erstehen kann, macht man mit Zentrumsbohrern mit verstellbarem Vorschneider wohl das beste Geschäft. Ein verstellbarer Zentrumsbohrer, mit dem man Löcher bis zu einem Durchmesser von 75 mm bohren kann, ist eines der teuersten Teile in einem Katalog für Handwerkzeuge und lässt sich andererseits mit etwas Glück für eine Hand voll Kleingeld erstehen. Achten Sie dabei unbedingt darauf, dass das Einzugsgewinde, die Vorschneider und Spanabheber intakt sind. Lösen Sie die Feststellschraube und bewegen Sie die verstellbare Schneide in der Führung, sie sollte problemlos darin gleiten. Wenn Sie einmal beim Kramen sind, können Sie noch nachsehen, ob Sie noch weitere lose Schneiden finden können, denn einige Arten von verstellbaren Zentrumsbohrern wurden früher zusammen mit einem ganzen Satz Schneiden verkauft.

Unterlegscheibe

verstellbarer Vorschneider

Einzugsgewinde

OBEN: Großer Zentrumsbohrer
mit verstellbarem Vorschneider.

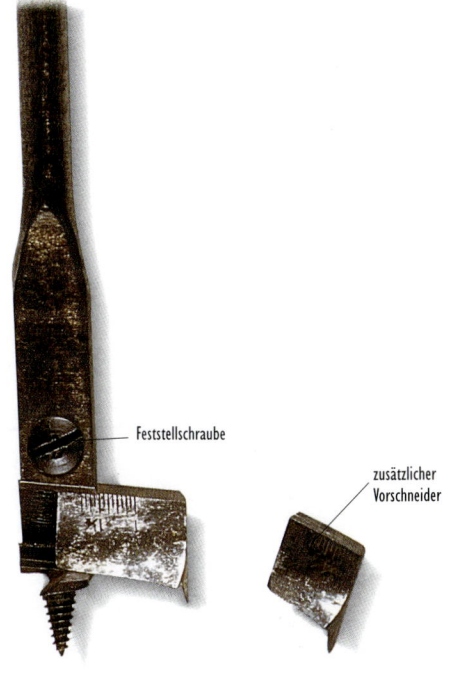

Feststellschraube

zusätzlicher Vorschneider

OBEN: Verstellbarer Zentrumsbohrer
mit Ersatzvorschneider.

Liste der Holzarten

Bäume sind die größten und langlebigsten Organismen auf der Erde. Wälder bedecken mehr als ein Viertel der festen Erdoberfläche. Wie alle lebenden Organismen unterscheiden sich auch die Bäume in Größe, Farbe und Charakter. Manche Bäume liefern uns Bretter, die mehr als 1800 mm breit sind, andere hartes oder weiches, engfasriges, öliges, gut zu bearbeitendes, fast unmöglich zu schneidendes, giftiges oder anderes Holz. Deshalb ist es ungemein wichtig, dass Sie Ihr Holz dem Verwendungszweck entsprechend sorgfältig auswählen.

Australische Schwarzholzakazie
(Acacia melanoxylon)

Das Holz der australischen Schwarzholzakazie, auch Blackwood genannt, ist ein schweres, dichtes, geradfasriges, sehr attraktives Holz, dessen Farbe von grau-schwarz bis rötlich-schwarz variiert. Es wird oft für die Einrichtung von Präsentationsräumen, beispielsweise in Banken, oder für hochwertige Möbel verwendet. Die Oberfläche ist glatt und lässt sich gut polieren. Das Holz eignet sich auch für kleine ornamentale Drechselarbeiten und Ähnliches. (Südamerika, Afrika, Indien, Australien)

Ahorn
(Acer spp.)

Unterarten des Ahorns sind Zuckerahorn, Schwarzer Ahorn, Harter Ahorn. Das Holz ist cremefarben, hart und dichtfasrig. Weiches Ahornholz besitzt viele der grundlegenden Eigenschaften des Ahorns, ist jedoch im Allgemeinen weicher und schwächer als das Holz des Harten Ahorns. Obwohl Ahorn relativ schwer zu bearbeiten ist, lässt sich beim Schnitzen eine wunderbar glatte und glänzende Oberfläche erzielen. (Kanada, USA.)

Gemeine Rosskastanie
(Aesculus hippocastanum)

Eine weißliches bis gelblich-braunes Holz mit feiner Faser und gleichmäßiger Textur, welches traditionell als Ersatz für Stechpalme für Möbel, Schnitzarbeiten, Gefäße für Milchprodukte und viele andere Anwendungen bei denen ein sauberes, geruchloses, weißes Holz gefragt ist, verwendet wird. Eignet sich gut für kleine Drechselarbeiten oder als gebeiztes Furnier. (USA, Großbritannien, Europa, China, Japan)

Agathis oder Kauri
(Agathis spp.)

Dieser Baum wird in Neuseeland „König der Bäume" genannt und hat ein geradfasriges, weißrosa bis rotbraunes Holz – ähnlich der Brasilkiefer. Das Holz wird universell eingesetzt, sowohl für qualitativ hochwertige Möbel als auch für Kisten und Kästen. Es soll sich besonders zum Bau kleiner Boote, von Schiffskabinen und -decks eignen. (Neuseeland, Australien)

Brasilkiefer oder Brasilianische Araukarie
(Araucaria angustifolia)

Die Brasilkiefer ist keine richtige Kiefer, doch lässt sie sich wie diese leicht bearbeiten. Das Holz hat gerade Fasern, eine schöne Honigfärbung und nur schwach erkennbare Wachstumsringe. Er wird hauptsächlich für Inneneinrichtungen, wie Treppen, Kommoden und andere Möbel verwendet und oft für dekorative Furniere aufgeschnitten. (Südamerika).

Pau Marfim
(Balfourodendron riedelianum)

Ein helles, cremefarbenes bis gelbes Holz mit einer feinen Textur, geraden Fasern, ohne besondere Maserung, das seit jeher für Lineale, Fußböden, Schuhleisten und Intarsien verwendet wurde. Es wird oft auch im Möbelbau eingesetzt. (USA, Südamerika)

Birke
(Betula spp.)

Unterarten sind die Weißbirke, die Schwarzbirke oder die Gelbe Birke. Je nach Verbreitungsgebiet hat Birkenholz eine gelblich-weiße bis braune Farbe. Birkenholz ist ein stabiles und solides Hartholz, das früher besonders für Stühle und kleine Drechselsachen wie Bürsten und Spulen verwendet wurde. Das Sperrholz der Birke eignet sich ausgezeichnet zur Herstellung von Spielzeug. (Kanada, Europa, Großbritannien)

Buchsbaum
(Buxus sempervirens)

Ein sehr hartes, dichtfasriges hellgelbes Holz. Buchsbaumholz wird besonders für Holzstiche und für kleine gedrechselte Gegenstände wie Schachfiguren und Pillendosen verwendet. Es eignet sich außerdem gut für kleine Werkstücke wie Griffe und Knäufe, ist jedoch schwer zu hobeln. Nach der Bearbeitung harte, hochglänzende Oberfläche, die aussieht wie hellgelbes Elfenbein. (Asien, Europa, Großbritannien).

Hickory
(Carya spp.)

Auch als Schweinsnuss oder Spottnuss bekannt. Die Hickory hat rötlich-braunes Kernholz und weißliches Splintholz, ist geradfasrig aber von grober Textur. Hickory ist ein sehr hartes Holz und lässt sich schwer bearbeiten. Es eignet sich ausgezeichnet für Gegenstände, die starke Belastungen aushalten müssen, beispielsweise Stuhlbeine, Axtstiele und Tennisschläger. (Kanada, USA)

Esskastanie

(Castanea sativa)

Die Esskastanie hat braunes Hartholz mit einer festen und kompakten Textur, welches der englischen Eiche sehr ähnlich ist und sich gut sägen, schnitzen und anderweitig bearbeiten lässt. Das Holz unterscheidet sich stark vom Holz der Rosskastanie, die einer anderen Art angehört. Traditionell für Särge, Zaunpfeiler, Tore und Balken verwendet. (Europa, Großbritannien, Nordafrika, Asien)

Südamerikanische Zeder

(Cedrela mexicana)

Das Holz der südamerikanischen Zeder ist dem Mahagoniholz sehr ähnlich. Der einzige ausgesprochene Unterschied besteht in dem besonderen Zedernduft und der leichten Spaltbarkeit. Wird für Kisten, sowie im Boots- und Möbelbau verwendet. Werkzeuge werden bei der Arbeit mit diesem Holz schnell stumpf. (Kanada und südliche USA)

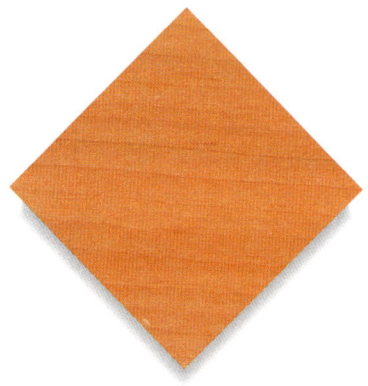

Libanonzeder

(Cedrus libani)

Die Libanonzeder, auch echte Zeder genannt, ist ein Baum, der bereits in der Bibel erwähnt wird, denn aus seinem Holz wurde der Tempel König Salomons erbaut. Das Holz der Echten Zeder ist braun und verströmt einen intensiven Duft. Es wird traditionell für den Innenausbau und den Möbelbau verwendet. Eine gute Wahl, wenn Sie beispielsweise eine Truhe bauen möchten. (Nordafrika, Indien)

Bleistiftzeder

(Calocedrus decurrens)

Die Bleistiftzeder, auch Weihrauchzeder oder Kalifornische Flusszeder genannt, hat weiches, geradfasriges Holz mit feiner, gleichmäßiger Textur und findet für die Herstellung von Bleistiften, jedoch auch für Möbel, Tischler- und Zimmermannsarbeiten und Zigarrenkisten Verwendung. Aufgrund seines Duftes ist es auch ein beliebtes Holz für Wäschekommoden und die Auskleidung von Wohnraummöbeln. (Kanada, USA)

Ostindisches Satinholz

(Chloroxylon swietenia)

Gelbliches bis goldgelbes Holz mit gewellten Fasern und einer feinen, gleichmäßigen Textur. Vor allem im 18. Jahrhundert für den Möbelbau verwendet und jetzt vorwiegend für Restaurierungsarbeiten eingesetzt. Für kleine, feine Möbelstücke immer noch eine gute Wahl. (USA, Jamaica)

Brasilianisches Rosenholz

(Dalbergia nigra.)

Andere Namen sind Rio Palisander und Rio Jacaranda. Brasilianisches Rosenholz hat eine intensive goldbraune bis schokoladenbraune Färbung, eine grobe Textur und gerade sowie auch gewellte Fasern. Es fasst sich ölig an und wird als Holz für exklusive Möbel und als Furnier geschätzt. (Zentral- und Südamerika)

Jelutong
(Dyera costulata)

Ein hellgelbes Holz mit geraden Fasern und feiner Textur. Es eignet sich für erste Versuche im Schnitzen, allerdings reagieren manche Menschen allergisch auf den feinen Staub. Deshalb sollte es eher für solche Schnitzereien, bei denen in erster Linie mit dem Stecheisen gearbeitet wird, gewählt werden. (Malaysia, Indonesien)

Sapeli
(Entandrophragma cylindricum)

Das Splintholz dieses Baumes ist cremefarben, das Kernholz blassrosa bis hellbraun. Sapeli hat gerade Fasern und eine recht grobe Textur und wird vor allem für Werkstatteinrichtungen, Türen und Vertäfelungen, sowie im Möbelbau verwendet. (Afrika)

Buche
(Fagus sylvatica)

Das Holz der Buche, auch Gemeine Buche oder Rotbuche genannt, ist ein schweres, solides Hartholz mit gelblichem Splint- und rötlichem Kernholz. Aus ihm wurden und werden Möbel, Werkzeuggriffe, Spielzeug und ähnliche Gegenstände hergestellt. Aufgrund des gleichmäßigen Faserverlaufs lässt sich Buchenholz sehr gut hobeln und fügen. Fertig bearbeitete Oberflächen sind sehr glatt, hart und eher matt. (Australien, Kanada, Japan, Neuseeland, Großbritannien, Europa, USA)

Amerikanische oder Gemeine Esche
(Fraxinus excelsior oder *Fraxinus americana)*

Das langfasrige, feste, grau bis rotbraune Hartholz wird traditionell für Werkzeuggriffe, Stuhlbeine, landwirtschaftliche Geräte, Baseballschläger und Gegenstände, bei denen Dampfbiegen erforderlich ist, verwendet. Es ist zwar ziemlich schwer zu bearbeiten, die fertigen Stücke sind jedoch sehr attraktiv und haben eine lange Lebensdauer. Die europäischen und amerikanischen Arten haben ähnliche Eigenschaft. (Großbritannien, Kanada, USA).

Stechpalme
(Ilex opaca und *Ilex aquifolium)*

Die Stechpalme hat glattes, dichtfasriges und weißes Holz, das weißeste Holz, das es gibt. Werden die geschlagenen Baumstämme dem Wetter ausgesetzt, verblasst die Farbe schnell zu einem matten Grauton. Traditionell für Intarsien verwendet, als gebeizter Ersatz für andere exotische Hölzer. Eignet sich auch gut zum Drechseln und Schnitzen. (Europa, Großbritannien, USA, China).

Nussbaum
(Juglans regia)

Das Holz des Nussbaums ist ein graues bis braunes Holz mit welligen Fasern und grober Textur. Früher wurden daraus Möbel, Ladeneinrichtungen und Gewehrkolben hergestellt. Eine preisgünstigere Alternative sind Furniere aus Nussbaumholz. Viele Holzbearbeiter ziehen das Holz des europäischen Nussbaums der amerikanischen Art vor. (USA, Großbritannien, Europa, Asien, China).

Virginische Rotzeder
(Juniperus virginiana)

Die Virginische Rotzeder oder auch Virginischer Wacholder genannt, hat rötlich-braunes, geradfasriges, hartes Holz mit einem intensiven Duft, das traditionell für Möbel, Zigarrenkisten, die Inneneinrichtung von Schiffen und Särge verwendet wurde. Leicht zu hobeln und zu schnitzen. Wegen des besonderen Duftes wurde dieses Holz oft für Aussteuertruhen verwendet.

Afrikanisches Mahagoni
(Khaya spp.)

Dieses Holz hat eine rotbraune Färbung und gerade, doch relativ lose Fasern. Als afrikanisches Mahagoni wird das Holz aller Bäume der Spezies Khaya bezeichnet. Früher wurde das Holz vorwiegend für Möbel und hochwertige Inneneinrichtungen verwendet, heute wird es meistens zu dünnen Furnieren verarbeitet. Holzbearbeiter, denen an der Erhaltung der Umwelt und des Artenbestands liegt, plädieren dafür, weniger Mahagoni zu verwenden.

Lärche
(Larix europoea & decidua)

Das Holz der Gemeinen oder Europäischen Lärche ist ein weiches Holz mit weißlich-rosa Farbe, geraden Fasern, harzhaltig und mit gleichmäßiger Textur. Dieses Holz wurde für alle möglichen Dinge, angefangen von Grubenstempeln bis zu Brückenpfeilern verwendet und ist sehr haltbar. Es lässt sich schwer bearbeiten und schnitzen, das fertige Werkstück hat jedoch oft eine sehr interessante Maserung. (Europa, Großbritannien, USA, Russland, China)

Liquidambar
(Liquidambar styraciflua)

Das Kernholz des Baumes, das in Amerika unter den Namen „sweet gum" oder „red gum" und in England als „satin walnut" bekannt ist, hat eine rosa-braune bis tief rötlich-braune Färbung und manchmal auch dunklere Streifen. Das fein und gleichmäßig strukturierte Holz weist häufig einen unregelmäßigen Faserverlauf auf und hat einen seidigen Glanz. Es wird in Amerika häufig für Möbel verwendet. Das Holz bereitet beim Trocknen Schwierigkeiten und neigt aufgrund seines Wechseldrehwuchses zum Verwerfen.

Tulpenbaum
(Liriodendron tulipifera)

Oft auch als American Whitewood bekannt, hat dieses cremeweiße bis rosaweiße Hartholz eine feine, gleichmäßige Textur und einen seidigen Glanz. Es wurde vorwiegend für Türen, Zierleisten, Tischlerarbeiten und Ähnliches verwendet. Es lässt sich gut beizen und polieren und man erhält eine hochwertige, glatte Oberfläche. (Kanada, USA)

Fichte
(Picea abies)

Die Fichte oder Europäische Fichte hat mattgelbes bis braunes geradfasriges Holz und eine gleichmäßige Textur mit nur wenigen Knoten und Verdrehungen. Es wird für Fachwerk im Innenausbau, Kisten und Paletten, sowie im Musikinstrumentenbau eingesetzt. Wenn Sie ein preisgünstiges Möbelstück fertigen oder eine nicht zu teure Schnitzerei versuchen möchten, dann ist dieses Holz eine gute Wahl (Großbritannien, Europa, Russland).

Gebirgsstrobe
(Pinus monticola)

Das Holz der Gebirgsstrobe ist dem Holz der Gelbkiefer sehr ähnlich. Das Splintholz ist weiß, das etwas dunklere Kernholz variiert von strohfarben bis hin zu rötlichbraunen Schattierungen. Es ist geradfaserig mit glatter, gleichmäßiger Textur und wird hauptsächlich im Innenbau für Türen, Fensterrahmen und sonstige Einbauteile verwendet, ferner als Ausstattungsholz für Möbel und Gehäuse sowie im Schiffsbau. (Kanada, USA, Großbritannien).

Gelbkiefer
(Pinus ponderosa)

Die Gelbkiefer oder Ponderosapinie hat hellgelbes bis rötlich-orange-braunes Holz mit gleichmäßiger Textur und geraden Fasern. Es eignet sich ausgezeichnet für Küchen- und Werkstattmöbel und für generelle Holzarbeiten. Man erhält eine glatte und glänzende Oberfläche, die sich gut lasieren und streichen lässt. (Kanada, USA, Afrika, Australien)

Pitchpine
(Pinus palustris)

Wird manchmal mit der Gelbkiefer oder der Gebirgsstrobe verwechselt und ist auch als Sumpfkiefer, Harzkiefer oder Langnadelige Kiefer bekannt. Das Holz mit starken und geraden Fasern und abwechselnden cremefarbenen und braunen Streifen hat eine grobe Textur und einen hohen Harzgehalt. Früher wurde es für Kirchenbänke und Möbel verwendet. (USA).

Cottonwood/Kanadische Pappel
(Populus deltoides)

Das Holz der Kanadischen Pappel hat eine gräulich-weiße Farbe, ist strapazierfähig und geradfasrig. Es wurde früher für die ganze Skala der Holzarbeiten eingesetzt. Die fertige Oberfläche ist niemals ganz glatt und Werkzeuge müssen scharf und dünnschneidig sein um dieses Holz erfolgreich zu bearbeiten. (Kanada, USA, Großbritannien, Europa, China).

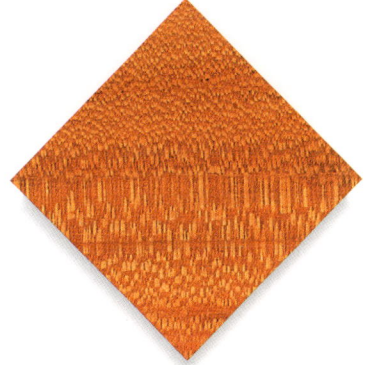

Kirschbaum
(Prunus avium, Prunus serotina)

Kirschbaumholz ist hellrosa bis braun, hat eine feine Textur und gerade Fasern – es eignet sich ausgezeichnet zur manuellen Bearbeitung. Die fertige Oberfläche ist glatt und hochglänzend, Werkzeuge werden jedoch bei der Arbeit mit diesem Holz leicht stumpf. (USA, Europa, Großbritannien, China)

Douglasie
(Pseudotsuga menziesii)

Die Douglasie (auch Douglastanne oder Oregon-Pine) hat rötlich-braunes, geradfasriges Holz. Lange Stämme wurden früher für Brückenkonstruktionen, Masten, Grubenstempel und für den Hausbau verwendet. Das Holz eignet sich ebenfalls gut für den Innenausbau. Es ist schwer zu bearbeiten, hat jedoch eine interessante Maserung. (Kanada, USA, Großbritannien, Neuseeland, Australien).

Birnbaum
(Pyrus communis)

Birnbaumholz ist mattes, apricotfarbenes bis rosa-braunes Holz mit feiner Textur und geraden Fasern. Traditionell als besonderes Holz für kleine dekorative Gegenstände verwendet. Eignet sich besonders gut zum Drechseln und Schnitzen (Großbritannien, Europa).

Amerikanische Weißeiche
(Quercus alba)

Das Holz der Weißeiche ist legendär. Aus ihm wurden Schiffe und Kirchen gebaut, Schnitzarbeiten und Särge gefertigt – es wurde überall dort verwendet, wo massive Stärke und ewige Haltbarkeit gefragt war. Es hat eine gelbbraune bis rotbraune Farbe und gerade, grobe Fasern. (Kanada, USA, Großbritannien, Europa, Japan)

Roteiche
(Quercus rubra)

Auch als Amerikanische Roteiche bekannt. Das Holz dieser Art ist ähnlich dem Holz der Europäischen Eiche – es hat eine beige bis hellrötlich-braune Farbe und gerade grobe Fasern – eignet sich für Gegenstände der Inneneinrichtungen, ist jedoch völlig ungeeignet für Möbel oder Konstruktionen, die dem Wetter ausgesetzt sind. Eichenholz ist eine gute Wahl, wenn Sie Möbel bauen möchten. (Kanada, USA).

Weide
(Salix spp.)

Ein cremefarbenes, weißlich-rosa Holz, das zur Herstellung von Kricketschlägern, Holzschuhen, Dielen, Spielzeug, für die Rahmen von Autos, Bremsklötze und Obstkisten verwendet wurde. Wenn Sie nach einem geeigneten und sicheren Holz für die Herstellung von Spielzeug suchen, ist Weide eine gute Wahl (USA, Großbritannien, Europa, China).

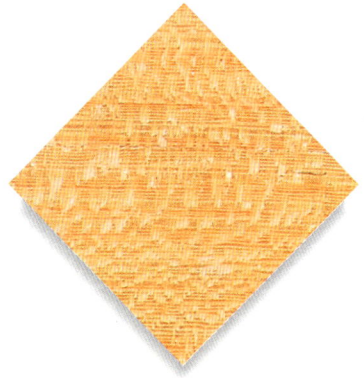

Koto oder Pterygota
(Pterygota macrocarpa)

Dieses Holz hat eine cremeweiße Farbe mit gräulichen Tönen und flach verflochtene Fasern. Es lässt sich manuell sowie maschinell leicht bearbeiten. Pterygota wird für Möbel, Tischlerarbeiten und Zimmermannsarbeiten, für Kisten und Paletten verwendet. Auch dekorative Furniere werden daraus hergestellt, diese sind sehr vorsichtig zu behandeln, da sie sehr brüchig sind. (Afrika)

Amerikanisches Mahagoni
(Swietenia macrophylla)

Auch als Guatemala-, Brasil- oder Hondurasmahagoni bekannt. Dieses Holz kann verschiedene Färbungen aufweisen, von gelblichweiß bis rotbraun und hat eine dichte, relativ gleichmäßige Textur. Mahagoni war traditionell ein sehr gefragtes Holz für den Möbelbau und für Inneneinrichtungen. Da Mahagoni eine gefährdete Art ist, wird Holzbearbeitern nahe gelegt, möglichst nach ähnlich aussehenden Alternativen zu suchen. (Mittelamerika, Südamerika)

Eibe
(Taxus baccata)

Das Holz der Eibe (auch Eifenbaum, Ibe, Gemeiner Taxusbaum) ist orange bis cremebraun mit dichten und geraden Fasern. In England glaubte man lange Zeit, dass die Eibe besondere magische Kräfte habe, weshalb sie oft für solche Dinge wie Langbogen und Türen verwendet wurde, um böse Geister fern zu halten. (Europa)

Amerikanische Linde
(Tilia americana oder *Tilia glabra)*

Fast identisch mit der Englischen Linde. Ein sehr leicht zu bearbeitendes Holz mit cremegelber Farbe. Eignet sich besonders gut zum Schnitzen und wurde traditionell für allgemeine Tischlerarbeiten und im Klavierbau verwendet. Allen zu empfehlen, die erste Schnitzversuche unternehmen möchten. (Kanada, USA).

Linde
Tilia spp.

Die Linde, von der es in Europa mehrere Spezies gibt, ist eng mit der Amerikanischen und Japanischen Linde verwandt. Das Holz hat dichte, gerade Fasern, eine blassgelbe Farbe und eine gleichmäßige, glatte Textur. Lindenholz gilt als das beste Holz für feine Schnitzereien, wird auch als Resonanzholz im Musikinstrumentenbau, als Furnierholz, für Zeichenbretter und Spielwaren verwendet. (Europa, USA, Kanada, Japan)

Amerikanische Ulme oder Korkulme
(Ulmus americana oder *Ulmus thomasi)*

Die Amerikanische Ulme oder Rüster hat ein hellrotes bis rotbräunliches Holz mit geraden Fasern und etwas grober Textur, das traditionell im Schiffbau, für die Naben von Wagenrädern und für landwirtschaftliche Geräte Verwendung findet. Die Amerikanische Ulme hat eine hohe Festigkeit und die Korkulme verfügt über eine hohe Schlagfestigkeit. Beide Arten besitzen auch sehr gute Dampfbiegeeigenschaften. (Kanada, USA, Europa, Nordafrika, Indien, China)

Englische Ulme
(Ulmus procera)

Das Holz der Englischen Ulme hat gerade Fasern, ist fest und sehr haltbar. Aus ihm wurden vor allem große Dachkonstruktionen gefertigt und viele Dinge, die häufig der Nässe ausgesetzt sind. Man stellte daraus auch Stühle, Leitern, Autokarosserien und ähnliches her. (Großbritannien, Europa, USA, Japan)

Index

BILDNACHWEIS

Axminster Powertool Centre, Chard Street, Axminster, Devon: Seiten 9, 18, 19, 20,
21, 22, 23, 24, 26, 27, 28, 32, 34, 36, 40, 42, 44, 467, 47, 48, 50, 52, 53, 55, 56, 57, 58,
60, 61, 64, 65, 68, 70, 72, 78, 80, 82, 84, 85, 87, 88, 98, 100, 102, 104, 105, 106, 108,
109, 110, 111, 112, 114, 116, 118, 122, 124, 126 und 128.

Martin and Elders, Catharine Place, Bath, Avon: Seiten 11, 66 und 67.

Das Copyright für alle anderen Fotografien besitzt Quarto Publishing.

Folgende Personen haben uns freundlicherweise Fotos geliehen:
Ross Fuller (Geschnitzte Maske auf Seite 62) und Peter Clothier (Katzenskulptur auf Seite 63)